हजारीप्रसाद द्विवेदी के पत्र

[प्रथम खंड]

हजारीप्रसाद द्विवेदी के पत्र

प्रथम खंड

संपादक

मुकुंद द्विवेदी

राजकमल प्रकाशन

ISBN : 978-81-7178-346-5

मूल्य : ₹895

पहला संस्करण : 1994
पहली आवृत्ति : 2024

प्रकाशक : राजकमल प्रकाशन प्रा. लि.
1-बी, नेताजी सुभाष मार्ग, दरियागंज, नई दिल्ली-110 002
शाखाएँ : अशोक राजपथ, साइंस कॉलेज के सामने, पटना-800 006
पहली मंज़िल, दरबारी बिल्डिंग, महात्मा गांधी मार्ग, प्रयागराज-211 001
1, अनमोल सोराबजी सन्तुक लेन, धोबी तलाव, मरीन लाइंस, मुम्बई-400 002
वेबसाइट : www.rajkamalprakashan.com
ई-मेल : info@rajkamalprakashan.com

मुद्रक : राजकमल प्रकाशन प्रा. लि.
नई दिल्ली-110 002

HAZARIPRASAD DWIVDI KE PATRA (PART-1)
Editor by Mukund Dwivdi

आमुख

आचार्य हजारीप्रसाद द्विवेदी संस्कृत पंडितों की लम्बी परम्परा के उत्कृष्ट उत्तराधिकारी थे–विशेष रूप से ज्योतिष व गणित के क्षेत्र में। संस्कृत, पाली और प्राकृत में सुशिक्षित आचार्य ने इन प्राचीन भाषाओं को आधुनिक भारतीय भाषाओं से जोड़कर अतीत और वर्तमान के बीच एक महासेतु का कार्य किया। अपनी इस विशिष्ट भूमिका में उन्हें गुरुदेव रवीन्द्रनाथ ठाकुर का सान्निध्य मिला, जो किसी आकाशदीप की तरह उन्हें प्रेरित करता रहा। 1930 से 1950 तक हजारीप्रसाद द्विवेदी शान्तिनिकेतन में हिन्दी शिक्षक के रूप में रहे और इसी दौरान उनका निकट का परिचय हुआ बंगला साहित्य के मर्म से, नन्दलाल बोस के सौन्दर्यबोध से, सांस्कृतिक विरासत के अन्वेषक क्षितिमोहन सेन से और गुरुदयाल मलिक के सौम्य पर पैने हास्य से।

द्विवेदी अनेक भाषाओं के पंडित थे। संस्कृत, पाली, प्राकृत के अतिरिक्त अपभ्रंश, हिन्दी, बंगला, गुजराती भाषाओं के भी वे ज्ञाता थे। उत्साही पाठक और विद्वान होते हुए भी विद्वत्ता उनके व्यक्तित्व का सहज अंग बन गई थी। उन्हीं के शब्दों में "पण्डिताई भी एक बोझ है जितनी ही भारी होती है, उतनी ही तेज़ी से डुबाती है। जब वह जीवन का अंग बन जाती है तो सहज हो जाती है। तब वह बोझ नहीं रहती। (ग्रन्थावली 9 : 25)

आचार्य द्विवेदी जहाँ कहीं भी ठहरते, उनके विशाल ज्ञानसागर से स्वस्फूर्त हास्य, विनोद एक गूंजते ठहाके के साथ वातावरण में बिखर जाता। वे शान्तिनिकेतन में रहे हों, बनारस या चंडीगढ़ में, शिक्षक के रूप में उनका व्यक्तित्व सदैव विराट रहा। शान्तिनिकेतन में श्रीमती इन्दिरा गांधी उनकी शिष्या रहीं।

एक आचार्य के रूप में, भारतीय रचनात्मक लेखन व समालोचना के क्षेत्र में उनका योगदान असाधारण है। उनकी रचनाओं 'हिन्दी साहित्य की भूमिका', 'हिन्दी साहित्य का आदिकाल' और 'मध्यकालीन धर्मसाधना' ने हिन्दी साहित्य व समालोचना के इतिहास को एक नया मोड़ दिया। आज उन्हें हिन्दी साहित्य के अवलोकन में आधारग्रंथ माना जाता है।

शास्त्रों में पारंगत हजारीप्रसाद द्विवेदी ने संस्कृत के अध्ययन के रूप में 'साहित्य-शास्त्र' का एक नया मूल्यांकन प्रस्तुत किया। उनकी यह उपलब्धि उन्हें महापण्डित विश्वनाथ की परम्परा के अन्यतम भाष्यकारों में स्थापित कर देती है।

संभवतः अधिक उल्लेखनीय है 'कबीर' के पुनर्मूल्यांकन में आचार्य द्विवेदी का योगदान। केवल हिन्दी साहित्य समालोचन के इतिहास में ही नहीं, वरन् कला समीक्षा के जगत में द्विवेदी का 'कबीर' एक विशिष्ट उपलब्धि है। इसमें द्विवेदी की समीक्षापद्धति ही नहीं, मध्यकालीन भारतीय प्रतिभा से संबंधित निगमन अनन्य व तर्कसंगत है।

द्विवेदी सर्वप्रथम एक प्रतिभावान रचनाकार थे। अत्यन्त सहजता से ऐतिहासिक कालों में प्रवेश कर वे अपनी सक्षम लेखनी से उस परिवेश को, उस वातावरण को पुनर्जीवित कर देते थे। उदाहरणस्वरूप 'बाणभट्ट की आत्मकथा' को लें या 'पुनर्नवा', 'चारुचन्द्रलेख', 'अनामदास का पोथा' को देखें, इन्हें सामान्य अर्थों में ऐतिहासिक उपन्यासों में नहीं गिना जा सकता, न ही ये

कल्पना की उड़ानें भर हैं, बल्कि ऐसे उपन्यास हैं, जो अनेक धरातलों पर चलते हैं। सुबोध, सुगम, बोलचाल की भाषा में रचे ये उपन्यास भारतीय संस्कृति के मूल सिद्धान्तों, अवधारणाओं की सही पुनर्सृष्टि करते हैं। उनके लिखे निबन्धों, लेखों की विपुलता और विविधता इतनी है कि उन सबका उल्लेख यहाँ संभव नहीं हो सकता। उनके निधन के दो वर्षों के अन्दर प्रकाशित हजारीप्रसाद द्विवेदी ग्रंथावली के ग्यारह खण्ड उनके रचना संसार की समृद्धि का प्रमाण हैं।

अनेक भाषाओं के जागरूक पाठक, अपने समकालीन विद्वानों, लेखकों, चित्रकारों और राष्ट्रवादियों के सहयोगी, ऐसी एक प्रतिष्ठित प्रतिभा का निजी संग्रह दुर्लभ ज्ञान का भण्डार हो सकता है। पन्द्रह हज़ार ग्रंथों के इस संग्रह में पाली व प्राकृत की दुर्लभ कृतियाँ हैं और आधुनिक भारतीय भाषाओं के रचनात्मक व समालोचनात्मक लेखन का भण्डार। इन्दिरा गांधी राष्ट्रीय कला केन्द्र के ग्रन्थागार को श्री सुनीति कुमार चटर्जी, ठाकुर जयदेव सिंह और कृष्ण कृपलानी के संग्रहों के साथ-साथ हजारीप्रसाद द्विवेदी के संग्रह की भेंट का भी गौरव प्राप्त है।

प्रस्तुत खण्ड में हजारीप्रसाद द्विवेदी के उन पत्रों को प्रकाशित किया जा रहा है जो उन्होंने स्व. पं. बनारसीदास चतुर्वेदी को लिखे थे। पं. बनारसीदास चतुर्वेदी के साथ उनका जितना गहरा सम्बन्ध था उतना ही गहरा स्नेह उन पर पं. बनारसीदास चतुर्वेदी का भी था। इन पत्रों को पढ़ने से द्विवेदी के व्यक्तित्व का पूरा चित्र सामने आता है जिसमें उनकी साहित्यिक साधनाओं, अनेक साहित्यिक समस्याओं एवं गतिविधियों का समावेश है। भाषा की सहजता के साथ-साथ प्रकृति प्रेम एवं विनोद वृत्ति का पूरा दृष्टान्त इन पत्रों में मिलता है।

इन्दिरा गांधी राष्ट्रीय कला केन्द्र ने, जो जीवन और कला को एक-दूसरे के पूरक के रूप में एवं समाज से सम्बन्धित कलात्मक रचनाओं को जीवन के परिप्रेक्ष्य में प्रस्तुत करने के लिए वचनबद्ध है, अपने विभिन्न कार्यक्रमों में संसार के ऐसे लेखकों, विद्वानों और सृजनात्मक कलाकारों की रचनाओं के पुनर्मुद्रण एवं अनुवाद का कार्यक्रम चुना है जिन्होंने शाश्वत स्रोतों की खोज की है और जिन्होंने अलग-अलग प्रकार की परम्पराओं, सभ्यताओं एवं संस्कृतियों को आमने-सामने रखकर उनके बीच संचार सेतु बनाने का प्रयास किया। ये ही वे अग्रणी मार्ग-अन्वेषक थे जिन्होंने अभिव्यक्ति और प्रक्रिया के पीछे जीवन की एकता तथा सम्पूर्णता की ओर ध्यान आकर्षित किया। इन्दिरा गांधी राष्ट्रीय कला केन्द्र के प्रस्तुत कार्यक्रम के अन्तर्गत दो खण्ड पहले ही अंग्रेजी में प्रकाशित हो चुके हैं जिसमें आनन्द कुमारस्वामी तथा रोमाँ रोलाँ जैसे महानुभावों के चुने हुए पत्रों का क्रमशः संकलन है। आचार्य हजारीप्रसाद द्विवेदी के पत्र इस कार्यक्रम का तीसरा प्रकाशन हैं। इन पत्रों को दो भागों में प्रकाशित किया जा रहा है। प्रस्तुत पहले भाग में वह पत्र संकलित हैं जो उन्होंने पं. बनारसीदास चतुर्वेदी को लिखे थे। दूसरे भाग में अन्य ऐसे पत्र शामिल होंगे जो उन्होंने अपने मित्रों एवं सम्बन्धियों को लिखे थे। इस कार्य की सफलता में हमें द्विवेदी के सुपुत्र डा. मुकुंद द्विवेदी का सहयोग मिला है जिन्होंने इन पत्रों को इकट्ठा किया और उसके पश्चात् इनके सम्पादन का कार्य किया। इन्दिरा गांधी राष्ट्रीय कला केन्द्र उनके इस सहयोग के लिए डा. मुकुंद द्विवेदी के प्रति अपनी कृतज्ञता प्रकट करता है। साथ ही राष्ट्रीय अभिलेखागार, नई दिल्ली के प्रति भी अपना धन्यवाद प्रकट करता है जिन्होंने अपने संग्रह में से कुछ पत्रों की प्रतिलिपियाँ परामर्श के लिये दे दीं।

कपिला वात्स्यायन

भूमिका

पत्र-साहित्य संभवतः हिन्दी में सबसे कम उपलब्ध साहित्य है। पत्रों का जीवन में बहुत महत्वपूर्ण स्थान है। पत्रों के द्वारा ही दूरस्थ व्यक्ति से विस्तार से अपनी बात कही जाती है। आज के युग में भी व्यक्तिगत पत्रों का महत्व यथावत् है। इन पत्रों में व्यक्ति औपचारिकता छोड़कर अपने आपको खुलकर अभिव्यक्त करता है; अपने सुख-दुख को, अपनी परेशानियों को बिना किसी लाग-लपेट के व्यक्त करता है। पर इस संदर्भ में विचारणीय बात यह है कि ये पत्र किसे लिखे गए हैं और पत्र-लेखक के साथ उस व्यक्ति का कैसा संबंध है। संबंधों की घनिष्ठता पत्रों को सहज खुलापन प्रदान करती है। किसी रचनाशील साहित्यकार के पत्रों की बात कुछ और ही होती है। साहित्यकार का पूरा व्यक्तित्व निश्छल और सहज रूप में पत्रों में उभरकर सामने आता है। साहित्यकार के व्यक्तिगत पत्र उसके व्यक्तित्व को ही नहीं अपितु उसकी साहित्यिक सर्जनात्मकता को भी उजागर करने में सहायक होते हैं। पत्रों की संवेदना, वार्तालाप की संवेदना से अधिक गहन और तीक्ष्ण होती है। बातचीत के दौरान दो पक्षों की वार्ता में बीच-बीच में व्यवधान भी पड़ता है। पत्र-लेखन में यह व्यवधान आड़े नहीं आता है। यहां पर पत्र-लेखक का सारा ध्यान पत्र की तरफ रहता है, अतएव पत्र में जो मुक्त अभिव्यक्ति होती है वह अन्यत्र दुर्लभ है। औपचारिक पत्रों में स्वाभाविकता बड़ी मुश्किल से ही आ पाती है। औपचारिक पत्रों में पत्र-लेखक की अपनी सीमा होती है, इन पत्रों में पत्र-लेखक सहज नहीं हो पाता है। व्यक्तिगत पत्र इससे मुक्त होते हैं और उनमें एक खुलापन दिखाई देता है। पर यह खुलापन भी उम्र के साथ धीरे-धीरे कम होता जाता है। नवयुवक पत्र-लेखक एवं प्रौढ़ पत्र-लेखक की मानसिक भावभूमि में अंतर दिखाई देता है। किसी भी नवयुवक के पत्रों और किसी प्रौढ़ या वृद्ध व्यक्ति के पत्रों की तुलना करके यह बात देखी जा सकती है। ज्यों-ज्यों व्यक्ति की उम्र बढ़ती है, उसके पत्रों की भाषा एवं भावों में भी प्रौढ़ता दिखाई देने लगती है। प्रौढ़ व्यक्ति के पत्रों में अधिक संयम का परिचय मिलता है। जिस प्रकार आत्मकथा लिखते समय लेखक अपनी कमजोरियों को, अपने जीवन के गोपनीय तथ्यों को, अपने अहं को कहीं-न-कहीं छिपा लेता है, कुछ वैसी ही स्थिति प्रौढ़ पत्र-लेखक की भी होती है। स्व. आचार्य द्विवेदी के कुछ पत्र इसके अपवाद हैं।

इस प्रथम खंड में स्व. पं. बनारसीदास चतुर्वेदी को लिखे गए पत्र ही संकलित हैं।

प. बनारसीदास चतुर्वेदी आचार्य द्विवेदी के गुरु, मार्गदर्शक एवं मित्र थे। चतुर्वेदीजी पर आचार्य द्विवेदी का अगाध विश्वास था। अपनी सारी परेशानियां, अपनी खुशियां, सारी समस्याएं वे उनके सामने व्यक्त कर देते थे। चतुर्वेदीजी का भी आचार्य द्विवेदी पर अत्यंत स्नेह था। उन्होंने समय-समय पर द्विवेदीजी की बहुत सहायता की थी। इसके लिए द्विवेदीजी सदैव चतुर्वेदीजी के कृतज्ञ रहे। उनके पत्रों में यह तथ्य स्पष्ट झलकता है। अपने प्रारम्भिक जीवन की आर्थिक दुरवस्था का उन्होंने उन्नीस सितम्बर उन्नीस सौ पैंतालीस के पत्र में अत्यंत सजीव वर्णन किया है—''प्रिंसिपल ध्रुव वाली घटना, मैं आपको सुना देता हूं। परंतु इसे छापिए नहीं। ध्रुवजी अब स्वर्गीय हो गए हैं। और मेरे साथ जो घटना हो गई है शायद आकस्मिक ही थी, स्वभाव से वे दयालु थे। बात यों हुई कि मैं संस्कृत कालेज में पढ़ता था। इतना आप ध्यान रखें कि हिन्दू विश्वविद्यालय का संस्कृत कालेज न होता तो मैं शायद कुछ भी पढ़ नहीं सकता था। मैंने इधर-उधर से सीखकर थोड़ी अंग्रेजी पढ़ी और एडमिशन की परीक्षा में बैठा। प्रथम श्रेणी में पास हो गया…। मेरे घर की आर्थिक अवस्था की बात न कहना ही ठीक है। मुझे याद आता है कि पिताजी ने बड़ी कठिनाई के बाद गांव के एक व्यक्ति मे 40 रु. उधार लिये थे। यह मेरी इण्टरमीडिएट की भर्ती करायी की प्रथम बलि थी। मैं इसके बाद केवल क्लास में बैठता और फीस नहीं देता…। मेरे पास ओढ़ने के लिए कपड़े भी नहीं थे। मुझे किसी से मांगने की कला नहीं आती थी।'' इसी पत्र में आगे द्विवेदीजी लिखते हैं—''जीवन में 'टर्निंग पाईंट' की बात आपने पूछी है। मेरे जीवन की सबसे बड़ी घटना शांतिनिकेतन में गुरुदेव[1] का दर्शन पाना है। न जाने किस पुण्य-फल से मुझे यह सौभाग्य मिला था। दर्शन पा सकना ही परम पुण्य का फल है परंतु मुझे तो स्नेह मिला था। बाद में गुरुवर[2] के दर्शन मिले। आहा! भागीरथी की निर्मल जलधारा के समान उस प्रेमिक महापुरुष का साहचर्य कितना आह्लादकर था, इस बात को वही जान सकता है जिसने कभी उस रस का अनुभव किया हो।'' महान व्यक्ति वही होता है जो दूसरों की महानता को स्वीकार करे और उनके अवदान के प्रति कृतज्ञ रहे। आचार्य द्विवेदी के पत्रों में इस प्रकार के स्वर स्थान-स्थान पर प्रतिबिम्बित हैं। अपने साथ उपकार करनेवालों के प्रति वे आजन्म ऋणी रहे। उनके प्रति कृतज्ञता-ज्ञापन के दृष्टांत पत्रों में स्थान-स्थान पर दिखाई देते हैं—''कल लखनऊ विश्वविद्यालय ने ऑनरेरी डी.लिट. की उपाधि दी। बार-बार इच्छा हो रही थी कि आपके चरणों पर सिर रखूं। आपका ही प्रसाद है। आपसे लेखक-जीवन के प्रारंभ में ही जो शिक्षा मिली थी वह मेरे जीवन की सबसे बड़ी निधि रही है। …मैं आज अपने कई गुरुजनों को इस अवसर पर नहीं पा रहा हूं। मन ठण्डा उदास है। पर सौभाग्यवश आपको प्रणाम-निवेदन कर सकता हूं। मेरा सादर प्रणाम ग्रहण करें और भविष्य में मुझे आशीर्वाद पाने वालों में सबसे आगे स्मरण करें।''

द्विवेदीजी का प्रकृति के प्रति प्रेम भी पत्रों में यत्र-तत्र उभरकर सामने आया है। प्रथम बंबई-प्रवास के समय चतुर्वेदीजी को लिखे पत्र में इसका सुंदर उदाहरण मिलता है—

---

1. गुरुदेव श्री रवीन्द्रनाथ ठाकुर
2. गुरुवर श्री सी.एफ. एंड्रूज़

''समुद्र तो मैंने पहली बार देखा है और वह भी एक ऐसे तूफान के बाद जिसका वेग 75 मील प्रति घण्टे था। रास्ते में जंगल, पहाड़, नदी देखते हुए हमलोग नवीन जीवन का अनुभव कर रहे हैं। मेरा दृढ़ विश्वास हो गया है कि मैदान में रहनेवालों को नई स्फूर्ति पाने के लिए इन पहाड़ों, जंगलों और नदी-नालों को तथा समुद्र को जरूर देखना चाहिए। बिना इनके देखे हम जीवनी शक्ति की अखण्ड धारा का अनुभव नहीं कर सकते। कितना विराट है हमारा देश, कितना मनोरम, कितना विचित्र! इसके लिए प्राण देना कोई बड़ी बात नहीं है। ··· अब तो मैंने निश्चय कर लिया है कि हिमालय देखने जरूर जाऊंगा। बिना प्रकृति के इस सौंदर्य और तेज को देखे जीवन एकांगी और एकधृष्ट हो जाता है। मैदान के रहनेवालों की रीति मनोवृत्ति अगर दूर करना है तो उन्हें सीधे जंगल में ले आइये जहां कठोर पत्थर को तोड़कर कोमल तृण उगे हैं।'' (19.10.1940 ई.)

इसी प्रकार पत्रों में हास-परिहास एवं सूक्ष्म व्यंग बिखरे पड़े हैं। चतुर्वेदीजी द्विवेदीजी के श्रद्धेय तो थे ही, पर उनके साथ हास-परिहास करने से वे नहीं चूकते थे। 23.11.42 के पत्र में वे अपने आप पर व्यंग के माध्यम से कई लोगों को इस परिधि में ले आते हैं–''अब 8 नवंबर की बात सुनिए। कहते हैं आदमी 12 वर्ष मास्टरी करने के बाद गधा हो जाता है। अमेरिका में सुना है ऐसे आदमी की गवाही अदालतें नामंजूर कर देती है। पिछले 8 नवंबर को मैं 12 वर्ष का अध्यापक-जीवन समाप्त कर गया। उस पवित्र तिथि को आपको प्रणाम करना था, पर एक साल की सम्पादकी ने बारह वर्ष की मास्टरी को ऐसा पछाड़ा कि समय नहीं मिल सका। अब मेरा पक्का विश्वास है कि एक वर्ष का सम्पादक 12 वर्ष के मास्टर की अपेक्षा उक्त पदोन्नति का अधिक अधिकारी है। परंतु आप एक साल के सम्पादक को वह पद दीजिए या बारह वर्ष के मास्टर को–'दुहूं हाथ मन मोदक मोरे'।''

पं. बनारसीदास चतुर्वेदी को लिखे गए पत्र एक तरफ आचार्य द्विवेदी के जीवन के दस्तावेज हैं तो दूसरी तरफ उनके साहित्य-संघर्ष के प्रतिबिम्ब हैं। इन पत्रों की सबसे बड़ी विशेषता यह है कि आचार्य द्विवेदी की साहित्य-साधना को समझने में ये सहायक होते हैं। द्विवेदीजी का पूरा व्यक्तित्व इन पत्रों में खुलकर पाठकों के सामने आता है। उस समय की अनेक साहित्यिक समस्याओं और गतिविधियों का भी उल्लेख इन पत्रों में है। बंगाल में हिन्दी की स्थिति एवं गुरुदेव रवीन्द्रनाथ के आश्रम का अत्यंत सजीव चित्र इन पत्रों में उभरकर सामने आता है। भाषा की स्वाभाविकता एवं इन पत्रों में निहित व्यंग भी दर्शनीय है। यह दावा करना कठिन होगा कि चतुर्वेदीजी को लिखे गए सभी पत्र इसमें सम्मिलित कर लिए गए हैं। पर यह प्रयास अवश्य रहा है कि अधिकाधिक पत्रों का संकलन इसमें हो पाए। इसके बाद जो पत्र उपलब्ध होंगे उन्हें अगले संस्करण में जोड़ लिया जाएगा।

इंदिरा गांधी राष्ट्रीय कला केन्द्र की शैक्षिक निदेशक डा. कपिला वात्स्यायन, इसके प्रकाशन के पीछे की मूल प्रेरणा रही हैं। यदि बार-बार इसके शीघ्र प्रकाशन के लिए वे मुझे स्मरण नहीं दिलातीं तो शायद इसका प्रकाशन इतना शीघ्र नहीं हो पाता। उनके लिए न तो 'धन्यवाद' और न ही 'आभार'' शब्द पर्याप्त हैं, अतः इसके प्रकाशन के अवसर पर कपिलाजी को मैं प्रणाम करता हूं।

इन शब्दों के साथ आचार्य द्विवेदी के पत्रों के इस संकलन को आपके हाथों में सौंपते हुए मुझे प्रसन्नता हो रही है। इसका दूसरा खण्ड भी शीघ्र ही आपको सौंप पाऊंगा, ऐसा मेरा विश्वास है। दूसरे खण्ड में अन्य मित्रों, साहित्यकारों एवं परिवार के सदस्यों को लिखे गए पत्र होंगे। मुझे पूरा विश्वास है कि आचार्य हजारीप्रसाद द्विवेदी के व्यक्तित्व एवं कृतित्व को समझने में ये पत्र सहायक होंगे।

मुकुन्द द्विवेदी

IV/A-1999

संख्या-1

शान्तिनिकेतन
3.11.34

श्रद्धेय पंडित जी,

प्रणाम!

आप लोगों के चले जाने के बाद मुझे एक बात सूझी। वह यह कि, आप 'भविष्य किन का है'—नामक जो लेख लिखने जा रहे हैं उसमें हमारा एक संशोधन स्वीकार कर लें। उस लेख का शीर्षक रखिये 'भावी किस की है'। अवश्य ही, इस संबंध में हमारा केवल उत्साह है, आग्रह नहीं। और सब कुशल है।

वर्मा जी और धन्य कुमार जी से मेरा नमस्कार कह दें। वर्मा जी अगर छुट्टियों में यहाँ रहें तो बड़ा आनन्द रहे। अगले शनिवार को अगर आप आवें तो धन्य कुमार जी को भी साथ लेते आवें। बैजनाथ सिह को मेरा नमस्कार कह दें। लालता शंकर जी आप लोगों को प्रणाम कहते हैं। उन्हें हमारा संशोधन पसन्द है।

आपका

हजारी प्रसाद

IV A-2000

संख्या-2

शान्तिनिकेतन
10.12.34

प्रिय चतुर्वेदी जी,

प्रणाम!

मैंने आपको लिखा था कि सक्सेरिया जी ने गुरुदेव को 500/- रुपये भेज कर लिख दिया था कि आप इसे चाहे जिस काम में खर्च कर दें। वह रुपया अभी तक खर्च नहीं हुआ है। गुरुदेव की इच्छा है कि मुझे और गोसाईं जी को विद्या भवन रिसर्च डिपार्टमेन्ट (Research Dept.) में ले लिया जाय। क्योंकि शास्त्री जी के चले जाने से वह विभाग खाली-सा हो गया है। इस बात की चर्चा चल ही रही थी कि वह 500/- रुपया आया। विश्वभारती के अर्थ संकट को तो आप जानते ही हैं। हम लोगों को विद्या भवन में ले जाने का अर्थ होता है दो अध्यापकों को नया नियुक्त करना। गुरुदेव ने यह व्यवस्था की कि इन रुपयों से साल-भर के लिए एक ऐसा हिन्दी अध्यापक 40/- रुपये महीने में रखा जाय जो संस्कृत में भी मदद कर सके। उन्होंने मुझे ऐसे किसी आदमी को बुला लेने की आज्ञा दी। मैंने बनारस के एक युवक शास्त्री को लिखा और वे राजी भी हो गये। गुरुदेव ने इन्हें बुला लेने को कह दिया। मगर यह सब कुछ आपसे पूछ कर करना चाहिए। क्योंकि आपकी इच्छा हिन्दी भवन की स्थापना की थी। मैंने यह बात कही भी थी। आज अवस्थी बाबू ने मुझे आपकी राय जानने को कहा है। वे जानना चाहते हैं कि अगर उस रुपये से कोई हिन्दी-संस्कृत अध्यापक रखा जाय तो क्या आपको कोई आपत्ति होगी? जिसे ले आने की बात हो रही है, उन्हें अभी तक कोई जवाब नहीं दिया गया है। आपका उत्तर पाकर ही कोई कार्रवाई होगी। आप जैसा उचित समझें, यथाशीघ्र लिखें। मैं अपनी ओर से इस संबंध में कुछ भी नहीं कहना चाहूँगा। क्योंकि इसकी व्यवस्था में मेरा भी स्वार्थ का कुछ अंश पड़ गया है। शेष कुशल है। आप कब तक जायेंगे?

आपका

हजारी प्रसाद

IV/A-2001

संख्या-3

14.2.35

पूज्य चतुर्वेदी जी,

प्रणाम!

कृपा-पत्र मिला। इसके पहले साल के शुरू ही में आपने जो आशीर्वाद भेजा था, वह भी मिला। उससे मैं बहुत उत्साहित हुआ हूँ। वह पत्र मेरे प्रमाण-पत्रों में संगृहीत कर लिया गया है। 25/- रुपये बड़े मौके से मिले। वह द्रव्य जिस समय मिला, उस समय उसने 5 सौ रुपये पाने से भी अधिक आनन्द का कारण हुआ। मैं आपकी इस कृपा के लिए बहुत कृतज्ञ हूँ।

यह सुन कर बड़ा दु:ख हुआ कि आपके बहनोई का स्वर्गवास हो गया। इस दु:ख का कोई आश्वासन नहीं। विशेषकर जिस अवस्था में उनका स्वर्गवास हुआ है, वह और भी दुखजनक है। भगवान् ही आपको यह दु:ख बर्दाश्त करने की शक्ति देंगे। और क्या कहूँ!

आपका

हजारी प्रसाद

14.2.35

पुनश्च :

चाय चक्रम् देखा था। सुन्दर हुआ है। हरेक शब्द से व्यंजनाशक्ति प्रकट होती है। दुलारे दोहावली पर तो, आपने शायद सुना होगा कि पुरस्कार मिल गया। शायद यह बात पहले से आपकी भी जानी हुई थी। मैं विजेता को बधाई देने जा रहा हूँ। उन्होंने कृपापूर्वक पुस्तक भेजी थी। लेख भेज रहा हूँ। अच्छा जान पड़े तो छाप दीजियेगा।

IV A-2002

संख्या-4

विश्वभारती
शान्तिनिकेतन
(बंगाल)
3.3.1935

श्रद्धेय चतुर्वेदी जी,

प्रणाम!

कृपा-पत्र मिला। मैसूर के विद्यार्थी जी आये हैं। गुरुदेव 4थी मार्च को कलकत्ते पहुँच रहे हैं। यहाँ कब पहुँचेंगे, यह नहीं मालूम। आप उनसे वहाँ भी मिल लें तो अच्छा हो। 'वहाँ भी', 'ही' नहीं। यहाँ आप एक बार ज़रूर आवें।

श्रीयुत 'भक्त' जी को मेरी श्रद्धा निवेदन कर दीजिये। उन्हें यहाँ ज़रूर ले आइये। वर्मा जी, जैन जी, दामोदर जी, पांडे जी आदि को मेरा प्रणाम।

आप शायद जानते होंगे कि यहाँ एक और हिन्दी अध्यापक नियुक्त हुए हैं।

आपका

हजारी प्रसाद

हमने वाचस्पति मिश्र पर एक लेख भेजा था। उसकी क्या गति हुई?

IV/A-2003

संख्या-5

शान्तिनिकेतन
1.4.35

श्रद्धेय पंडित जी,

प्रणाम!

Received your letter No 1, 2 and 3 सबके अनुसार कार्रवाई कर दी गई है। अब तक कितने ही सज्जनों के पत्र आ गये हैं। पं. राम नरेश त्रिपाठी और शान्ति प्रिय जी इन्दौर के सम्मेलन में जा रहे हैं, नहीं आयेंगे। पंत जी ने, सुना है, वहाँ के कवि सम्मेलन की सभा का पति होना सकारं लिया है। श्री मैथिलिशरण गुप्त जी अपने बीमार बच्चे की देख-रेख में हैं, उनसे अनुरोध करना भी अन्याय है। श्री सियाराम जी पूर्वनिश्चय के अनुसार वर्धा जा रहे हैं। श्री सुभद्राजी अस्वस्थ हैं; जैनेन्द्र जी पशोपेश में! दोनों ही आना चाहते हैं, पर अगर विवश न हो गये तो। भला तो श्री श्रीराम शर्मा जी और श्री सरस्वती देवी का जो उन्होंने साफ़-साफ़ तेरह को आ जाने का आश्वासन दिया है। और चिट्ठियाँ अभी तक नहीं आई हैं, पर जान पड़ता है, इन्दौर का सम्मेलन सब चौपट कर देगा।

और सब कुशल है।

सब मित्रों को मेरा प्रणाम कह दीजियेगा।

आपका

हजारी प्रसाद

मैंने एक छोटा-सा आर्टिकल लिखा है 'हमारे साहित्य का भी एक लक्ष्य है'। उसकी कापी करा कर आपको भेजेंगे। अगर आपको पसन्द होगा तो यहाँ आने वाले मित्रों को सुनाना और डिस्कस करना चाहूँगा। छोटा ही है। 15-20 मिनट का।

IV A-2004

संख्या-6

शान्तिनिकेतन
7.8.35

श्रद्धेय चतुर्वेदी जी,

प्रणाम!

कृपा-पत्र मिला। बड़ा आनन्द हुआ। मौलाना साहब की पुस्तक की आलोचना कल भेज दूँगा। यह पत्र जल्दी में लिख रहा हूँ। अगर आप श्री चोखानी[1] जी तथा उनके मित्रों को ले आना चाहते हैं तो अगला रविवार (11 अगस्त) सर्वोत्तम तिथि है। क्योंकि उस दिन वर्षा मंगल का उत्सव है। आश्रम आनन्द से भरपूर होगा। आने का निश्चय हो तो एक पत्र या तार रथी बाबू को दे दीजियेगा। हम लोग भी अगर जान जायँ तो स्टेशन तक आने में सुविधा रहेगी। शेष कुशल है।

आपका

हजारी प्रसाद

दुर्गा प्रसाद जी, लालता शंकर जी, 'सोम' जी, चन्दोला जी आदि प्रणाम कहते हैं। यह पत्र हिन्दी समाज की भरी बैठक में से लिखा जा रहा है। सभी सदस्य प्रणाम कहते हैं। अलग-अलग नाम इसीलिये नहीं लिखा। पं. दामोदर जी का प्रणाम।

---

1. श्री रामदेव चोखानी—कलकत्ता के उद्योगपति, समाजसेवी एवं साहित्यप्रेमी।

IV/A-2005

संख्या-7

शान्तिनिकेतन
3.9.35

श्रद्धास्पदेषु,

कृपा-पत्र मिला। मनीआर्डर भी मिल गया। धन्यवाद का पत्र भेज दिया जायेगा। दीनू बाबू का मकान खाली नहीं है। पूजा की तातील के बाद शायद खाली हो। 40/- रुपये उसका किराया है। जिस मकान में बड़े दादा रहा करते थे, जिसे नाहर जी ने किराये पर ले रखा था, खाली है। मकान इस समय 'बड़ो माँ' (दीनू बाबू की माता) के अधिकार में है। वे उसके दो खंड कर के प्रत्येक का 20/- रुपये किराया उन्होंने तै किया है। अगर दोनों मिला कर पूरा मकान साथ-साथ कर के लेना चाहें तो 35/- रुपये मासिक किराया देना होगा। एक महीने का किराया पेशगी दे देना होगा। इस मकान के सिवाय और कोई अच्छा मकान इस समय ख़ाली नहीं है। आप अगर इसे लेना चाहें तो शीघ्र पत्र या तार दे दें। क्योंकि बड़ो माँ इस समय आई हैं और बृहस्पतिवार तक रहेंगी। इसके बाद कॉरेसपोंडेंस से तै करने में देर होगी। मुझे ठीक-ठीक नहीं मालूम कि आश्रम का और कोई मकान ख़ाली है या नहीं। पर डाकघर के पास वाला मकान 'गुर्ज्जरी' इस समय ख़ाली ही पड़ा है। आप रथी बाबू से पूछ देख सकते हैं।

एक और बात।

मैं अपनी माताजी की आँख दिखाने के लिये कलकत्ता आना चाहता हूँ। 18 सितम्बर के आस-पास जाऊँगा। मेरे एक मित्र चित्तरंजन एवेन्यू में रहते हैं। उसके आस-पास कोई धर्मशाला आपकी जानी हो तो लिखियेगा। शेष कुशल है।

आपका

हजारी प्रसाद

IV/A-2006

संख्या-8

शान्तिनिकेतन
13.11.35

पूज्य पंडित जी,

प्रणाम!

आपका लाहौर से भेजा हुआ कार्ड यथासमय मिल गया था। इस बीच मैं कलकत्ते भी गया था और वहाँ आपके घर पर ही ठहरा था। मेरी आँखें इधर खराब हो गई हैं। मैं पढ़ने-लिखने का काम कुछ भी नहीं कर रहा हूँ। इस पत्र में जो कुछ लिख रहा हूँ, अन्दाज़ पर लिख रहा हूँ। आँखों की सहायता इसमें बिल्कुल नहीं ली गई।

क्या आप वर्धा गये थे? गुरुदेव की चिट्ठी का क्या कुछ फल हुआ था। सुधाकान्त बाबू तो वहाँ आप से मिले ही होंगे। हिन्दी भवन का क्या हुआ?

पिछलो बार विशाल भारत में वर्मा जी का एक आर्टिकल खुदाई मास्टर पीस नाम निकला था। कल संयोग से श्री क्षिति मोहन[1] बाबू ने उस लेख को पढ़ा और लगभग तीन घंटे तक उसकी प्रशंसा करते रहे। उन्होंने मुझसे कहा कि वर्मा जी को मेरी ओर से बधाई दीजिये। उन्होंने बहुत-सी बातें कहीं जो इन आँखों के कारण मैं वर्मा जी तक अभी नहीं पहुँचा रहा हूँ। एक जावा के विद्यार्थी से वर्मा जी का और उनके आर्टिकल का परिचय कराते हुए उन्होंने बताया कि information मात्र में एक भार होता है। पर जो मनुष्य information को सरस करके लघुभार कर देता है, वह निश्चय ही धन्यवादार्ह है। मैंने वर्मा जी के अन्यान्य लेखों की भी चर्चा की थी। रूसी भानमेती वगैरः शीर्षक उन्हें खूब पसन्द आये।

आशा है आप सकुशल होंगे। सभी मित्रों को मेरा प्रणाम।

आपका

हजारी प्रसाद

---

1. आचार्य क्षितिमोहन सेन—संत साहित्य के मर्मज्ञ विद्वान। शान्तिनिकेतन में रहते थे।

IV/A-2007

संख्या-9

हिन्दी समाज,
शान्तिनिकेतन
9.2.36

श्रद्धास्पदेषु,

कृपा-पत्र मिला। व्यवस्था कर दी गई है। लेकिन सुरेन बाबू ने कहा है कि चतुर्वेदी जी से कह दीजिये कि गुरुदेव 14 फरवरी तक कलकत्ते में ही रहेंगे। हम लोग व्यवस्था कर रहे हैं। परन्तु इतना जान कर यह तै कीजियेगा कि आना कब ठीक होगा। अगर उस दिन आने का इरादा न हो तो यथाशीघ्र सूचना दीजियेगा।

विशेष

अपने लेख में एक श्लोक मैंने कोट किया है (धन्यासि) शायद 10 या 11 पृष्ठ के आस-पास है। उसकी तीसरी लाइन में लिखा है–'नीविं प्रति प्रणिहिते तु करे प्रियस्य'। इसमें 'प्रियस्य' की जगह 'प्रियेण' कर दीजियेगा।

2. महादेवी जी के विषय में एक जगह लिखा है–भूल करना महादेवी जी का स्वभाव है···। हमारे कई मित्र कहते हैं कि यह वाक्य बहुत कड़ा है। आपको भी अगर कड़ा जँचे तो मृदु कर दीजियेगा।

राष्ट्रबंधु के सम्पादक श्री विश्वनाथ वर्मा और बालकृष्ण जी पोद्दार नामक एक सज्जन आये हैं। पोद्दार जी ने हिन्दी लाइब्रेरी में जो नहीं हैं, ऐसी चुनी हुई पुस्तकों के (50/- रुपये कीमत की) देने का वचन दिया है। शेष कुशल है।

हजारी प्रसाद

IV. A-2008

संख्या-10

शान्तिनिकेतन
30.3.36

मान्यवरेषु,

प्रणाम!

बहुत दिन पहले एक पत्र लिखा था, मालूम नहीं वह आपको मिला या नहीं। मैंने उसमें कुछ रुपये एक जगह भेजने की प्रार्थना की थी। अगर रुपये न भेजे गये हों तो उसके लिए चिन्तित होने की ज़रूरत नहीं। मैं कुछ इन्तजाम कर लूँगा। आप मुझे अगर शीघ्र बता दें कि रुपयों का इन्तजाम हुआ या नहीं, तो मैं उपकृत हूँगा। क्योंकि रुपये भेजने की अन्तिम तारीख 31 मार्च थी। वह तो अब खत्म हो ही गई।

शान्तिनिकेतन में small pox की बीमारी होने कारण आश्रम अनिश्चित काल के लिये बंद कर दिया गया है। आप इस समय किसी को लेकर इधर न आइयेगा। अज्ञेय जी को और जैनेन्द्र कुमार जी को मैंने पत्र लिख दिया है।

हिन्दी कविता के संबंध में मेरा जो लेख विशाल भारत में छपा था, उसके संबंध में लगभग एक दर्जन पत्र मेरे पास आये हैं। लोगों को वह पसन्द आया है। दो-एक पत्रों ने शायद उसे उद्धृत भी किया है। यह सब आपकी ही कृपा का फल जान पड़ता है।

'दादू' का अनुवाद आपका परिचित कोई प्रकाशक छाप सकेगा? समय निकाल कर कुछ व्यवस्था कीजियेगा।

आपका

हजारी प्रसाद

पुनश्च :

श्री क्षिति बाबू रामदेव जी चोखानी के निमंत्रण पर पिछली बार कलकत्ता गये थे। जब वे यहाँ से चल चुके थे, उस समय चोखानी जी का तार आया कि सभा स्थगित कर दी गई। किन्तु क्षिति बाबू तब तक गाड़ी पर सवार हो चुके थे। नतीजा यह हुआ कि चोखानी जी को व्यर्थ ही कुछ खर्चे में पड़ जाना पड़ा। क्षिति बाबू आपसे यह कहना चाहते हैं कि अगर आप से चोखानी जी की बातचीत हो तो आप उनसे कहें कि इस समय शान्तिनिकेतन बंद हो गया है। वे लोग चाहें तो अभी क्षिति बाबू को बुला सकते हैं। नहीं तो वे बाहर निकल जा सकते

हैं। क्षिति बाबू को इस बात का दुःख है कि व्यर्थ ही इस बार चोखानी जी को कष्ट उठाना पड़ा है।

आपका

ह. प्र. द्विवेदी

IV/A-2009

संख्या-11

शान्तिनिकेतन से
11.4.36

श्रद्धेय पंडित जी,

सादर प्रणाम!

पत्र मिल गये। आपने महिला अंक और कहानी अंक के लिये suggestions माँगे हैं। अभी मुझे कुछ सूझ नहीं रहा है। एकमात्र suggestion जो इस समय मैं दे सकता हूँ, वह यह है कि इस नम्बर का नाम महिला 'अंक' न रख कर महिला-संख्या रखिये। इस अवस्था में महिला-अंक से आपका किसी प्रकार का संबंध आशंका का कारण है। नहीं तो क्या? राष्ट्रीय 'अंक' से उतर कर एकदम महिला 'अंक' में आने की आईडिया किसके दिमाग़ में आई है, आपके या वर्मा जी के? देखते हैं पत्थरों के शहर में भी वसन्त का प्रभाव कम नहीं है!

'योगी' का जो कटिंग आपने भेजा है, उसे किसी एक और मित्र ने कलकत्ते से ही भेजा था। स्वयं योगी वालों ने उसे गुरुदेव और विश्वभारती के पास भेजा था। हम लोगों ने उसकी उपेक्षा करना ही सोचा था। असल में उसका टोन इतना असंस्कृतिपूर्ण है कि उसका कुछ जवाब दिया ही नहीं जा सकता। आप कितनी भी अधिक युक्ति देकर उस आदमी को कैसे convince कर सकते हैं, जिसने मान लिया है कि नाचना और गाना स्त्रियों के लिये सबसे बड़ा विघातक पाप है? क्या योगी के सम्पादक रामवृक्ष शर्मा बेनीपुरी हैं? उनके विचार कितने उलझे हुए हैं, जो वेश्यावृत्ति भी नष्ट करना चाहते हैं, संगीत और कला की प्रतिष्ठा भी करना चाहते हैं, और गृहदेवियों को इससे अलग रहने का भी उपदेश देते हैं। लेख में गुरुदेव के संबंध में इतनी उच्छृंखल बातें हैं कि पढ़ कर क्रोध होता है। गोसाईं जी ने ऐसे निन्दकों के लिये दो व्यवस्थाएँ दी हैं:

काटिय जीह जो चलइ वंसाई
स्रवन मूंदि न तु चलिय पराई।

वश चले तो जीभ काट लो और नहीं तो कान मूँद कर भाग चलो। हमारी राय है कि दूसरा ही उपाय काम में लाया जाय।

लेकिन अगर अपने नाम से आप इसका प्रतिवाद करना ही चाहते हों तो मैं दो दिन में लिख कर भेज देता हूँ।

Edward Carpenter का काम हो गया हो तो किसी आते-जाते के हाथ भेज दीजियेगा। साल के अन्त में ये लोग किताबों का हिसाब मिलाते हैं।

गुरुदेव आजकल कलकत्ते में ही हैं। उनकी दौहित्री का शुभविवाह 19 अप्रैल को होने जा रहा है। तब तक वे यहाँ लौट आयेंगे। शेष कुशल है।

आपका

हजारी प्रसाद

वर्मा जी के भाई साहब के स्वर्गवास के समाचार से बड़ा दुःख हुआ। जो रोग हुआ था, वह अत्यन्त भयंकर था। उनकी हँसमुख सौजन्य भरी मूर्ति भूलती नहीं। भगवान् की लीला है।

IV A-2010

संख्या - 12

शान्तिनिकेतन
दिनांक 20.4.36

श्रद्धेय चतुर्वेदी जी,

कृपा-पत्र मिल गया था। हरि बाबू[1] के स्केच के संबंध में लेखादि संग्रह करके मैं दो-एक दिन में भेज दूँगा। अब आप ही अच्छा लिख सकेंगे। मैं इस बारे में एकदम सहमत हूँ।

'महिला अंक' में हैवलक एलिस का 'फेमिली' नामक प्रबंध ज़रूर अनुवाद करके दीजिये। इसमें इस विषय में संसार के सर्वश्रेष्ठ मनीषी का सभी समस्याओं का बड़ा सुन्दर विवेचन होगा। यह लेख जरा छोटा ज़रूर है पर बहुत उपयोगी है। सन्तति नियमन के संबंध में दोनों पक्ष की पूरी-पूरी दलीलें संयत भाषा में नितान्त आवश्यक हैं।

हमारे पुस्तकालय में इस विषय की जो पुस्तकें हैं, उसे बृहस्पतिवार को निकालूँगा। प्रभात[2] बाबू से सलाह ले रहा हूँ। आप प्राचीन इतिहास भी देना चाहते हैं। गुरुदेव की सबसे नई कविता पुस्तक 'विचित्रा' में 'आधुनिका' नामक एक कविता है। यह अपराजिता देवी नामक एक आधुनिका देवी के अभियोगों के उत्तर में पत्र रूप में लिखी गई थी। मज़े की चीज़ है। दे सकते हैं।

श्री जैनेन्द्र कुमार जी आप ही के यहाँ ठहरे हैं न! उन्हें मेरा प्रणाम कहिये। बड़ी इच्छा थी कि उनसे मिलूँ। पर विवश हूँ। हिन्दी समाज व्याख्यानमाला के संबंध में उन्हें पूरी सूचना दे दें। 'विशाल भारत' के राष्ट्रीय अंक में अपनी पट्टी साफ कीजिये। आपकी टिप्पणी बहुत अच्छी है। एक ही अंक में क्रोपाटकिन और शास्त्री जी के बारे में लिख कर आपने यह सिद्ध किया है कि आपकी दृष्टि में मनुष्यता सबसे बड़ी चीज है, कोई वाद नहीं। शास्त्री जी वाले लेख में आपने उनके कोमल हृदय का बड़ा सुन्दर चित्रण किया है। वर्मा जी का जवाहरलाल का स्केच खूब है। राष्ट्रीय अंक में सभी लेख पठनीय हैं। यह अंक बहुत सफल हुआ है। सम्पूर्णानंद जी का लेख बड़ा सुन्दर हुआ है। पर जो चीज़ मुझे सबसे अधिक रुची है, वह है नवीन जी की कमला देवी संबंधी कविता। यह दिल को हिला देने वाली कविता है। नवीन

---

1. हरि बाबू–चित्रकार; 2. प्रभात कुमार मुखोपाध्याय–लाइब्रेरियन; 3. श्री बालकृष्ण शर्मा 'नवीन'।

जी को इसके लिये बधाई दी जानी चाहिए।

आपका

हजारी प्रसाद
20.4.36

आश्रम अब जुलाई में ही खुलेगा। चेचक का प्रकोप अब एकदम शान्त हो गया है। गुरुदेव यहीं हैं। उनकी दौहित्री का 25 को विवाह है। अज्ञेय जी या जैनेन्द्र जी इधर आना चाहते हैं तो आ भी सकते हैं।

IV/A-2011

संख्या-13

शान्तिनिकेतन
7.5.36

श्रद्धेय पंडित जी,

प्रणाम!

कृपा-पत्र मिल गया। इस सप्ताह शायद मेरा आना नहीं हो सकेगा, क्योंकि लड़के को थोड़ा-सा एन्फ्लुएंजा जैसा हो गया है। मुझे यह सुन कर बड़ा आनन्द हुआ कि अज्ञेय जी आ गये हैं। मैं जिस किसी प्रकार होगा, समय निकाल कर उनके दर्शन के लिए आऊँगा, परन्तु वे कब तक ठहरेंगे?

आपके मकान मालिक महाशय ने कृपापूर्वक मेरे लिए स्थान का प्रबन्ध कर दिया है, तदर्थ मैं उनका कृतज्ञ हूँ। अभी मेरे लिए कोई कमरा खाली कर रखने की कोई ज़रूरत नहीं है। जब मैं आऊँगा तो उसके दो दिन पहले आपको पत्र लिखूँगा। उसी समय प्रबन्ध कर लेना अच्छा होगा।

श्री हरि बाबू के बारे में लिख कर मैंने भेजा है। आशा है मिल गया होगा। आप उसे सुधार लीजियेगा। मैंने यही सोच कर लिखा है कि आप उसे सुधारेंगे। स्केच मुझसे नहीं लिखा जाता।

फोटो इस पत्र के साथ भेज रहा हूँ। इनमें से जो पसन्द आवे, छाप दीजियेगा। रथी बाबू[1] ने कहा कि वे लोग अगर निगेटिव पर से एनलार्ज करके छापेंगे तो चित्र अधिक सुन्दर उतरेंगे। इसीलिये निगेटिव भी भेज रहा हूँ। (दूसरे कार्ड पर) एक बात और। रथी बाबू के कहने पर एक फ्रेन्च युवक ने ये चित्र लिये थे। इस संबंध में उनका सामान्य कुछ व्यय भी हुआ है। रथी बाबू से पूछने पर उन्होंने कहा कि मैं पूछ कर उन्हें दे दूँगा। लेकिन मैं समझता हूँ, उस खर्च को हमी लोग दे दें तो अच्छा हो। कितना खर्च हुआ है, सो उन्होंने अभी बताया नहीं है।

श्री चन्द्र गुप्त[2] जी ने इस मास की 'सरस्वती' में 'शान्तिनिकेतन के अनुभव' नाम से एक सुन्दर लेख लिखा है। हम लोगों के सौभाग्यवश उन्हें अपने अनुभव का वह अंश भूल गया है, जिसमें हम लोगों की असावधानी से एक वक़्त उन्हें जलपान न मिलने के कारण कष्ट हुआ था। मैं अब तक लज्जित हूँ।

जैनेन्द्र जी क्या कलकत्ते में ही हैं? उनको और सदर्शन जी को जलाई में ही व्याख्यानों

---

1. श्री रथीन्द्रनाथ ठाकुर–गुरुदेव के पुत्र; 2. श्री चन्द्रगुप्त विद्यालंकार–हिन्दी कहानीकार।

के लिये बुलाना चाहिए। नाटकों के बारे में किसे बुलाया जाय? इन छुट्टियों में लोगों को निमंत्रित कर रखना अच्छा होता। आप अपनी तैयारी रखें (पत्रकार कला) अगस्त में आपको बोलना पड़ेगा।

यहाँ और सब कुशल है। गुरुदेव कल कलकत्ते के लिये रवाना हो गये। 'एडवर्ड कारपेंटर' आप कुछ दिन और रख सकते हैं।

शुभम्।

आपका

हजारी प्रसाद

छाप लेने के बाद फोटो लौटा दीजिए तो अच्छा हो।

IV/A-2012

संख्या-14

शान्तिनिकेतन
10.6.36

मान्यवरेषु,

अनेक प्रणाम!

कृपा-पत्र मिला। यह पत्र न भी मिला होता तो मैं आज पत्र लिखता, क्योंकि पत्र लिखने का समय आज आ गया था। बात यह थी कि मैं इन दिनों विषम पेट-चिन्ता का शिकार बन गया था। सौभाग्यवश मुझे एक हल्का-सा काम मिल गया था। मेरी आँखें जहाँ तक काम दे सकती थीं, मैं इसी में चिपटा रहा। पत्र लिखना बंद कर दिया था। कल पूरे सौ रुपये का काम समाप्त कर चुका हूँ। अगले सप्ताह में भगवान की कृपा होगी तो 20/- रुपये का और कर लूँगा। इस प्रकार इस जून के भीतर 120/- रुपये पा जाऊँगा और ऋण की एक किश्त, जो जेठ की पूर्णिमा को दे देनी चाहिए थी, आषाढ़ में निश्चित रूप से चुका सकूँगा। यह रुपया मुझे अप्रत्याशित रूप से मिल गया है। इसके लिये आप लोगों का आशीर्वाद और स्नेह ही कारण है।

इस बीच आपके कृपा-पत्र और सुधांशु जी की पुस्तक मिल गई थी। मैं जल्दी में समालोचना न कर सका। इस अंक के लिये आजकल में भेज रहा हूँ। पुस्तक अच्छी है पर शैली जटिल है। आपकी आज्ञानुसार पुस्तक समालोचना के बाद पुस्तकालय को दे दूँगा। अभी मेरे ही पास है।

इस मास का 'विशाल भारत' मिला। हरि बाबू बहुत प्रसन्न हुए हैं और कृतज्ञता प्रकट की है। 'विशाल भारत' के इस अंक में सत्यवती देवी[1] की कहानी मैंने पढ़ी। दो एक महीने पहले भी एक कहानी पढ़ी थी। दोनों कहानियों में सचाई है। मुझे ऐसा मालूम हो रहा है कि सत्यवती जी बहुत शीघ्र अनेक कहानी लेखकों को पीछे छोड़ कर आगे निकल जायेंगी। यद्यपि मैंने जो दो कहानियाँ पढ़ी हैं, उनका वक्तव्य एक ही जान पड़ता है पर यह कोई कारण नहीं कि यह समझ लिया जाय कि उनका विषय सीमित है। और अगर सीमित हो भी तो कोई हर्ज नहीं। सचाई चाहिये और इन कहानियों में है। मुझे यह बात और भी अच्छी लगी कि सत्यवती जी अनावश्यक विस्तार नहीं करतीं। इस अंक में अज्ञेय जी के लेख की यह बात मेरे मन की है कि हिन्दी एक प्रादेशिक भाषा है। इसका रूप, इसकी प्रकृति हमी लोगों को निर्माण करना चाहिए। राष्ट्रभाषा का नाम देकर इसमें अन्य प्रदेशवालों का अनुचित हस्तक्षेप कभी कभी असह्य हो उठता है। अगर यह राष्ट्रभाषा है तो दूसरों के लिए

1. श्रीमती सत्यवती मलिक—हिन्दी कहानीकार।

है। हमारे लिए तो यह मातृभाषा है और हमारा और इसका जीवनमरण का संबंध है। दूसरों के लिए राष्ट्रभाषा का सवाल प्रयोजन और सुविधा का है, हमारे लिये यह प्रयोजन और अप्रयोजन से परे है। हमारे हास और अश्रु, प्रेम और रोष, भक्ति और श्रद्धा को रूप देने वाली भाषा को अगर कोई राष्ट्रीय, व्यापारिक या राजनीतिक कारणों से सुविधाजनक मान ले तो हम पर कृपा नहीं कर रहा है कि हम उसकी अंगुलि के इशारे पर अपनी मर्मस्पर्शी वाणी में परिवर्तन करते रहें।

पर यह भी ठीक है कि हिन्दी भाषा सरल होनी चाहिए। इसलिये नहीं कि बाहरवालों को इससे सुविधा होगी, बल्कि इसलिये कि हमारे साहित्य का विकास होगा। लघुभार भाषा आसानी से उद्देश्यसिद्धि की ओर अग्रसर हो सकती है।

'विशाल भारत' के इस अंक में मैं नेमियर रिपोर्ट के बारे में कुछ पढ़ने के लिये आस लगाये बैठा था। मैं सोचता था कि या तो कोई खोजपूर्ण लेख या सम्पादकीय टिप्पणी इस पर मिलेगी। पर न मिली। अगले अंक में क्या कुछ मिलेगा?

साहित्य सम्मेलन के संबंध में आपकी टिप्पणी बहुत अच्छी है। बेनीपुरी[1] जी का पत्र पढ़ कर उनकी विवशता मालूम हुई। बिचारे सम्पादक को इतना लाचार रहना पड़ता है, यह बात बहुत दुःखजनक है। एक बात और। उस पत्र का अन्तिम अंश शायद मज़ाक में लिखा हुआ है। उसका आपने बड़ा कड़ा और सीरियस हो कर जवाब दिया है। 'बिहार के जातीय पात' शब्द का इस्तेमाल शायद आपने व्यंग्य कर के किया है। यह बात आपकी प्रकृति के विरुद्ध हुई है।

हिन्दी समाज का वार्षिकोत्सव, जब आपकी सुविधा हो, कर लिया जाय। जैनेन्द्र जी को और अज्ञेय जी को जुलाई के अन्तिम सप्ताह या अगस्त के प्रथम सप्ताह में बुला लूँगा। आप अपनी सुविधा के अनुसार तारीख बता दीजिये। विचार है कि मैथिलीशरण जी की स्वर्ण जयन्ती हिन्दी समाज की ओर से मनाई जाय। कैसा होगा?

गुरुदेव आजकल यहीं हैं। आश्रम प्रायः सूना है। इस समय अपने पुत्र और कन्या के साथ आ जायँ तो अच्छा ही होगा। और अगर उन लोगों को चालू अवस्था में आश्रम दिखाना चाहते हों तो 22 जून के बाद आइये। 22 जून को पढ़ाई शुरू हो जायेगी।

भगवती प्रसाद चन्दोला बी.ए. में पास हो गये। हिन्दी के सभी लड़के एफ.ए. और बी.ए. में पास हो गये हैं। केवल एक लड़की फेल है। शेष कुशल है।

आपका

हजारी प्रसाद द्विवेदी

---

1. श्री रामवृक्ष बेनीपुरी।

IV A-2013

संख्या-15

शान्तिनिकेतन
10.7.36

मान्यवर चतुर्वेदी जी,

प्रणाम!

कृपा-पत्र मिला। कलकत्ते में मेरी पत्नी का आपरेशन हुआ था। वह बहुत सफल रहा। वे अब स्वस्थ हो आई हैं। क़ानोडिया[1] जी और सक्सेरिया[2] जी ने मेरे ऊपर बहुत कृपा की है। धावले जी से मालूम हुआ था कि आपने ही कनोडिया जी से पहले कहा था और उसी के फलस्वरूप कनौडिया जी ने मुझसे कलकत्ते आकर इलाज कराने को कहा। अर्थात् इसमें भी आप दूर से बैठे सूत्रधार का काम कर रहे थे।

मैं और चन्दोला जी हिन्दी भवन के क्वार्टर्स में आ गये हैं। हाल में बैठा-बैठा मैं कुछ पढ़ने-लिखने का कार्य कर रहा हूँ। लेकिन अभी भी हिन्दी भवन का वायुमण्डल बन नहीं पाया। इस विषय में आप कुछ करें या हम लोगों को कोई रास्ता सुझावें। मैं काम करने को तैयार हूँ, परन्तु कोई निश्चित प्लैन और व्यवस्था बहुत आवश्यक है। गुरुदेव ने परसों इस विषय पर बहुत-सी बातें कीं। उन्होंने फिलहाल मुझे अपनी पुस्तक 'बंगला भाषा परिचय' के आदर्श पर 'हिन्दी भाषा परिचय' नाम से पुस्तक लिखने को कहा है। वे चाहते हैं कि पुस्तक में हिन्दी की भिन्न-भिन्न बोलियों से ऐसे शक्तिशाली प्रयोगों को स्टैण्डर्ड भाषा में परिचित कराया जाय जो उसमें प्राप्त नहीं हैं। यह कार्य है तो बहुत महत्त्वपूर्ण, पर मुझे अपनी शक्ति के संबंध में संदेह है। मैंने अध्ययन शुरू कर दिया है। देखें, सफलता कहाँ तक मिलती है।

चन्दोला जी को उन्होंने हिन्दी साहित्य की भिन्न-भिन्न प्रवृत्तियों का प्रतिनिधित्व कर सकने वाली विधाओं को संग्रह करने का काम दिया है। इस कार्य में हम दोनों लग गये हैं। पर यही भर। मैं चाहता था कि हिन्दी भवन एक जीवित संस्था बने। वह विद्याभवन की तरह दो-चार आदमियों के रिसर्च करने की तो जगह न हो। उससे हिन्दीभाषी जनता को inspiration मिले। विद्वान् और युवक साहित्यकार आते-जाते रहें। कैसे इस संस्था को इस प्रकार सजीव बनाया जा सकता है, यह बात आप सुझावें। रथी बाबू को लिखना उचित समझें तो उन्हें भी लिखें।

काँग्रेस वाले गुरुदेव के लेख का मैं स्वयं समयाभाव के कारण नहीं अनुवाद कर सका।

---

1. श्री भागीरथ कानोडिया—उद्योगपति; 2. श्री सीताराम सेक्सरिया—समाजसेवी एवं साहित्यप्रेमी।

मेरे छोटे भाई रमानाथ ने कर दिया है। भाषा उसकी साफ़ नहीं है। वैसे मैंने अनुवाद को देख लिया है। आप इसका उपयोग कर सकते हैं।

एक बार आपने 'वेत्रवती' के संबंध में प्राचीन ग्रंथों के उद्धरण माँगे थे। मैंने लिख रखा था पर मैं भूल गया था। इस पत्र के साथ भेज रहा हूँ।

यहाँ सब लोग सानन्द हैं। मलिक जी आ गये हैं। आपको प्रणाम कहते हैं।

आपका

हजारी प्रसाद

वेत्रवती

1. वेत्रासुर की माता—

वेत्रवत्युदरे जातो नाम्रा वेत्रासुरोऽभवत् (वराह पुराण)

2. आयुर्वेद के मत से इसका पानी मधुर, पाचन, बलकारक, पुष्टिकारक

तन्नान्मा दधतेजलं सुमधुरं कान्तिप्रदं पुष्टिदम्
वृण्यं दीपन पाचनं बलकरं वेत्रावती जापिना
— राजनिर्णय

3. वराह पुराण के देवोत्पत्ति नामक अध्याय में कथा है कि सिन्धुद्वीए नामक राजा ने इन्द्र लोक से बदला लेने के लिये कठोर तप किया। तब वरुण की स्त्री वेत्रवती नामक नदी मानुषी का रूप धारण करके उसके पास आई और कहा कि स्वयं भोगार्थ समुपागता परस्त्री को जो स्वीकार नहीं करता, वह नरकगामी होता है और ब्रह्महत्या का पातकी होता है। राजा ने उसे स्वीकार किया, उससे पुत्र हुआ। नाम वेत्रासुर पड़ा। वह प्राग्ज्योतिष (आसाम) का राजा हुआ और इन्द्र को हराया। कुछ श्लोक यहाँ लिखे जा रहे हैं :

आसीद्राराजा पुरा राजन् सिंधुद्वीपः प्रतापवान्
स तेपे परमं तीव्रं शक्र वैरमनुस्मरन्।।
ततः कालेन महता नदी वेत्रवती शुभा।
मानुषं रूपमास्थाय सालंकारं मनोरमम्।
आजगाम यतो राजा तेपे परमकं तपः।।
वेत्रवत्युवाच।

अहं जलपतेः पत्नी वरुणस्य महात्मनः।
नाम्ना वेत्रवती पुण्या त्वामिच्छन्तीहमागता।।
माभिलाषां परस्त्रीं च भजमानां विसर्ज्जयेत्।

स पापः पुरुषो ज्ञेयो ब्रह्महत्यां च विन्दति।
एवं ज्ञात्वा महाराज भजमानां भजस्व माम्।।
तस्य सदयोऽभवत् पुत्रो द्वादशार्कसमप्रभः।
वेत्रवत्युदरे जातो नाम्ना वेत्रासुरोऽभवत्।

4. महाभारत वनपर्व 188 अध्याय में मार्कण्डेय ने महाप्रलय के समय वेत्रवती नदी को नारायण के उदर में देखा था।
5. महाभारत वन. 222 अध्याय में अन्यान्य कई नदियों के साथ वेत्रवती को भी अग्नि की माता बताया गया है।
6. महाभारत के और स्थानों में भी इसकी चर्चा है। स्थल निर्देश कर रहा हूँ।
ये स्थल कलकत्ता संस्करण से दिये गये हैं : 13/666
9/323
9/327 etc.
7. सम्पूर्ण वैदिक साहित्य में शायद इसकी कोई चर्चा नहीं है। हो भी तो इस नाम से नहीं है। शायद आर्य लोग तब तक उधर नहीं आये थे।
8. मेघदूत : 1.25
हे मेघ, दाशार्ण की राजधानी समस्त दिङ्मण्डल में प्रथित विदिशा नाम से मशहूर है। वहाँ जाते ही तुम विलासिता का सब फल पा जाओगे, क्योंकि वहाँ वेत्रवती नामक नदी बह रही है, उसके तट के उपान्त के भाग में गर्जन पूर्वक मन हरण करके उसका चंचल तरंगशाली सुस्वादु जल, इस प्रकार पान करोगे मानो (प्रेयसी का) भ्रूभंगयुक्त मुख—

तेषां दिक्षु प्रथित विदिशा लक्षणां राजधानीं
गत्वा सद्यः फलमविकलं कामुकत्वस्य लब्धा।
तीरोपान्त स्तनित सुभगं पास्यसि स्वादु यस्मात्
सभ्रूभंगं मुखमिव पयो वेत्रवत्याश्चलोर्मि।।

9. कादंबरी कथा मुख—
विदिशा के चारों ओर वेत्रवती नदी है। स्नान के समय मालव विलासिनियों के कुचतट के आस्फालन से उसकी तरंगश्रेणी चूर्ण एवं चूर्ण हो जाती थी और रक्षकों के द्वारा रमानाथ भयभीत विजात स्त्रियों के अग्रभाग में लिप्त सिंदूर के फैलने से सन्धि आकाश की भाँति उसका पानी लाल हो जाया करता था और उसका तट-छोर उन्मत्त कल हंस मण्डली के कोलाहल से सदा मुखरित रहता था—

मज्जन्मालव विलासिनी कुचतटास्फालन जर्ज्जरितोर्मिमालया
जलावगाहनावतारित जयकुञ्जर कुंभसिन्दूर सन्ध्यायमान-
सलिलया उन्मद कलहंस कुल कोलाहल मुखरित कूलधा...।

IV A-2014

संख्या-16

हिन्दी समाज
शान्तिनिकेतन
6.8.36

पूज्य पंडित जी,

प्रणाम!

कृपा-पत्र अभी मिला। मैंने आपको फिरोजाबाद के पते से पत्र लिखा था। वह नहीं मिला क्या? यह सुन कर बड़ी खुशी हुई कि श्री रामनारायण जी की तबीयत अच्छी है। मगर उनकी नौकरी छूटने का समाचार उद्वेगजनक है। ऐसा क्यों हुआ? जैनेन्द्र कुमार जी और अज्ञेय जी 8 अगस्त को आ रहे हैं। अब देरी नहीं है। आप ज़रूर आइये। आपके आने में जो यात्रा का व्यय होगा, उसके लिये बिल्कुल चिन्ता न कीजिये। हम लोग उसकी व्यवस्था कर लेंगे। और सब कुशल है। आजकल काम बेतरह बढ़ रहा है। इसीलिये अब तक कुछ लिख न सका। गुरुदेव की कविता का अनुवाद भेजूँगा। और सब कुशल है। वर्मा जी और जैन जी और पांडे जी को प्रणाम। आपकी अनुपस्थिति में हम लोगों को कोई कष्ट नहीं हुआ। बड़े आनन्द से रहे। अबकी बार पं. दुर्गा प्रसाद जी को सुराही हाथ लगी थी (सुरा-ही!)।

आपका

हजारी प्रसाद

IV/A-2017

संख्या-17

शान्तिनिकेतन
21.12.36

श्रद्धास्पदेषु,

प्रणाम! प्रेमचन्द दिवस बड़े उत्साह से मनाया गया। क्षिति मोहन बाबू अध्यक्ष थे। उनका भाषण वि.भा. के लिये भेजूँगा। बड़ा अच्छा था। भारतीय कथा साहित्य में युग-गुरु उनका भाषण वि.भा. के लिये भेजूँगा। बड़ा अच्छा है। भारतीय कथा साहित्य में युग-गुरु दीजियेगा। मल्लिक[1] जी ने कहा है। वैरो कहानी मल्लिक जी के मत से बहुत अच्छी नहीं है। वे कहते हैं कि बाहर की दुनिया में पहले पहल सेकेण्ड रेट की चीज़ न जाय। चंद्रगुप्त जी की कोई दूसरी फर्स्ट रेट की कहानी हो तो अच्छा हो। जैसा आप कहें। प्रेमचन्द जी का अँग्रेजी अनुवाद कुछ-कुछ हो रहा है। पहली कहानी का पहला अनुवाद "the village well" (ठाकुर का कुआँ) कल पढ़ा गया था। खूब समादृत हुआ।

मैंने सुना है कि आप दुबले होते जा रहे हैं। सदा चिन्ताग्रस्त रहते हैं। विनोद जी ने ऐसा लिखा है। मैं आपकी इस हालत को सुन कर क्या करूँ, कुछ समझ में नहीं आता। बश की कोई बात है नहीं। अपने नाना विध दुःख की अवस्थाओं में गुरुदेव के इस भजन से बड़ा उत्साह पाता हूँ। शायद आपको भी इससे रोशनी मिल सके, इसी आशा से आज इस भजन को भेज रहा हूँ। सबेरे उठ कर एक बार पढ़ने से ज़रूर साहस और बल मिलेगा। मेरा अनुभव है। पहले अनुवाद और बाद में कविता दे रहा हूँ।

'विपत्ति में मेरी रक्षा करो', यह मेरी प्रार्थना नहीं है, ऐसी शक्ति दो कि मैं विपद से न डरूँ। अगर तुमने दुःख ताप से व्यथित चित में सान्त्वना न दी तो कोई बात नहीं, लेकिन ऐसा करो कि मैं दुःख को जीत सकूँ। यदि मेरा कोई सहाय न मिले, तो इतना ही हो कि मेरा अपना बल न टूटने पाये। अगर मेरे संसार का कुछ नुकसान हो जाय, मैं केवल वंचना ही पाऊँ तो भी ऐसा हो कि मैं अपने मन में क्षीणता न मानूँ—

विपदे मोरे रक्षा कर,
ए नहे मोर प्रार्थना,
विपदे आमि ना येन करि भय।
दुःख तापे व्यथित चिते

1. श्री गुरुदयाल मल्लिक।

नाइ वा दिले सान्त्वना
दु:खे येन करिते पारिजय।

सहाय मोर ना यदि जुटे,
निजेर बल ना येन टुटे,
संसारे ते घटिले क्षति
लभिले शुधु वंचना
निजेर मने ना येन मानि क्षय।

'तुम मुझे बचाओ' यह मेरी प्रार्थना नहीं है। केवल इतनी शक्ति हो कि मैं तैर सकूँ। कोई बात नहीं। अगर तुमने मेरा भार हल्का करके सान्त्वना न दी। केवल ऐसा ही हो कि मैं (इस भार को) ढो सकूँ। सुख के दिनों में सिर झुका कर तुम्हारा मुँह पहचान लूँगा, लेकिन दु:ख की रात में जिस दिन सारी पृथ्वी मुझे वंचना कर रही हो, उस दिन, ऐसा हो कि, तुम्हारे ऊपर संदेह न करूँ—

आमारे तुमि करिवे त्राण
ए नहे मोर प्रार्थना,
तरिते पारि शकति येन रय।
आमार भार लाघब करि,
नाइवा दिले सान्त्वना,
बहिते पारि एमनि येन हय।

नम्र शिरे सुखेर दिने
तोमारि मुख लइब चिने
दुखेर राते निखिल धरा
ये दिन करे वंचना
तोमारे येन ना करि संशय।

मैंने यह नुस्ख़ा वैद्य की भाषा में लिखा है। यद्यपि मैं वैद्य होने का दावा नहीं करता पर निश्चयपूर्वक आप इससे फायदा पायेंगे, ऐसा कह सकता हूँ। क्योंकि इस विषय में मेरा थोड़ा-सा अनुभव है।

शेष कुशल है।

आपका

हजारी प्रसाद

IV A-2018

संख्या-18

शान्तिनिकेतन
7.1.37

मान्यवर चतुर्वेदी जी,

प्रणाम! कृपा-पत्र मिला। बलराम कीं चर्चा महाभारत में नाना प्रसंगों पर आई है। एक बार वे पाण्डवों का दु:ख देख कर सोचने लगते हैं कि क्या बात है कि पुण्यात्मा पांडव दु:ख पा रहे हैं और पापी दुर्योधन आनन्द कर रहा है। पर भीम और दुर्योधन दोनों ही उनके शिष्य थे। इसलिए वे किसी भी पक्ष की ओर से युद्ध नहीं करना चाहते। इस विषय में उनसे अधिक दृढ़ता का परिचय महाभारत का कोई भी पात्र नहीं दे सका—भीष्म, द्रोण, कृपाचार्य इत्यादि कोई नहीं। उद्योग पर्व के दूसरे अध्याय में जब कि पांडवों की मंत्रणा सभा बैठी थी, उन्होंने स्पष्ट रूप से कहा कि युधिष्ठिर ने अपने दोष से राज्य खोया है। इसमें दुर्योधन का कोई अपराध नहीं। वे जुआ खेलने गये ही क्यों? इसीलिए लड़ाई करके दुर्योधन से राज्य माँगना अन्याय है। शान्ति से नम्रतापूर्वक ही उससे व्यवहार करना चाहिए।

अयुद्धमाकांक्षत कौरवाणां साम्नैव दुर्योधनमाह्वध्वम् (उद्योग 2.13)

इसके बाद जब दुर्योधन और अर्जुन श्रीकृष्ण को अपने-अपने पक्ष में लेने के लिये द्वारका गये और श्रीकृष्ण ने एक तरफ़ स्वयं निःशस्त्र रहना और दूसरी तरफ़ दस हज़ार नारायणी सेना देने का वचन दिया तो दुर्योधन ने सेना लेना स्वीकार किया और बलराम से मिलने गये। बलराम ने फिर भी कहा कि मैं दोनों पक्षों में से किसी की ओर नहीं जा सकता। मैं बार-बार कहता हूँ कि मेरा संबंध दोनों ओर बराबर हैं—'मया सम्बन्धकस्तुल्य इति राजन्पुनः पुनः।' और न तो मैं पार्थ की सहायता करूँगा और न दुर्योधन की। कृष्ण को देखते हुए यही मेरी निश्चित राय है :

नाह सहायः पार्थस्य नापि दुर्योधनस्य वै।
इति मे निश्चिता बुद्धिर्वासुदेवमवेक्ष्य ह (उद्योग 7.29)

इसके बाद समर सज्जा हो चुकने के बाद एक बार बलराम फिर पाण्डवों के पास जाते हैं और युधिष्ठिर से कहते हैं कि मैं देख रहा हूँ कि यह दारुण युद्ध होकर ही रहेगा। मैंने कृष्ण से बार-बार कहा है कि पाण्डव और कौरव हमारे लिये समान हैं। इन संबंधियों के साथ समान व्यवहार करो। हमारे लिये जैसे पाण्डव वैसे ही दुर्योधन। तुम उसकी भी सहायता करो। लेकिन कृष्ण ने अर्जुन की ओर देख कर (पक्षपात करके) मेरी कही न की। मैं कृष्ण को छोड़ कर (उनके बिना) संसार को देख नहीं सकता, इसलिये अगत्या मुझे भी उनकी इच्छा का

अनुवर्तन करना पड़ता है। भीम और दुर्योधन दोनों ही मेरे समान रूप से प्रिय शिष्य हैं। दोनों ही गदायुद्ध में विशारद हैं। इसलिये मैं सरस्वती तीर्थ को जा रहा हूँ, क्योंकि **नष्ट होते हुए कौरवों की मैं उपेक्षा नहीं कर सकता**–

भवितायं महारौद्रो दारुणः पुरुषक्षयः।
दिष्टमेतद् ध्रुवं मन्ये न शक्यमतिवर्तितुम। 25

उक्तो मया वासुदेवः पुनः पुनरुपह्वरे।
सम्बन्धिषु समां वृत्तिं वर्तस्व मधुसूदन। 28

पाण्डवा हि यथाऽस्मांक तथा दुर्योधनो नृपः।
तस्यापि क्रियतां साह्ये स पर्येति पुनः पुनः। 29

तच्च मे नाकरोद्वाक्यं त्वदर्थे मधुसूदनः।
निर्विष्टः सर्वभावेन धनञ्जयमवेक्ष्य ह। 30

न चाहमुत्सहे कृष्णमृते लोकमुदीक्षितुम्।
ततोऽहमनुवर्तामि केशवस्य चिकीर्षितम्। 32

उभौ शिष्यौ हि मे वीरौ गदायुद्धविशारदौ।
तुल्यस्नेहोऽस्म्यतो भीमे तथा दुर्योधने नृपे। 33

तस्माद्यास्यामि तीर्थानि सरस्वत्या निषेवितुम्।
न हि शक्ष्यामि कौरव्यान्नश्यमानानुपेक्षितुम्। 34

(उद्योग 156 अध्याय)

अन्तिम वाक्य ही शायद इस कथन का मूल है कि जो कमज़ोर होगा, बलराम उसी की ओर से लड़ेंगे। मेरी जानकारी जहाँ तक है, संस्कृत महाभारत में ऐसा वाक्य नहीं है। एक और प्रसंग पर बलराम की चर्चा है। उसे भी लिख देता हूँ। शायद उससे आपका अभीष्ट सिद्ध हो। जिस तीर्थयात्रा की बात बलराम ने कही है, वह जब समाप्त हो गई तो लौट कर उन्होंने देखा कि लड़ाई प्रायः समाप्त हो गई है। भीम और दुर्योधन का गदायुद्ध होने जा रहा है। दोनों पक्षों के अनुरोध पर बलराम शिष्यों की लड़ाई देखने लगे। भीषण युद्ध हुआ। अचानक भीम ने उछल कर वार करने की चेष्टा करते हुए दुर्योधन की जांघ पर गदा का आघात कर दिया। उरु भंग हो गया और दुर्योधन कातर आवाज़ के साथ धरती पर लोट गये। यह बात गदायुद्ध के सिद्धान्त के विरुद्ध थी। क्योंकि इस युद्ध में नाभि के ऊपर ही आघात करने का नियम है। बलराम ने जो यह अन्याय देखा तो क्रोध से जल उठे, और लांगल उठा कर भीम पर पिल पड़े। कृष्ण ने बड़े परिश्रम से उन्हें शान्त किया। वहाँ पर बलराम के कथन के कुछ एक श्लोक यहाँ दे रहा हूँ।

हे कृष्ण, केवल दुर्योधन ही नहीं गिरा है, दुर्योधन, जो विषम होते हुए भी मेरे समान योद्धा था, बल्कि आश्रित की दुर्बलता से आश्रय की भी निन्दा होती है (अर्थात् दुर्योधन यहाँ अकेला और मेरा आश्रित था, मैं उसका आश्रय था, उसका पतन मेरा भी पतन है।)

न चैष पतितः कृष्ण केवलं मत्समोऽसमः
आश्रितस्य तु दौर्बल्यात् आश्रयः परिभत्स्यते। (शल्य पर्व 60 अध्याय)

(यह श्लोक केवल बंबई के छपे महाभारत में है। कलकत्ता वाले में नहीं। पर अन्य कई हस्तलिखित प्रतियों में है।)

कुछ विस्तारपूर्वक मैंने इस प्रसंग की चर्चा इसलिये की कि आप अपनी ज़रूरत के अनुसार उपयोग करें। बहुत खोजने पर भी मैं आपके पत्रोक्त वाक्य (दुर्बल का पक्ष ग्रहण करेगा) न पा सका।

मेरा एक लेख बहुत दिनों से पड़ा है। ज़रा controversial हो सकता है। भेजता हूँ, पसन्द आवे तो छाप दीजियेगा। किसी पर कोई व्यक्तिगत आक्षेप नहीं और न किसी के किसी लेख का जवाब है। अर्थात् विशाल भारत की नीति के विरुद्ध नहीं है।

शेष कुशल है।

आपका

हजारी प्रसाद

IV/A-2019

संख्या-19

शान्तिनिकेतन
11.1.37

मान्यवर पंडित जी,

प्रणाम!

कई पत्र मिले, समय पर जवाब न दे सका। क्षमा-प्रार्थी हूँ। और हाँ, आप यात्रा पर लेख लिख रहे हैं, ठीक ही कर रहे हैं। संस्कृत के कवि ने प्रवास के कई गुण गिनाये हैं, दोष केवल एक है। गुण यथा—तीर्थदर्शन, परिचय, पैसा कमाना, अचरज भरी चीजें देखना, बुद्धि की चतुरता, वाणी की प्रशस्तता। लेकिन दोष यह है—सो भी महान् :—कि 'मुग्धा के मधुराधर सुधा पान के बिना' रहना पड़ता है। तो इससे आपका क्या!

तीर्थानामवलोकनं परिचयः सर्वत्र वित्तार्जनं,
नानाश्चर्यनिरीक्षणं चतुरता बुद्धेः प्रशस्तागिरः,
एते सन्ति गुणाः प्रवास विषये, दोषोऽस्ति चैको महान्
यन्मुग्धा मधुराधराधर सुधापानं बिना स्थीयते!

पर यह ठीक है कि देश-देश का कौतुक देख कर पैसा कमा कर, विरहोत्कंठिता सती से मिलने वाले भी कम धन्य नहीं है—

देशे देशे किमपि कुतुकादद्भुतं लोकमानाः
संपाद्यैवं द्रविणमतुलं सद्म भूयोऽप्यवाप्य
संयुज्यन्ते सुचिर विरहोत्कंठिताभिः सतीभिः
सौख्यं धन्याः किमपिदधते सर्व संपत्समृद्धाः।

सचमुच 'वह दुर्मीति दरिद्र होता है जो अन्य व्यापार को छोड़ कर बहू का मुँह देख-देख कर ही घर में सोता रहता है'—

व्यापारान्तरमुत्सृज्य वीक्षमाणो वधूमुखम्
यो गृहेष्वेव निद्राति दरिद्राति स दुर्मीतिः।

असल में जो देशाटन करता है और पंडितों की सेवा करता है उसकी बुद्धि जल में तैल बिंदु की तरह से विस्तारित होती है, पर जो ऐसा नहीं करता उसकी बुद्धि जल में घी के बूंद की तरह जम जाती है—

यस्तु संचरते देशान् यस्तु सेवेत् पंडितान्
तस्य विस्तारिता बुद्धिः तैलबिन्दुरिवाम्भसि
यो न संचरते देशान् यो न सेवेत पंडितान्
तस्य संकुचिता बुद्धिः घृतबिन्दुरिवाम्भसि

लेकिन सही बात तो यह है पंडित जी, कि जो अलस दुर्बुद्धि पुरुष घर में ही बैठा रहता है, वह अकिंचनता और अत्यन्त परिचय के कारण स्त्री से भी उपेक्षित होता है, और राजाओं का अनुसरण न करने के कारण सबसे डरता रहता है, ऐसा कुएँ के कछुए का सधर्मा पुरुष संसार का हाल क्या जानता है और कौन सुख भोगता है?—

अकिञ्चन्यदतिपरिचयाज्जाययोपेक्षमाणः
भूपालानामननुसरणाद्बिभ्य देवाखिलेभ्यः
गेहे तिष्ठन् कुमतिरलसः कूपकूर्मैः सधर्मा
किंजानीते भुवनचरितं किं सुखंचोपभुंक्ते?

रामचरितमानस के आरंभ में ही कहा है—(दोहा नं. 6 के बाद)

मुदमंगलमय सन्त समाजू
जो जग जंगम तीरथ राजू।

यहाँ आपकी सुविधा के लिये वैदिक साहित्य से कुछ उपयोगी श्लोक दे रहा हूँ। शायद काम आयें।

साहित्यांक के लिये मैं संस्कृत साहित्य का संक्षिप्त परिचय देना चाहता हूँ। महाभारत पर दूसरे अंक में लिखना अच्छा होगा। या जैसा आप समझें। महाभारत पर लिखाना चाहें तो मुझे वि.भा. के 24 कालम दीजिये। मेरी ओर से यह विश्वास रखिये कि उसमें एक अक्षर भी भरती का न होगा और महाभारत के संबंध में सारा information यथासाध्य दिया जायेगा। आप हिन्दी अक्षरों में छपे महाभारत में व्यर्थ ही 30-40 रुपये न जलाइये। महाभारत का सबसे सस्ता संस्करण बंगवासी प्रेस ने बंगला अक्षरों में (मूल संस्कृत को) छापा है। दाम 5 - रुपये था। इधर कुछ बढ़ा दिया है। इसमें नीलकंठ की समूची टीका भी आ गई है।

शेष कुशल है।

हजारी प्रसाद

IV/A-2020

संख्या-20

Confidential

शान्तिनिकेतन
7.9.37

श्रद्धेय चतुर्वेदी जी,

प्रणाम!

कृपा-पत्र मिल गया। वि.भा. में दे सकने लायक कुछ टिप्पणियाँ आज्ञानुसार भेज रहा हूँ। जो अच्छी लगें, उनमें यथोचित परिवर्तन के साथ दे दें। हिन्दी भवन का समाचार आनन्द के साथ सुना। अब आपका स्वप्न सफल होगा। 'जा कर जा पर सत्य सनेहू। सो तेहि मिलइ न कछु सन्देहू।।' मैंने एक टिप्पणी इस विषय पर भी दी है। वह ज्यों-की-त्यों छापने के लिये नहीं, मेरा नाम तो उसमें नहीं ही आना चाहिए। आप अपने नाम पर उसी लाइट में टिप्पणी लिख दें। मेरा व्यक्तिगत संबंध इस बात से होने के कारण मैं अपनी ओर से कुछ कहने में संकुचित होता हूँ। आपसे कहने में कोई संकोच नहीं। मैं आपसे अपने हृदय की बात कह रहा हूँ। शान्तिनिकेतन में रहकर मैं जो कुछ साहित्यिक कार्य कर सकता हूँ, वह नहीं कर सकता। मुझे 30-35 पीरियड प्रति सप्ताह काम करने के बाद भी प्रतिदिन पेट की चिन्ता के लिये कई अनावश्यक यान्त्रिक काम करने पड़ते हैं। जो क्लास मैं लेता हूँ, उसमें ग्यारह घंटे संस्कृत में, दो घंटे स्तोत्र में, 6 घंटे गणित पढ़ाने में सम्मिलित हैं। हिन्दी का कार्य कुछ 10-11 घंटे करता हूँ। इस प्रकार 19 घंटे मेरा कम करके साहित्यिक रचनात्मक कार्य में लगाया जा सकता है। मेरी बहुत इच्छा है कि विंटरनित्स के 'भारतीय साहित्य' के ढंग पर समस्त भारतीय साहित्य का एक परिचयात्मक इतिहास हिन्दी में लिखूँ, पर रूटीन वर्क के बोझ से ऐसा करना एकदम असंभव है। इसी प्रकार चन्दोला जी से भी बहुत कुछ साहित्यिक कार्य की आशा की जा सकती है पर यह सब तभी हो सकता है, जब हम लोगों को कुछ रचनात्मक कार्य करने की भी सुविधा रहे। हिन्दी भवन की व्यवस्था में ऐसे प्रोविज़न की ज़रूरत है। मैं ज़ोर देकर कहता हूँ कि केवल भाषा का प्रचार ही अगर हिन्दी भवन का लक्ष्य हो तो यह पन्द्रह हजार रुपया अन्यत्र ज्यादा काम कर सकता है। शान्तिनिकेतन में हिन्दी भवन का प्रयत्न गम्भीर साहित्यिक प्रतिष्ठान के रूप में होना चाहिए। मुझे अगर कुछ रचनात्मक कार्य करने की भी सहूलियत हो तो मैं तो बच जाऊँ। यह सब बातें केवल आपसे कह रहा हूँ।

यह सुन कर कि आप विशाल भारत को छोड़ भी सकते हैं, जी में कैसा-कैसा लग रहा है। ऐसा आपने क्यों निश्चय किया। वि. भा. से हमारी एक गहरी आत्मीयता है, वह आपके ही कारण। इधर धन्य कुमार जी ने भी इस्तीफा दे दिया है। वि.भा. का क्या होगा। वि.भा. के लिये आपको क्या किसी सहायक की ज़रूरत है? मैं एक बहुत योग्य युवक का

नाम suggest करता हूँ। भक्त दर्शन[1] तो आपको याद होंगे। उन्होंने इलाहाबाद से राजनीति में एम.ए. पास किया है और स्वयं पत्र निकालने का विचार कर रहे हैं। वे बहुत सुलझे हुए आदमी और आपके नितांत अपने हैं। इनको आप बुला सकते हैं।

आगे जो कुछ लिख कर भेज रहा हूँ, उसे आप अपनी भाषा में कर लें तो अच्छा हो।

शेष कुशल है। आप क्या अब भी यहाँ आने का विचार रखते हैं? लम्बी छुट्टी पर जाने के पहले क्या यहाँ एक बार नहीं आयेंगे। हिन्दी भवन के बारे में कुछ विधिव्यवस्था के संबंध में बातें करने का विचार था। आप जाने की तारीख़ लिखें तो हम लोग भी आने की चेष्टा करेंगे।

आपका

हजारी प्रसाद

---

1. श्री भक्त दर्शन एवं द्विवेदी जी के शिष्य—भू.पू. शिक्षा मंत्री, भारत सरकार।

IV/A-2021

संख्या-21

शान्तिनिकेतन
26.1.38

पूज्य पंडित जी,

प्रणाम!

कृपा-पत्र मिला। मुझे आपका निमंत्रण स्वीकार है। इसी का सुयोग पाकर एक बार आपके दर्शन भी कर सकूँगा। और कई बातों में आपकी सलाह ले सकूँगा। गुरुदेव के संबंध में मेरा भाषण लिखित ही होगा। वही शायद आप पसंद भी करें। मैं बिना लिखे बोल नहीं सकता। रथी बाबू से आपकी बात कह दी। उन्होंने मुझे स्वीकृति दी है। शेष आने पर। कुशल है।

आपका

हजारी प्रसाद

IV/A-2023

संख्या-22

शान्तिनिकेतन
3.4.38

Personal

पूज्य चतुर्वेदी जी,

प्रणाम!

कृपा-पत्र और लेख मिले। आपने जो विचार व्यक्त किये हैं, उससे मैं लगभग पूर्ण रूप से सहमत हूँ। दो तीन महीने पहले 'उत्थान' में मैंने ऐसे ही विचार प्रकट करने की कोशिश की थी, यद्यपि उसका विषय कुछ और (हिन्दी भाषा कैसी हो) होने के कारण वह ज़्यादा एकेडेमिक-सा लगता था और आपके लेख में जो जोर है, उसका तीन चौथाई उसमें नहीं था। आपने उचित मौके पर अधिकारपूर्वक इस विषय की ओर साहित्य सम्मेलन का ध्यान आकृष्ट किया है। आपने नाना प्रदेशों में वास किया है और प्रत्यक्षतः तत्तत् प्रदेशों की जनमण्डली का हिन्दी भाषा के प्रति रुख़ जाना है। मैं इतना अनुभव नहीं रखता। मैंने सारी जिन्दगी बंगाल और यू.पी. में काटी है। ग़ैर हिन्दीभाषी प्रदेशों में एकमात्र बंगाल के ही देखनेसमझने का अवसर मुझे मिला है। सो इस प्रदेश के बारे में आप मुझसे अधिक ही अनुभव रखते हैं। फिर भी एक बात में आपकी कुछ सहायता कर सकता हूँ। मैंने बंगला साहित्य पढ़ा है, बंगाली मित्रों के बीच दिनरात वास किया है। आपकी अपेक्षा कहीं अधिक बंगाली हो सका हूँ, इसीलिये उनकी मनोवृत्ति भी समझ सकता हूँ। (आपके यहाँ से लौटती बार जब मैं ग्वालियर गया था तो कुछ विद्यार्थियों ने मुझे बंगाली ही समझ रखा था, ऐसा जान पड़ा और आगे जो कुछ लिखने जा रहा हूँ, उससे आपको मालूम होगा कि बंगाल में बहुत हाल में जो आन्दोलन शुरू किया जाने वाला है, उसके अनुसार मैं 'खाँटी बांगाली' हो जा सकूँगा।)

बंगाल के साहित्यिकों के साथ घनिष्ठता बढ़ाने का सौभाग्य मुझे प्राप्त हुआ है। ऐसे आदमियों की कमी नहीं है जो स्वीकार करते हैं कि बंगाल में हिन्दी प्रचार होना चाहिये। परन्तु उनमें सौ फी सदी हिन्दी साहित्य के ही जिज्ञासु हैं। अर्थात् वे हिन्दी साहित्य को जानना चाहते हैं। हिन्दी भाषा को नहीं। मुझे ऐसा बंगाली विद्वान् नहीं मिला है, जो बिना 'किन्तु' लगाये हिन्दी के प्रति अपना अनुराग व्यक्त करता हो। हमारे कई मित्रों ने प्रेमचंद जी और सुदर्शन जी की कहानियों का अनुवाद करना शुरू भी किया है, पर सही बात यह है कि हिन्दी साहित्य के प्रति उनका अनुराग बढ़ नहीं पाता। वे उस साहित्य में अपनी क्षुधा मिटाने की पूरी तैयारी नहीं पाते। कुछ तो अपनी उपेक्षा से और कुछ हमारी

साहित्यिक दरिद्रता के कारण। जो कुछ अच्छा साहित्य रचित भी हुआ है, उसका प्रदर्शन हम नहीं कर सके हैं। आपको एक ताजी घटना सुनाऊँ। गुरुदेव ने एक सप्ताह पहले हम लोगों को बुला कर हिन्दी साहित्य के बारे में बातचीत की। उस दिन हम भी पूरे मूड में थे और गुरुदेव भी। वे बहुत प्रसन्न थे। उन्होंने कहा कि तुम्हारी भाषा बड़ी शक्तिशालिनि है, तुम्हें अभी आदमी नहीं मिला है, नहीं तो यह भाषा निःसंदेह भारतवर्ष की सर्वाधिक सम्पन्न भाषा होती। मैंने प्रेमचंद जी की याद दिलाई, उन्होंने अफसोस के साथ कहा, यह दुःख की बात है कि प्रेमचंद इसी उमर में चल बसे। उनसे तुम्हें बहुत आशा थी। इसके बाद ही आपकी दिशा में रहनेवाले एक वृद्ध साहित्यिक ने (प्राइवेटली कह दूँ पं. लोचन प्रसाद पाण्डे) अपनी संग्रह की हुई हिन्दी की वर्तमान कविताओं का सर्वश्रेष्ठ संग्रह भेज दिया। गुरुदेव ने उसे उलटपुलट कर देखा और अत्यन्त निराश भाव से दूसरे दिन कहा 'बापू याइ बलो ना केन, तोमादेर एखनो साहित्यिक सेन्स हय नि'! (यह वाक्य अख़बारों में छपाने के लिए नहीं है।) और उनकी सारी आइडिया खराब हो गई। क्योंकि इस संग्रह के वृद्ध संग्राहक गुरुदेव से मिल कर यह इम्प्रेसन डाल चुके थे कि वे हिन्दी के धनी धोरी हैं। गुरुदेव से मैंने फिर जोर देकर कहा कि यह आधुनिक हिन्दी काव्य का उत्तम प्रदर्शन नहीं है। वे बोले तो तुम क्यों नहीं एक अच्छा संग्रह करते। ऐसे ही संग्रहों के बल पर तुम हिन्दी साहित्य के प्रति दूसरों का प्रेम आकृष्ट करोगे। लेकिन सच पूछिये तो मैं लज्जा से तब और भी अधिक गड़ गया जब उस पुस्तक में सचमुच ही उन कविताओं के बल पर राष्ट्रभाषा का डिण्डिम घोष किया गया था। मैं कहता हूँ कि क्यों हिन्दी को हिन्दी नहीं कहा जाता। क्यों उसे मातृभाषा नहीं कहा जाता, क्यों इस बात को स्वीकार करने में हम हिचकते हैं कि उसके द्वारा करोड़ों का सुख दुःख अभिव्यक्त होता है? राष्ट्रभाषा अर्थात् तिजारत की भाषा, राजनीति की भाषा, कामचलाऊ भाषा यही चीज़ प्रधान हो गई और मातृभाषा, साहित्य भाषा, हमारे रुदन हास्य की भाषा गौण! हमारे साहित्यिक दारिद्रय का इससे बढ़ कर अब प्रदर्शन और क्या होगा।

अभी 'देश' के इसी अंक (2 अप्रैल) 1938 में एक मजेदार लेख छपा है। यह टिपिकल बंगाली मनोवृत्ति का सूचक है और उससे भी अधिक सूचक है इसी अंक की सम्पादकीय टिप्पणी, यद्यपि उसकी भाषा में उजड्डपन अधिक है। लेख का सारांश यह है कि हिन्दी भाषाभाषियों की प्रकृत संख्या 1 करोड़ 60 लाख के आसपास है और बंगला बोलने वाले जिनमें लेखक ने समूचे बिहार, युक्त प्रान्त के पूर्वी जिले, उड़ीसा और आसाम को मान लिया है, दस करोड़ के आसपास आती है। बंगला भाषा ही, इसलिये राष्ट्रभाषा हो सकती है, क्योंकि उसके बोलने वाले अधिक भी हैं और वह समृद्ध भी है। 'देश' की टिप्पणी को गाली कहा जाये तो कुछ अत्युक्ति न होगी। उसमें हिन्दी भाषी खासकर बिहारियों को कड़ी सुनाई गई है। 'देश' आपको मालूम है कि आनंदबाजार पत्रिका से संबद्ध साप्ताहिक है और उसका सर्कुलेशन भी बहुत अधिक है (शायद 12 हजार)। इस प्रकार बंगाल के लोग राष्ट्रभाषा के विरोधी हैं। यहाँ, जैसा कि मैंने पहले ही आपसे कहा था, भाषा के प्रचार की कोशिश करना व्यर्थ है। यहाँ यह प्रचार तभी सफल हो सकता है, जब सांस्कृतिक महत्त्वपूर्ण साहित्य प्रचारित हो। यह काम चुपचाप बहुत दिनों से श्री क्षिति मोहन बाबू कर रहे हैं। एक बार हिन्दी साहित्य सम्मेलन के प्रचार विभाग ने (या ऐसी ही किसी संस्था ने

मुझे ठीक याद नहीं) वर्धा से उन्हें सदस्य होने का अनुरोध किया था। उस समय क्षिति बाबू ने मुझसे एकान्त में एक बात कही थी। वह काफी गुरुत्वपूर्ण है। मैं उनसे उसके प्रकाशित करने की आज्ञा तो नहीं ले सका, पर आपसे विषय का गुरुत्व प्रकट करने के लिये कह रखूँ। उन्होंने बताया कि मैं इस संस्था का सदस्य नहीं हो सकता, क्योंकि इसके सदस्य होने से मेरा सब कार्य चौपट हो जायेगा। लोग समझेंगे कि यह भी हिन्दी प्रचारक है। इसका अर्थ यह है कि इस प्रदेश में हिन्दी प्रचार का कार्य स्वार्थमूलक समझा जाता है और प्रचारकों के उद्देश्य को कोई अच्छी दृष्टि से नहीं देखता। इस हालत में मैं तो समझता हूँ, हमें प्रचार शब्द से अपने को दूर रखना चाहिये। ध्यान देने की बात है कि जब तक प्रचार शब्द का आविष्कार नहीं हुआ था, तब तक बंगाल ने हिन्दी की बहुत जबर्दस्त सेवा की है। अब प्रचार का फल यह हुआ है कि 'देश' के लेख में बताया गया है कि बंगालियों को कभी हिन्दी में बोलना न चाहिये।

मेरा दृढ़ विश्वास है कि हिन्दी का प्रचार अच्छे साहित्य के निर्माण से ही हो सकता है। अगर आप इस प्रदेश में अपने साहित्य और मातृभाषा की मर्यादा रखना चाहते हैं, तो अपना साहित्य समृद्ध कीजिये और उसके उत्तम अंगों का परिचय कराइये। और कोई भी रास्ता मुझे सुगम नहीं जान पड़ता। हमें दुनिया भर के झमेलों में पड़ कर अपनी शक्ति नष्ट करने की अपेक्षा घर संभालने में अपनी सारी शक्ति लगाना चाहिये। आपने बिल्कुल ठीक कहा है कि अपने अन्य भाषाभाषी मित्रों से हमें साफ़ कह देना चाहिये कि हिन्दी प्रचार का काम हमारे स्वार्थ का नहीं है। इसमें अगर आपको कोई फायदा मालूम होता हो तो सीखिये, नहीं तो अपने-अपने रास्ते जाइये। इसमें इतना और जोड़ देना चाहिये कि अगर आपको इसमें फायदा मालूम होता है तो कृपापूर्वक हमें आज्ञा दीजिये, हम यथासमय सेवा करने के लिये तैयार हैं।

(पत्र बहुत लंबा हो गया। आपको अगर इसमें कोई बात उपयोग योग्य जान पड़े तो ले लीजियेगा। 'देश' के लेख और टिप्पणी की कटिंग भी भेज रहा हूँ।)

इस समय शान्तिनिकेतन में 77 विद्यार्थी हिन्दी शिक्षा पा रहे हैं। 30 सदस्य हिन्दी समाज में हैं। 6 बंगाली अध्यापक हिन्दी में अपने विचार प्रकट करने की चेष्टा करते हैं। यह सब कुछ करते समय मैंने सदा अपनी नीति चुप रहने की ही रखी है। प्रचार-प्रचार करते रहने से काम खराब होता है। यदि इस पत्र के किसी वाक्य के प्रकाशन से आपको ऐसा जान पड़े कि मेरी चुप-चाप की नीति पर कोई भला-बुरा असर पड़ता है तो उसे मेरे नाम से न दीजिये।

(यह जानकर अफसोस हुआ कि आपकी होली भी खुश्क ही गई। खैर, कुछ चिन्ता नहीं, इस ग्रीष्मकाल में भी अगर पद्माकर जी का नुस्ख़ा इस्तेमाल कीजिये तो 'हरिअरी' आ सकती है! श्री इन्द्रायंण सिंह जी से मेरा प्रेम कहिये तथा गौरीशंकर जी द्विवेदी और जैन जी को मेरा प्रणाम। अन्य सभी मित्रों को मेरा स्मरण करा दीजिये। यहाँ कुशल है।)

आपका

हजारी प्रसाद द्विवेदी

IV/A-2024

संख्या-23

शान्तिनिकेतन
30.7.38

पूज्यवरेषु,

सादर प्रणाम!

कृपा-पत्र मिला। गुरुदेव के संबंध में लिखी जाने वाली पुस्तक के लिये जो पारिश्रमिक आप लिख रहे हैं, उसमें मुझे कोई आपत्ति नहीं है। आप जैसी चाहिये वैसी शर्तें प्रकाशक को लिख सकते हैं। आप न भी लिखते तो भी पुस्तक की भाषा सुधारने का भार मैं आपको देता। पुस्तक का ख़ाका तैयार करके आपको भेजूँगा। उसमें परामर्श तो आपको देना ही पड़ेगा। असल में जीवन चरित्र लिखने के क्षेत्र में मैं एकदम विद्यार्थी हूँ और अगर आपने स्वयं ही इस कार्य के लिये मेरा नाम न सुझाया होता तो मुझे इस क्षेत्र में अग्रसर होने का साहस ही न होता। मैंने शुरू में प्रो. इन्द्र जी को सुझाया था कि कवि की जीवनी का प्रधान प्रतिपादन उसके काव्य की अन्तःप्रेरणा और उसके विकास की व्याख्या ही होनी चाहिये। परन्तु वे पुस्तक lay man के योग्य चाहते हैं। इस बात को दृष्टि में रख कर ही परामर्श दीजियेगा।

मेरी चिट्ठी को आपने इतना महत्त्व दिया, यह पढ़कर मुझे आश्चर्य हुआ। अगर आपको मेरे विचार पसंद हैं, तो मैं उन्हें लेखबद्ध कर सकता हूँ। उस चिट्ठी के प्राइवेट अंश को निकाल कर छपाने में मुझे कोई आपत्ति नहीं है, पर छपने को देने के पहले उसे अगर मै भी देख लूँ तो अच्छा हो। वैसे मैं जानता हूँ कि मैं न भी देखूँ तो कोई हर्ज नहीं होगा, क्योंकि आपके हाथ से ऐसे अंश प्रेस में जा ही नहीं सकते जो व्यक्तिगत मामलों से संबंध रखते हों।

आपका अर्श क्या अब भी कष्ट दे रहा है? सुन कर चिन्ता हो रही है। लौट़ती डाक से अपने स्वास्थ्य का संवाद दीजियेगा। मलिक जी आपको प्रणाम कहते हैं। पिछली गर्मियों में वे भी इसी रोग से तंग रहे। फिर उनको कुछ हृदय की बीमारी भी रही। क्षिति मोहन बाबू भी आपको प्रणाम कहते हैं। मलिक जी कहते हैं कि उनके घर पर एक ऐसी दवा है, जिससे दो हजार आदमियों का अर्श आराम हुआ है। आपकी आज्ञा हो तो भिजवा दें। बिल्कुल harmless. वे स्वयं हृदय दौर्बल्य के कारण व्यवहार नहीं करते।

हिन्दी भवन बन रहा है। दो महीने में तैयार हो जायेगा। तैयार हो जाने के बाद आप आवें तो कैसा रहे? इस समय गुरुदेव कलकत्ते में हैं। उनके जाने का कारण यह है कि प्रो. मोहलानवीस की पत्नी रानी देवी को टायफायड हो गया है। उन्हें गुरुदेव बहुत प्यार करते हैं। लोगों ने बहुत मना किया पर वे न माने। मन्त्र यह कि जिस दिन जाने का निश्चय किया,

उस दिन घंटेभर पहले तक रथी बाबू को भी मालूम नहीं होने पाया कि वे जा रहे हैं!

गुरुदेव के बारे में जो बातें आप चाह रहे हैं, उन्हें बाद में भेजूँगा।

पूजा की छुट्टियों में आने की इच्छा तो है, पर समय निकाल सकूँगा या नहीं, यह नहीं कह सकता। असल में आजकल तो क्लास करने से ही फुरसत नहीं मिलती। जिस पुस्तक के लिखने की बात हो रही है, वह छुट्टियों में ही लिखी जा सकती है। बाहर जाने पर उपयुक्त सामग्री नहीं मिल सकेगी।

आप क्या सचमुच हैजे के डर से फीरोजाबाद आये हुए हैं? मैंने तो समझा था कि भेड़ियों का उपद्रव बढ़ गया है। बरसात में दूर-दूर के भेड़िये जंगल-पहाड़ लांघ कर बस्ती तक आ जाया करते हैं। खैर, यह जान कर आश्वस्त हुआ कि ऐसी कोई बात नहीं है।

पिताजी को मेरा प्रणाम कहिये। आपके दोनों पुत्र आजकल क्या घर पर हैं? उन्हें मेरा प्रेम कहिये।

मैं यहाँ सानन्द हूँ। 'चतुर्वेदी' आदि भी अच्छे हैं। हिन्दी समाज की ओर से आगामी मंगलवार को तुलसी जयन्ती धूमधाम से मनाई जा रही है। प्रातःकाल तुलसीदास के भजन से ही प्रभातफेरी और वैतालिक गान होंगे। शाम को तुलसीदास के भजन और कविता का पाठ तथा व्याख्यानों का प्रबंध किया गया है। एक दिन के लिये आश्रम में गुरुदेव के स्थान पर तुलसीदास विराजेंगे।

आपका

हजारी प्रसाद द्विवेदी

IV/A-2022

संख्या-24

शान्तिनिकेतन
11.8.38

श्रद्धेय चतुर्वेदी जी,

प्रणाम!

मैं कल यहाँ सानन्द पहुँच गया। ग्वालियर में मैंने अपना व्याख्यान थोड़ा-सा ही कर पाया। लेकिन दूसरे दिन विक्टोरिया कालेज में विद्यार्थियों के सामने भाषण दिया। इसका विषय भी रवीन्द्रनाथ और शान्तिनिकेतन है। यह व्याख्यान काफी सफल था। मैं 70 मिनट बोलता रहा, पर कोई ऊबा नहीं। आगरे में नागरी प्रचारिणी सभा में मैं मंगलवार के दिन सभापति था। सौभाग्यवश मुझे थोड़ा ही बोलना पड़ा। नहीं तो उतनी बड़ी सभा को मैं देर तक संभाल सकता कि नहीं, मालूम नहीं। श्री महेन्द्र जी बड़े उत्साही और सज्जन हैं। श्री गुलाब राय जी मुझे बहुत सौम्य और सत्पुरुष मालूम हुए। पं. हरिशंकर शर्मा जी तो सौजन्य की मूर्ति ही हैं। आपके दोनों पुत्रों के सौजन्य से मैं बहुत मुग्ध हुआ। चौबे होस्टल में और भी कई मित्रों ने मेरी बड़ी खातिर की। गुपलेश जी की बातें तो मैंने बड़े चाव से सुनीं। हम लोग उस रात को खूब हँसे। चौबे लोगों के रक्त में शायद हँसी का कीटाणु ही घुस पड़ा है।

टीकमगढ़ के मित्रों से—श्री द्विवेदी जी, जैन जी तथा अन्य सज्जनों से मेरा प्रणाम कहिये। उनकी कृपाओं को मैं कभी भूल नहीं सकता। श्री इन्द्रायण सिंह जी का मैं अत्यन्त कृतज्ञ हूँ। दुर्भाग्यवश समयाभाव के कारण मैं बनारस उतर नहीं सका। इसलिए उनके लड़के से मिल नहीं सका। उनसे मेरी ओर से क्षमा माँग लीजिये। महाराज साहब की उदारता और सज्जनता का मेरे ऊपर विशेष प्रभाव पड़ा है। शेष फिर।

आपका

हजारी प्रसाद

IV. A-2025

संख्या-25

शान्तिनिकेतन
13.9.38

पूज्य चतुर्वेदी जी,

प्रणाम!

बहुत दिनों बाद पत्र लिखने बैठा हूँ। आपने जिन सज्जनों को पत्र लिखने को कहा था, उन्हें उसी दिन लिख दिया था। डॉ. धीरेन्द्र वर्मा और श्री भगवती प्रसाद वाजपेयी जी की प्रीतिपूर्ण पत्रियाँ पा भी चुका हूँ।

हिन्दी भवन के बनने में अब विशेष देर नहीं है। दीवालें बन चुकी हैं। छत बनने की देर है। पूजा की छुट्टियों तक निश्चित रूप से तैयार हो जायेगा। आपकी निष्ठा का बीज इस प्रकार सदेह प्रत्यक्ष हो गया! ज्यों-ज्यों भवन बनता जा रहा है, त्यों-त्यों चिंता बढ़ती जा रही है। अब क्या होगा?

भवन बना ही समझिये। इस समय हम तीन अध्यापक हिन्दी का काम कर रहे हैं। मैं और चन्दोला जी तो आपके पूर्व परिचित ही हैं। एक नये मित्र और भी आये हैं, जो अभी अवैतनिक भाव से कार्य कर रहे हैं। इनको भी आप शायद जानते हैं। इनका नाम है श्री बलराज साहानी जी। पंजाब के एम.ए. हैं। हाल ही में यहाँ आये हैं। बहुत ही मिलनसार और उत्साही आदमी हैं। हिन्दी समाज में इस समय लगभग 50 विद्यार्थी सदस्य हैं, जो सभी उच्चतर शिक्षा के लिये आये हैं। हमारा लोक बल बढ़ गया है, कार्य भी जटिलतर हो गया है। अब सवाल यह है कि हिन्दी भवन का कार्यक्रम क्या हो। इस विषय में आपने एण्ड्रूज साहब के व्याख्यान के द्वारा कुछ सुझाया था। हिन्दी भवन को हम एक क्रियात्मक और जीवनदायी साहित्यिक और सांस्कृतिक केन्द्र के रूप में देखना चाहते हैं। परन्तु हमारे पास साधन बहुत ही कम हैं। हिन्दी में जो दो-चार संस्थाएँ साहित्यसर्जन का काम कर रही हैं, उनमें प्रधान हैं, काशी नागरी प्रचारिणी सभा और हिंन्दुस्तानी एकेडेमी। हिन्दी भवन को इनके ऊपर नहीं तो समकक्ष तो होना ही होगा। लेकिन हमारे कार्यक्रम में नवीनता और मौलिकता भी होनी चाहिये। आप सुझायें कि हम किस प्रकार अपना कार्यक्रम स्थिर करें। अगर आप सलाह दें तो इस विषय में अनुभवी विद्वानों से भी विचार विनिमय किया जाय।

एक बात की सख्त ज़रूरत है। वह यह कि हम लोग जो यहाँ हैं एक नियत लक्ष्य की पूर्ति करने के लिये सदा बँधे रहें। इसके लिये हमने आपस में सलाह करके तै किया है कि विश्व भारती क्वार्टरली के टक्कर का एक हिन्दी सांस्कृतिक त्रैमासिक निकालें और इस प्रकार सदा नियत समय पर नियत कार्य करने के लिये जुटे रहें। पर यह एक सजेशन भर है। आपकी राय जान कर ही हम लोग इस विषय में और कुछ सोचेंगे। अगर आपको यह बात

पसंद आ गई तो दूसरा सवाल आर्थिक होगा। हम इस विषय में ही ओरछे की ओर देखेंगे। खैर।

किसी-किसी मित्र की राय है कि त्रैमासिक न निकाल कर ट्रांजेक्शन्स निकाले जायँ। इस पर भी गौर कीजियेगा। फिर एक बड़ी-सी लाइब्रेरी की भी ज़रूरत है। अगर हमारा कोई त्रैमासिक आदि निकलने लगे तो पुस्तक संग्रह करने का काम भी होता रहेगा।

हमें कुछ छात्रवृत्तियों की भी ज़रूरत होगी। लेकिन यह सब कुछ हमारे कार्यक्रम पर निर्भर करता है। पहले यह तो निश्चय हो जाना चाहिये कि हमें क्या-क्या करना है।

आप इस विषय में कुछ सोच कर लिखें। फिर ज़रूरत पड़ने पर मैं आ भी सकता हूँ और आपको तो इस बार आना ही पड़ेगा। उद्घाटन समारोह के दिन आप ज़रूर उपस्थित रहें।

प्रो. इन्द्र जी ने मुझे पुस्तक लिखने को कहा है, लेकिन आपकी चिट्ठी जब उन्हें नहीं मिली थी तब। जो भी हो, मैं पुस्तक लिखूँगा। दो सौ पृष्ठों से मेरा काम नहीं चलेगा। मैं इन्डेक्स बना रहा हूँ। फिर उसको सजाने के बाद मैं बता सकूँगा कि उसकी रूपरेखा क्या होगी। उसमें मैं विशद रूप से रवीन्द्रनाथ की जीवनी और साहित्यिक कृतियों की आलोचना और समसामयिक हिन्दी साहित्य की प्रगतियों की आलोचना करने की इच्छा रखता हूँ। आगे हरि इच्छा।

इस समय आपका स्वास्थ्य कैसा है? वात्स्यायन जी को आपने जो पत्र लिखा था, वह मैंने देख लिया है। पत्र पढ़ कर मुझे बड़ा दुःख हुआ। यह बात तो मैं मानता हूँ कि इस उम्र में आपको फिर से आकाशवृत्ति के आसरे साहित्यिक खुदाई खिदमतगारी में नहीं कूदना चाहिये। पर मैं यह नहीं मानना चाहता कि इससे आपकी साहित्यिक तेजस्विता म्लान होगी। अगर आप किसी विशेष विषय पर लिखने में हिचकते हों तो ठीक है। पर इसे आप मानसिक थकान क्यों समझते हैं? एक विषय पर से दूसरे विषय पर मन को ले जाना विश्राम ही कहलाता है। इसमें depressed होने की कोई बात नहीं है। मैं आपसे केवल इतना ही अनुरोध करता हूँ कि आप अपने को थका हुआ न समझिये। जो कुछ करते हैं या कर सकते हैं, उसी को भगवान् की दी हुई थाती समझ कर आनंदपूर्वक लगन के साथ करते जाइये। इसमें न तो कोई संकोच की बात है और न थकान की। ये बातें मैं अपने मानसिक दुःख के कारण लिख रहा हूँ। मुझे यह सुन कर बड़ा दुःख होता है कि आप कहें कि चूँकि आपको एक राजा के यहाँ रहना पड़ता है, अतएव आपमें अब फक्कड़पना नहीं रहा। मैं आपको वहाँ भी प्रसन्न और लापरवाह देखना चाहता हूँ। मेरा विश्वास है कि आप वहाँ रह कर भी ऐसा रह सकते हैं। शेष कुशल है। मित्रों को प्रणाम।

आपका

हजारी प्रसाद

IV/A-2026

संख्या-26

शान्तिनिकेतन
8.12.38

पूज्य पंडित जी,

प्रणाम!

कृपा-पत्र मिला। बबुआ की माँ कई दिनों से बहुत सख्त बीमार थी। अब अच्छी हो रही है। इसी झंझट में रहा। आपके पत्र का विस्तृत उत्तर दो-चार दिन बाद दूँगा। गुरुदेव के दस्तखत कराके कविता भेजूँगा। क्षिति बाबू आने को तैयार हैं। आप जेनेरल सेक्रेटरी (रथी बाबू) को एक अलग पत्र लिखें तो उनको सुविधा होगी। आप क्षिति बाबू को भी पत्र लिख सकते हैं। अगर वे गये तो मैं भी साथ हो लूँगा। हिन्दी भवन अभी कुछ बाकी है। इस महीने शायद उसका द्वारोद्घाटन नहीं हो सकेगा।

वेत्रवती के संबंध में कुछ reference बाद में (दो-चार दिन बाद) भेजूँगा। चायवाली कविता लिख रखी है, पर अनुवाद करना बाकी है। उसे यथासमय भेज दूँगा।

शेष कुशल है। आशा है आप स्वस्थ और प्रसन्न हैं। जल्दी में लिख रहा हूँ। सब मित्रों को प्रणाम कहिये।

आपका

हजारी प्रसाद

चन्दोला जी, साहानी जी और मलिक जी आपको प्रणाम कहते हैं।

IV/A-2027

संख्या-27

शान्तिनिकेतन
19.2.39

पूज्य चतुर्वेदी जी,

प्रणाम!

कृपा-पत्र मिला। कटिंग का अनुवाद साथ में भेज रहा हूँ। हिन्दी प्रचार के संबंध में आपने जो विचार भेजे हैं, मेरे विचार ठीक हू-ब-हू वही हैं। विशाल भारत के गांधी अंक में 'हिन्दी प्रचार की समस्या' नाम देकर मैंने ठीक ही विचार व्यक्त किये थे। मेरा दृढ़ विश्वास है कि जब तक हम अपने साहित्य को समृद्ध नहीं करेंगे, तब तक हमारा भाषा का प्रचार करना उपहासास्पद बना रहेगा। जब मैं यह बात कहता हूँ तो मैं यह नहीं कहना चाहता कि हिन्दी का साहित्य अन्यान्य प्रान्तीय भाषाओं के साहित्य से हर बात में पिछड़ा हुआ है। कई बातों में वह पिछड़ा भी है तो कई बातों में वह अन्य प्रान्तीय भाषाओं को बहुत पीछे छोड़ गया है। हिन्दी पाठकों की दृष्टि निश्चयपूर्वक बहुत व्यापक और उदार है। हाल में वह अधिकाधिक विस्तीर्ण होती गई है। मैं नया लेखक ही हूँ। अधिक-से-अधिक बारह वर्ष से कलम चला रहा हूँ। परन्तु जहाँ कहीं मुझे जाने का अवसर मिला है, वहाँ नई पीढ़ी के विद्यार्थियों ने मेरे लेखों के संबंध में प्रश्न किये हैं। उन प्रश्नों का अध्ययन करके मैं इस नतीजे पर पहुँचा हूँ कि नई पीढ़ी का विद्यार्थी बड़ी सावधानी से हमारी प्रत्येक बात की जाँच कर रहा है। जाँच करने में उसकी दृष्टि प्रादेशिक संकीर्णता से आविल नहीं रहती। वह सारे जगत के साहित्य में इन लेखों का स्थान जानना चाहता है। कभी-कभी वह अपने अनुसंधान को मनोनुकूल न पाकर झुँझलाता है। इस नई पीढ़ी को अगर विश्लेषण करके देखिये तो साफ पता चलता है कि इनकी दृष्टि में हिन्दी की कोई प्रतिद्वंद्विता बंगला या उर्दू से नहीं है। उसकी प्रतिद्वंदिता अंग्रेजी या रूसी साहित्य से है। नई पीढ़ी का विद्यार्थी अपने साहित्य को उसी प्रकार सर्वांग संपूर्ण और समृद्ध देखना चाहता है। उसकी दृष्टि में शब्दों और पंक्तियों पर कलाबाजी दिखाने वाले का कोई मूल्य ही नहीं है। वह उनकी बात भी नहीं करता। इस प्रकार साहित्य की समृद्धि का अर्थ प्रान्तीय भाषाओं से अपनी हीनता अनुभव नहीं है। उनसे हमारा कोई झगड़ा भी नहीं है। कोई ईर्ष्या भी नहीं। आपका यह विचार मुझे बहुत ही पसन्द है कि हिन्दी साहित्य सम्मेलन को दक्षिणी भाषाओं तथा बंगला आदि के लिये विशेष अध्ययन की व्यवस्था करनी चाहिये। यदि हिन्दी के ज़रिये हम कम-से-कम सारे भारतीय आशा आकांक्षा को व्यक्त नहीं कर सकते तो राष्ट्रभाषा का शोरगुल व्यर्थ का परिहास है। हिन्दी साहित्य समस्त जगत् के समृद्ध साहित्यों में से एक हो यही हमारा लक्ष्य

होना चाहिये और अन्य प्रान्तीय भाषायें भी इस लक्ष्य की ओर अधिकाधिक अग्रसर हों, यही उनके प्रति हमारा रुख होना चाहिये। मेरा दृढ़ विश्वास है कि उपयुक्त नेतृत्व में यदि इस महालक्ष्य की ओर बढ़ने का प्रयत्न किया जाय तो हमारी नई पीढ़ी बड़े उत्साह से उस कार्य को आगे ठेलने में सहायक होगी।

आज समयाभाव से विशेष कुछ नहीं लिख रहा हूँ। आप यदि मेरे इन विचारों का किसी लेख में उपयोग करना चाहें तो यथेष्ट कर सकते हैं। मेरी इच्छा है कि मैं इस विषय पर कुछ लिखूँ।

क्षिति बाबू आपको प्रणाम कहते हैं। आपके पत्र से वे बहुत हँसे। चन्दोला जी सानन्द हैं।

आपका

हजारी प्रसाद

IV/A-2028

संख्या-28

शान्तिनिकेतन
5.4.39

माननीय चतुर्वेदी जी,

प्रणाम!

कृपा-पत्र आज ही मिला। आपने पारिश्रमिक का एक अंश भिजवाने का आदेश देकर मेरा बड़ा उपकार किया है। अभी मिला नहीं है। कल-परसों तक शायद मिल जाय।

एक अपराध हो गया है। जैनेन्द्र जी ने आपके नाम यहाँ एक पत्र भेजा था। मैंने पता पढ़े ही बिना खोल दिया। वह तो कहिये कि यह कोई प्रेम-पत्र नहीं था। अगर यह प्रेम-पत्र होता तो अपराध की सार्थकता हो जाती। इस कम्बख्त पत्र से अपराध तो हो गया पर नितान्त नीरस अपराध। इसे क्षमा करने में भी आपको कोई मजा न आयेगा। यह सोच कर मैंने एक दिन तक इसे रोक रखा था कि शायद आप यहाँ आने वाले हों। पर आप आये भी नहीं। यहाँ तक आकर भी आप इधर न आ सके।

मैं शायद हिन्दी परिषद् के लिये दिल्ली जाऊँगा। क्या आप भी पहुँचेंगे? मैंने आपको सुनाने के लिये अपने साहित्यिक विचार नोट किये थे। उन्हें दिल्ली में सुनाऊँगा और फिर आपको भेज दूँगा। और सब कुशल है। आशा है, आप सानंद हैं।

आपका

हजारी प्रसाद द्विवेदी

IV A-2029

संख्या-29

द तुलसी पुस्तकालय
8, मन्दिर स्ट्रीट,
कलकत्ता
30.5.39

श्रद्धेय चतुर्वेदी जी,

प्रणाम!

कृपा-पत्र मिल गया था। आपकी घुमाई हुई लाठी भी देखने को मिल गई। लोगों को लगी है, यह भी नाना पत्र-पत्रिकाओं से पता चला, परन्तु मानसिक स्थिति ऐसी नहीं रही कि जवाब दे सकता। अपनी पत्नी की चिकित्सा के लिये कलकत्ते आया हूँ। एक महीने से कभी यहाँ, कभी वहाँ रहता हूँ। बच्चों को सम्हालने से उतनी फुरसत भी नहीं मिल पाती कि जाकर पत्र लिख सकूँ। कल आपरेशन हुआ है। कानोडिया जी की कृपा से मातृ सेवा सदन में प्रबंध हो गया है। इन्होंने बड़ी कृपा की है। देखें, कब तक छुट्टी मिलती है। डाक्टर कहते हैं, पंद्रह-बीस दिन लग जायेंगे।

और सब कुशल है। मेरा एक लेख बहुत दिन का लिखा हुआ पड़ा है। बौद्ध और जैन साहित्य में क्या है—यह विषय है। आपने संस्कृत साहित्य वाला लेख पसन्द किया था। यह भी उसी तरह का है। कहिये तो भेजूँ। अवश्य ही अभी उसे फेयर करना बाकी है।

भाषा वाली आपकी टिप्पणी अच्छी है। मुझे केवल एक बात उसके विषय में निवेदन करनी है। वह यह कि क्या विषय के अनुसार भाषा नहीं बदलनी चाहिए। प्राचीन शास्त्रकार तीन स्थान पर भाषा की क्लिष्टता और अशुद्धि को भी गुण मानते थे—विषयोचित, वक्ता के अनुरूप (जैसे वैयाकरण के मुख से क्लिष्ट और गंवार के मुँह से ग्राम्य) श्रोता के अनुरूप (जैसा सुननेवाला हो, उसे लक्ष्य करके कहा गया)। इस तरह सब जगह कठिन भाषा का प्रयोग ठीक नहीं भी हो सकता है। तुलसीदास की विनयपत्रिका का आरंभ कितना आडंबरपूर्ण है। इतने संशोधन के साथ आपका मत मान्य है।

आपका

हजारी प्रसाद द्विवेदी

IV A-2031

संख्या-30

शान्तिनिकेतन
17.8.39

मान्यवर चतुर्वेदीजी,

प्रणाम!

आपके पहले पत्रों का जवाब मैंने दे दिया था, पर मालूम नहीं हो सका कि वह पत्र आपको मिला भी या नहीं। दूसरे पत्र के पाने के पहले ही गुरुदेव माडव्यू को रवाना हो चुके थे। इसलिये इन्टरव्यू वाली बात का सवाल ही नहीं उठता। सम्मेलन होने से पहले वे शायद यहाँ नहीं आयेंगे। आपके पत्र का जवाब वहीं से दे दें तो ठीक है।

आपने हिन्दी साहित्य सम्मेलन के लिये इस वर्ष के प्रोग्राम की बात पूछी है। मेरा विचार यह है कि साहित्य सम्मेलन का प्रधान कार्य साहित्य का निर्माण और साहित्य का ही प्रचार होना चाहिये। साहित्य सम्मेलन की परीक्षाओं ने साहित्य के प्रचार में अद्‌भुत सहायता पहुँचाई है, यह सम्मेलन का मौलिक और ठोस कार्य है। मुझे स. के इस पद्धति के आविष्कार पर गर्व रहता है। परन्तु इन परीक्षाओं में एक बड़ी भारी त्रुटि रह गई है। अगर किसी भी साहित्यरत्न उपाधिधारी विद्वान् की साहित्यिक आलोचना आप पढ़ें तो आपको मेरी बात में कोई संदेह नहीं रह जायेगा। आलोचना के नाम पर इन परीक्षाओं में रीतिकालीन ग्रंथ और लक्षण ग्रंथों को इतनी अधिक मात्रा में अभ्यास कराया जाता है कि उस चक्रव्यूह से निकला हुआ महारथी साहित्यिक कन्वेंशन के ऊपर आने में प्राय: असमर्थ हो जाता है। हमारे साहित्य की आलोचना भी इसीलिये समग्र जगत् की समस्याओं को दृष्टि में रख कर नहीं होती जो नित्य हमें जूझने को ललकार रही हैं, बल्कि संकीर्ण रीति मनोवृत्ति द्वारा परिचालित हो रही है। उचित यह था कि सम्मेलन का परीक्षा विभाग इस विषय की परवाह किये बिना कि उसकी परीक्षा की पाठ्यपुस्तकें किसी विश्वविद्यालय की पाठ्य तालिका से घट कर न हों, संसार की अभिनव चिन्ताधारा से परिचय कराने वाली पुस्तकों को प्रधान स्थान देते। जिन विषयों की पुस्तकें मौजूद न हों, उन पर पुस्तकें लिखावें और लेखकों को प्रोत्साहित करें। ऐसा करने से शायद युक्त प्रान्त की काँग्रेसी सरकार या और कोई सरकार उसकी परीक्षाओं को स्वीकार न करे। कोई हर्ज नहीं। सम्मेलन को कभी भी सरकार से सुलह करने की मनोवृत्ति को प्रश्रय नहीं देना चाहिये। सरकार चाहे तो परीक्षाओं को स्वीकार कर ले, मगर सम्मेलन को उसकी परवाह नहीं होनी चाहिये। जिन विषयों की पुस्तकें हमारे साहित्यिक संस्कारों को बनाने के लिये नितान्त ज़रूरी हैं, उनकी एक सूची मैंने विशाल भारत के मई (या उसके आस-पास) के अंक में प्रकाशित की है। मैं चाहता हूँ कि 'साहित्य की आलोचना' शब्द को कविता या कहानी की आलोचना के रूप में ही

व्यवहार न किया जाय, उसे समूचे जीवन की आलोचना के अर्थ में व्यवहार किया जाय। विशाल भारत में लिखे हुए उस मेरे लेख का नाम है, 'साहित्यिक संस्थायें क्या कर सकती हैं'।

मैं परीक्षा विभाग की बात ही इसलिये कर रहा था कि सम्मेलन का वह विभाग सर्वाधिक संगठित और ठोस है। वस्तुतः सम्मेलन का प्रधान कार्य है साहित्यिक रुचि का परिमार्जन करना। यह काम परीक्षायें बड़े सुन्दर ढंग से कर सकती हैं, और अगर अब तक के किये गये कार्य पर से इनका महत्त्व कूता जाय तो निस्संदेह उन्होंने बहुत बड़ा कार्य किया है। आप अगर सम्मेलन के अधिकारियों से पूर्वोक्त रास्ता स्वीकार करने का आवेदन करें तो शायद कुछ कार्य हो भी सके।

सम्मेलन को साहित्य निर्माण के कार्य को अधिक दृढ़ता के साथ अपने हाथ में लेना चाहिये। तीन छोटे-छोटे विभाग खोलने की बात मैं सोच सकता हूँ। एक विभाग नये विचार के परिचायक ग्रंथों का प्रणयन कराये, अगर इन नये विचारों के परिचायक ग्रंथों की एक योजना बनाने को मुझे अवसर मिले तो दो-चार मित्रों की सहायता से मैं ऐसे 120 ग्रंथों की योजना बना सकता हूँ, जिसे सम्मेलन दस वर्षों में प्रकाशित करे या कराने का जिम्मा ले। दूसरे विभाग को मौलिक कार्य कराने का भार दिया जाय। यह मौलिक कार्य कहानी या नाटक लिखने का न होगा। कोई भी संस्था प्रोग्राम बना के इन विषयों को नहीं लिखा सकती। मेरा मतलब है, हिन्दुस्तान के भिन्न-भिन्न भागों की भौगोलिक, ऐतिहासिक, सामाजिक, भाषाशास्त्रीय, नृतत्व विषयक, धार्मिक परिस्थितियों के वैज्ञानिक अध्ययन से। यह कैसा अन्धेर है कि अपने देश के विषय में भी हमें अंग्रेजों की लिखी पुस्तकें पढ़ कर ज्ञान प्राप्त करना पड़े। सम्मेलन का यह विभाग पहले अध्ययन के लिये युक्त प्रान्त को ही चुन सकता है। विशेषज्ञों की एक कमेटी इस विषय के लिये दस वर्ष का प्रोग्राम आसानी से बना सकती है। यह इतना आवश्यक कार्य है कि इसके लिये एक क्षण भी विलम्ब ठीक नहीं जान पड़ता। आप 'विशाल भारत' में इसका श्रीगणेश क्यों नहीं करते? क्यों न बुंदेलखण्ड से ही शुरू किया जाय। टूंडे जिस जाति का है, उसका ऐतिहासिक, सामाजिक और नृतत्व शास्त्रीय दृष्टि से कितना महत्त्व है। खंगारों का आगमन (शायद मंगोलिया से), उनका उत्थान और पतन सभी अत्यन्त आश्चर्यजनक व्यापार हैं। अंग्रेज इतिहास लेखकों के यहाँ सिज्दा करने के सिवा इस विचित्र जाति के विषय में जानने का क्या उपाय है? डाक्टर कोलिन्स से एक बार मैं पूछने गया था कि क्या कार्य करूँ। बूढ़े ने मेरी ओर अवाक् भाव से देख कर कहा—तुम? तुम्हारे देश में क्या काम हुआ है? सब तो करने को बाकी पड़ा है। जिस जिले से आये हो वहाँ के आदमियों के बारे में लिख सकते हो? वहाँ की बोली के विषय में लिख सकते हो? अपनी जाति का इतिहास? अपने आस-पास, बिल्कुल नज़दीक रहने वाली किसी जाति के आचार-विचार, नृत्य-गीत, पूजा-पार्वण, गहने, कपड़े—जिस किसी विषय को क्यों नहीं उठा लेते? गुरुदेव से जब हिन्दी भवन के कार्यक्रम के विषय में पूछा तो उन्होंने चन्दोला जी से कहा कि तुम अपने यहाँ की स्त्रियों के विवाह आदि संबंधी स्त्रियाचार के विषय में लिखो। मुझसे कहा कि तुम अपनी भाषा में से उन प्रयोगों को ढूँढ निकालो, जिनका प्रचलन तुम्हारी किताबी भाषा में नहीं हो रहा है और जिनके अभाव में भाषा निश्चय ही कमज़ोर होती जा रही है। काका कालेलकर से पूछने गया था। उन्होंने भी वही

जवाब दिया—अपने जिले के खेत-खलिहान के शब्दों को इकट्ठा करो, रीति-रस्म का अध्ययन करो। इस प्रकार सभी चिन्ताशील व्यक्ति इस कमी को समान भाव से अनुभव करते हुये दिखाई दिये। सम्मेलन को इस दिशा में क़दम उठाना चाहिये। अपने यहां हिन्दी भवन से यह कार्य किया जा सकता था, पर हमारी कठिनाइयाँ और तरह की हैं, जिनकी चर्चा फिर कभी करूँगा। पहले विभाग के कार्य में तो हम निःसंदेह यहाँ से कार्य कर सकते हैं।

तीसरे विभाग का काम प्राचीन संस्कृत के दार्शनिक वैज्ञानिक ग्रंथों का हिन्दी अनुवाद और हिन्दी प्रस्तावना के साथ सम्पादन होना चाहिये। मेरा मतलब हिन्दी के पुराने ग्रंथों का संपादन से नहीं है। वह कार्य नागरी प्रचारिणी सभा बड़े सुन्दर ढंग से कर रही है। मैं इसे संस्कृत, पाली, प्राकृत आदि के ग्रंथों का समीक्षात्मक संपादन से है। अब तक यह कार्य अंग्रेजी और जर्मन, फ्रेंच आदि भाषाओं में ही होता रहा है। यही कारण है कि साधारण हिन्दी विद्वान् अपनी प्राचीन संस्कृति के विषय में बड़े भ्रम में हैं। इस विषय की भी सवा सौ पुस्तकें तैयार कराई जा सकती हैं। मेरा प्रस्ताव यह है कि एक समिति ऐसी नियुक्त की जाय जो इन विषयों की एक-एक सूची तैयार कर दे। प्रत्येक सूची में 120 ग्रंथ हों। प्रत्येक विभाग नियम से हर महीने एक ग्रंथ प्रकाशित कर दे। इस प्रकार दस वर्ष में सम्मेलन एक लाईब्रेरी तैयार कर सकता है। इस प्रस्ताव का एक व्यावहारिक पहलू भी सुझा दूँ तो शायद काम आ जाय। इस प्रकाशन के कार्य में रुपये की तो ज़रूरत होगी ही। सम्मेलन के पास स्वयं प्रकाशित कर सकने लायक रुपये का न होना ही स्वाभाविक है। पर वह आसानी से दस-बारह अच्छे प्रकाशकों का सहयोग प्राप्त कर सकता है। ये लोग सम्मेलन की सिफ़ारिश पर उसकी ओर से पुस्तकें प्रकाशित करेंगे। मैंने बहुत-से प्रकाशकों से सुना है कि उन्हें अच्छी किताबें नहीं मिलतीं। सम्मेलन का सहयोग पाने पर उनकी यह शिकायत दूर हो सकेगी। ऊपर हमने यथामति प्रोग्राम की ओर इशारा कर दिया।

मैंने पहले एक लेख और कुछ कहानियाँ भेजी थीं, आपने उन पर अपनी राय अभी तक नहीं लिखी।

यहाँ सब कुशल है। आशा है, आप सानंद हैं।

विशेष—

पिछली छुट्टियों में मैं अपनी पत्नी की चिकित्सा के लिये कलकत्ते गया था। तब से बजट एकदम गड़बड़ हो गया है। इस महीने अनेक कोशिश करके भी एक ज़रूरी मद में कुछ रुपये जमा नहीं कर सका। मैंने 1000/- रुपये का इन्श्योर कराया है। उसके लिये हर तीसरे महीने 13 रु. पाँच आने देना पड़ता है। इस बार की अन्तिम तारीख 31 अगस्त बीत गई। 30 सितम्बर तक और समय है। क्या वि.भा. से उसके पहले 13 रु. पाँच आने मिल सकता है। (क्या अराजकवादी बीमे में विश्वास नहीं रखते?) अगर यह संभव हो तो वर्मा जी को कलकत्ते में लिख दीजिये। मैं उनके पास मनीआर्डर फार्म भर के भेज देता हूँ। यदि न हो सके तो मुझे चिट्ठी लिख कर बता दें। मैं कोई और व्यवस्था करूँगा।

आशा है आप सानंद हैं। हम सब सकुशल हैं।

विनीत

हजारी प्रसाद द्विवेदी

पुनश्च :

वि.भा. में छपे हुए मेरे लेखों की कुछ रिप्रिंट कापियों के मिल जाने की व्यवस्था कर दीजिये।

IV A-2030

संख्या-31

शान्तिनिकेतन
5.9.39

श्रद्धास्पदेषु,

सादर प्रणाम!

कृपा-पत्र दोनों मिल गये। बड़े दादा के विषय में गुरुदेव ने कहा कि मैं उनके इतना निकट यहाँ हूँ कि ऐसे मौकों के उपयुक्त चीज़ लिखने में बिल्कुल अयोग्य हूँ। मुझसे पक्षपात हो जायेगा। देखता हूँ, उनकी जीवन स्मृति में काम की कोई चीज़ मिल जाय तो अनुवाद कर लूँगा। आप काम बाँट दीजिये। मुझे क्या करना होगा और कब तक? चन्दोला जी को क्या करना होगा और कब तक। क्षिति बाबू से लिखने को कह चुका हूँ। मल्लिक जी भी थोड़ा-सा अपना संस्मरण लिख रहे हैं। गुरुदेव ने हेमलता देवी का नाम सुझाया है। वे आ जायेंगी तो उनसे भी कुछ लिखाने का प्रयत्न करूँगा। पुस्तक जो होगी उसे हिन्दी भवन की ओर से निकालने की बात उठी तो रथी बाबू के मन में एक संकोच का-सा भाव दिखाई दिया। उन्हें भय हो रहा था कि शायद लोग यह समझने लगें कि हिन्दी भवन टैगोर फेमिली के विज्ञापन का साधन बनाया जा रहा है। यह बात मुझसे सुधाकान्त बाबू ने कही है। रथी बाबू ने स्वयं अभी तक कुछ नहीं कहा। खैर।

आप कब तक आयेंगे? चित्र के उद्घाटन के संबंध में क्या-क्या करना चाहिये। कनौडिया जी को भी एक पत्र लिखकर जता देना चाहिये। एक चित्र भारतेन्दु हरिश्चन्द्र का भी मिल जाने की उम्मीद है। हो सका तो दोनों के उद्घाटन का उत्सव एक दिन ही कर लेंगे। हिन्दी भवन के विषय में अक्टूबर के वि.भा. में लिखने की कोशिश करूँगा। पहले भाग में आपकी यात्राओं और मनोविनोदों की चर्चा करूँगा। इसमें स्व. रामनारायण जी का ज़रूर जिक्र होना चाहिये। निःसन्देह वे पर्दे की ओट में से उक्त कार्यों का संचालन कर रहे थे। उन्होंने अगर आपको बहुत-सी जवाबदेहियों से मुक्त न किया होता तो कौन जानता है क्या होता। एण्ड्रूज साहब तो होंगे ही। सुधाकान्त के प्रयत्नों का भी जिक्र होना चाहिये। पर मैं इस अंश को उतना सजीव नहीं लिख सकूँगा। आप उसे रिटच कीजिये। दूसरे अंश में मैं अपने विचारों को लिखूँगा कि मैं क्या चाहता हूँ। इस विषय में आपकी विशाल भारत वाली टिप्पणी और एण्ड्रूज साहब वाला व्याख्यान आधार का काम कर सकते हैं। फिर गुरुदेव के परामर्श तो हैं ही।

इस पत्र के साथ ही आपको एक कविता मिलेगी। इन कविताओं में मुझे एक अभिनव सौन्दर्य दिख पड़ा है। ये अगर आपको भी पसन्द आ जायँ तो वि. भा. में एकाध को प्रकाशित करें।

मेरा एक लेख भी जा रहा है। मैंने नये ढंग से, कुछ हल्के-से ढंग में, समालोचना का प्रयास किया है। आपको यह ढंग पसन्द हो तो लिखिये। अगर आपको पसंद आया तो कुछ साहित्यिक कार्यकर्ताओं (व्यक्तियों नहीं) के नाम से चिट्ठी लिखने की सोच रहा हूँ। जैसे समालोचक जी के नाम, कवि जी के नाम, सम्पादक जी के नाम। इनमें यथासंभव काम की बातें ही होंगी पर हल्के ढंग से लिखी हुई। हाँ, हिन्दी भवन का अभी मंदिर ही बना है। देवता की प्राण प्रतिष्ठा नहीं हुई है। वही असली चीज़ है।

राय प्रवीण-पुस्तकालय की नींव कब डाल रहे हैं? मेरे विचार से गढ़ कुण्डेश्वर का भेड़िया-घर उसके लिये उपयुक्त स्थान है। जब उक्त शुभ तिथि की सूचना मिलेगी तब मैं प्रमाणित कर दूँगा कि आपका यह अंदेशा ग़लत है कि 'रायप्रवीण की भूमि पर मेरी अकृपा' है।

यहाँ और सब कुशल है। चंदोला जी और साहानी जी आपको प्रणाम कह रहे हैं। यहाँ हिन्दी समाज में एक दुर्घटना हो गई है। हिन्दी समाज का असिस्टेंट सेक्रेटरी हरिशंकर नाम का एक विद्यार्थी था। गत बुधवार को वह पानी में डूब कर मर गया। हम उसकी स्मृति के रूप में एक निबंध-प्रतियोगिता और पदक देने की व्यवस्था कर रहे हैं। बड़ा होनहार लड़का था।

आशा है, आप सानंद होंगे।

आपका

हजारी प्रसाद द्विवेदी

IV/A-2032

संख्या-32

श्रद्धास्पदेषु,

प्रणाम!

कृपा-पत्र मिल गया। तीन पैसे वाला तार भी। 10/- रुपये मिल गये थे। काम चल गया था। श्री क्षिति मोहन बाबू रंगून जाने वाले थे, पर अब उन्होंने वहाँ का प्रोग्राम बदल दिया है। यदि वहाँ, आपके यहाँ जाने की व्यवस्था हो जाय तो जा सकते हैं। टीकमगढ़ या आस-पास के साधुसंतों और मठों को देखने से उन्हें आनंद मिलेगा। वे आपसे और शर्मा जी से मिलने के लिये उत्सुक हैं। आप जैसा कहें, वैसा उनसे कह दूँ। हमारा आश्रम 14 को बंद हो जायेगा। आप क्या बनारस आ रहे हैं? हम लोग भी वहाँ जाने की सोच रहे हैं। अगर आप आये तो वहीं दर्शन होंगे।

आपका

हजारी प्रसाद

3.10.39

* वनों के विषय में मसाला संग्रह करूँगा।

IV/A-2033

संख्या-33

शान्तिनिकेतन
7.10.39

श्रद्धास्पदेषु,

प्रणाम!

कृपा-पत्र मिला। आपने मेरे नगण्य पत्र को जैसा महत्त्व दिया है, वह मेरी कल्पना के भी बाहर है। आपके प्रति कृतज्ञता प्रकट करना तो धृष्टता होगी, पर संकोच प्रकट करने का अधिकारी अवश्य हूँ। बनारस जाने का मेरा विचार है। अगर कोई विशेष बाधा नहीं आई तो ज़रूर उपस्थित हूँगा। यहाँ हम लोग उस पत्र पर आपस में आलोचना कर रहे हैं। एक प्रस्ताव के रूप में उसे बनाने की चेष्टा कर रहे हैं। बनारस में ही उसे आपको दिखाऊँगा। आप ही उसे उपस्थित करें तो उसका कुछ मूल्य होगा। मेरे जैसों को वहाँ कौन पूछता है?

रुपया फिलहाल मत भिजवाइये। प्रतिनिधि बन कर जाने की इच्छा नहीं है। आशा है, आप सानंद हैं।

आपका

हजारी प्रसाद

श्री चन्दोला जी और साहनी जी भी बनारस जा रहे हैं। क्षिति बाबू से पूछ लिया है। इस बात का ख्याल रखिये कि मुझे बोलने का अभ्यास एकदम नहीं है।

श्री हरिशंकर शर्मा के पास एक दूसरा लेख भेज दिया है। शर्मा जी ने लिखा था।

IV/A-2033 a

संख्या-34

शान्तिनिकेतन
18.11.39

पूज्य पंडितजी,

प्रणाम!

आपकी दो चिट्ठियाँ आईं। जवाब अब तक नहीं दे सका था। प्रान्तीय सम्मेलनों के बारे में आपका कार्यक्रम निर्देश पढ़ा। वह बहुत ही व्यावहारिक और उपयोगी है। कवि सम्मेलनों के विषय में आपने जो सलाह दी है, वह महत्त्वपूर्ण है। काशी सम्मेलन का कवि सम्मेलन बहुत निरुत्साह-प्रद था। यह भड़ौंआपन नहीं हो तो अच्छा। हाँ, अगर अच्छे कवियों का कोई छोटा-सा समाज बैठे तो अच्छा हो।

आपने जो पत्र-व्यवहार के लिये चित्र-चक्र स्थापन करने की बात सोची है, मैं उसका स्वागत करता हूँ। मुझे ऐसी बहुत-सी बातें जानने की ज़रूरत पड़ती है, जिनके विषय में अगर ऐसी मण्डली में चर्चा छेड़ी जाय तो अभीष्टसिद्धि में सहायता मिले। परन्तु बहुत सावधानी से इस मण्डली को दल या गुट नहीं बनने का प्रयत्न करना होगा। अगर व्यक्तिगत कारणों के अभाव में सैद्धांतिक आधार पर दल हो तो कोई बुरी बात नहीं है। पर सम्मेंलन के कई कटु अनुभवों में से मेरा एक अनुभव यह है कि अपने लोगों में व्यक्ति-प्रधान दलबंदी का भांव प्रबल है। इसीलिये इस मण्डली में ऐसे लोगों को भी रखना चाहिये जो व्यक्तिगत रूप से भिन्न-भिन्न दल के अगुओं के रूप में ग़लती से और दुर्भाग्यवश समझे जाने लगे हैं। इन व्यक्तियों को चुनते समय इस बात का ख्याल ज़रूर रखना चाहिये कि उनके आने से कहीं कार्य में बाधा न पड़ने लगे। हमारा उद्देश्य साधु हो और हृदय पवित्र हो तो हम इस मण्डली का अच्छा संगठन कर पायेंगे। इसमें मुझे संदेह नहीं।

हिन्दी भवन के व्याख्यान के लिये वाजपेयी जी को बुलवाने के मामले में मैं कनौडिया जी को लिख रहा हूँ। विषय लेकिन वाजपेयी जी ही चुनें तो अच्छा रहे।

इस पत्र के साथ एक विज्ञप्ति भेज रहा हूँ, जिसके बारे में मैंने पहले ही लिखा था। यह प्रकाशक उत्तम पुस्तकें प्रकाशित करना चाहते हैं। आप मुझे उचित मार्ग बतायें। कोई लेखक अगर इस प्रकार की कोई पुस्तक लिख रहे हों और आपको पता हो तो उनका नाम भी बतायें। 'विशाल भारत' में क्या एक छोटा-सा नोट दिया जा सकता है?

और सब कुशल है।

आपका

हजारी प्रसाद द्विवेदी

IV/A-2034

संख्या-35

अभिनव भारती ग्रन्थमाला

सम्पादक
हजारीप्रसाद द्विवेदी
शान्तिनिकेतन
बोलपुर E I Rly.

शान्तिनिकेतन
दिनांक 29.1.40

आदरास्पदेषु,

प्रणाम!

आपके जाने के दूसरे दिन से ही मुझे आँव पड़ गया था। बबुआ की माँ का शरीर भी कुछ अस्वस्थ हो गया था, इस प्रकार सात-आठ दिन कुछ ढीलमढाल चलती रही। अब सब ठीक है। हम दोनों ही अब स्वस्थ हो गये हैं।

आपका पाजामा यहीं भूल गया है। आपने कहा है कि मैं इसे किसी भागते पदार्थ की लंगोटी समझूँ। पर मैं इसे लंगोटी मानने को तैयार नहीं हूँ। क्योंकि यह बहुत ढीली है और किसी की लंगोटी का ढीली होना बहुत अच्छी बात नहीं है। खैर, लंगोटी हो या पतलून--योऽसि सोऽसि भगवन् नमोऽस्तु ते!

श्री क्षिति बाबू वाले चित्र भी मिल गये हैं। भेज रहा हूँ।

शर्मा जी पिछली बार आये थे। एण्ड्रूज़ साहब का बहुत कुछ काम करा गये थे। आज फिर आने वाले हैं। परन्तु दो-एक दिन से एण्ड्रूज़ साहब की तबीयत खराब है। दो दिन पहले तो वह बहुत खराब हो गई थी। अब स्वस्थ हैं। नंदलाल बाबू राजगिर से लौट कर आये तो कह रहे थे कि आपसे उनकी बातचीत हुई है। हिन्दी भवन के बरामदे में (रोलिंग पर) तो कुछ चित्र बनाने का आयोजन वे कर रहे हैं, पर भीतरी हाल में अच्छी फ्रेस्को के लिये पैसों की ज़रूरत होगी। ऊपर से चार फीट नीचे तक दीवाल पर नये सिरे से पलस्तर कराना पड़ेगा और तब उस पर चित्र बनाये जा सकेंगे। मुझसे नंद बाबू के सहकारी विनोद बाबू कह रहे थे कि फ्रेस्को वैसे तो 100-50 में भी हो जायेगा, लेकिन अच्छे काम के लिये उपयुक्त मसाले और आदमियों (मज़दूरों) आदि के लिये कम-से-कम 1000/- रुपये की ज़रूरत होगी। अभी इस विषय पर नंदलाल बाबू से बातें नहीं हुई हैं। क्योंकि अभी तक मैं विश्राम ही कर रहा हूँ। घूमने-फिरने की मनाही है। चित्रों के विषय में मेरा विचार इस प्रकार है कि ऊपर फ्रेस्को में तो प्राचीन कवियों के चित्र रहें और नीचे आधुनिक साहित्यकों के। फ्रेस्को में मैं हिन्दी कवियों के साथ जयदेव, चण्डीदास और चैतन्य देव के चित्र भी देना उचित समझता हूँ। जयदेव और चण्डीदास इसी जिले के रहने वाले थे। चण्डीदास बंगला के सूरदास हैं और चैतन्य देव समस्त बंगाल की आध्यात्मिक साधना के प्रतिनिधि हैं। इन

तीनों को रख कर हम बंगाल की सहानुभूति पा जायेंगे और अपना जो उदारता का सिद्धान्त है, उसे भी, पालन कर सकेंगे। आधुनिक साहित्यिकों के चित्रों के बीच में एक गुरुदेव का और एक एण्ड्रूज़ साहब का भी चित्र रहे। मुझे निश्चित विश्वास है कि आप इस योजना को पसन्द करेंगे। आज शर्माजी यदि आ जायेंगे तो उनसे भी इस विषय पर बात करूँगा।

हमें एक बड़ी दरी की (हाल के लिये) बहुत सख्त ज़रूरत है। आलमारियों के साथ ही इसे भी आप ध्यान में रखें। कहीं टिप्पस बैठ जाय तो इसे भी स्वीकार कर लें। मैंने शर्माजी के कानों भी बात लगा दी है।

आप फिर इधर कब आ रहे हैं। शर्माजी कह रहे थे कि उनके चले जाने पर आपका आना ज़रूरी होगा। इस समय विशाल भारत को ठीक ढर्रे पर लाने के लिये आप दोनों में से किसी एक का रहना आवश्यक है। यदि आप इधर आयेंगे तो मैं अपनी लिखी एक छोटी-सी पुस्तिका दिखाऊँगा। यदि न आ सकेंगे तो डाक से भेज कर आपकी राय लूँगा। पुस्तक का नाम होगा 'भारतीय साहित्य की प्राणधारा' या ऐसा ही कुछ।

मेरठ के श्री कृष्णचन्द्रजी को मैं पत्र लिख रहा हूँ।

आपने हिन्दी प्रचार समिति को जो संदेश भेजा है, वह मुझे बहुत अच्छा लगा। हिन्दी प्रचार प्रेम से ही होना चाहिए। आपका मत ठीक है। निरालाजी को आपने राष्ट्रभाषा के बारे में जो लिखा है, मैंने भी उन्हें इसी आशय का पत्र लिखा था।

आशा है आप सानन्द हैं।

आज आपका भेजा हुआ निरालाजी के नाम का पत्र (नकल) मिला। मुझे बहुत पसंद आया। मैं समझता हूँ, आपको इस पत्र में यह नहीं लिखना चाहिए था कि आप साहित्य में रपट पड़े थे और कोई साहित्यिक कार्य आपने नहीं किया है।

आपका

हजारी प्रसाद

पुनश्च :

'विशाल भारत' का जनवरी वाला अंक निस्संदेह बहुत ही महत्त्वपूर्ण है। सारी सामग्री में कहीं भी भारती की कोई बात नहीं है। आपका लेख इसमें अधूरा रह गया है, ऐसे लेखों को अधूरा नहीं रहने देना चाहिये था। शर्माजी का लेख बहुत महत्त्वपूर्ण है। नागरी लिपि के प्रथम ग्रंथ वाला लेख नाना दृष्टियों से बहुत ही महत्त्वपूर्ण है। यह लेख लिपि सुधार के विरोधियों की भी आँख खोलने का कार्य करेगा। मैंने फरवरी के लिए गुरुदेव वाला लेख अनुवाद करके भेज दिया है।

एक स्वार्थगत बात। मेरे छोटे भाई की परीक्षा फीस के लिये इस महीने 35/- के करीब अधिक देना पड़ेगा। वि.भा. के कोष से क्या कुछ मिल सकने की आशा है?

एण्ड्रूज़ साहब के साथ धावले और विनोद आदि के साथ जो ग्रुप फोटो आपने लिया था, वह कैसा आया है, एक प्रति भेज देना अच्छा हो।

IV/A-2035

संख्या-36

शान्तिनिकेतन
11.2.1940

पूज्य चतुर्वेदी जी,

प्रणाम!

कृपा-पत्र मिला। 20/- मनीआर्डर प्रेमी जी के यहाँ से मिल गया है। अत्यन्त उपकृत हुआ हूँ। एण्ड्रूज साहब का कल मानस्थली में आपरेशन हुआ है। यद्यपि आपरेशन सफल हुआ है, पर अमित बाबू ने तार दिया है कि अवस्था बहुत ही चिन्ताजनक है। तार में केवल ये शब्द हैं–

Operation successful.
Condition serious.

हम लोगों को इतनी ही खबर अभी तक मिली है। आश्रम में बड़ी चिन्ता छाई हुई है। कुछ लोग आज शाम को जाने का विचार कर रहे हैं।

यहाँ और सब कुशल है।

महात्मा जी 17 को आ रहे हैं।

त्रिपाठी जी से कहें कि उनका पत्र मिला था। आज जल्दी में हूँ। उन्हें बाद में पत्र लिखूँगा। उनका लेख भी मिल गया था।

क्षिति बाबू ने बड़े दादा के संबंध में लेख लिख लिया है। छप कर आ जाय तो अनुवाद कर दूँगा। क्या उसके पहले ही अनुवाद चाहिए?

आपका

हजारी प्रसाद द्विवेदी

IV/A-2036

संख्या-37

तपसा विजिज्ञासस्व

भारती संसद्
(An Association of Oriental Learning)

विश्वभारती
शान्तिनिकेतनम्
बंगदेशः
8.7.40

श्रद्धास्पदेषु,

सादर प्रणाम!

कृपा-पत्र मिला। दो महीने तक छुट्टियाँ रहीं। घर चला गया और वहाँ 'गृहकारज माया जंजाला' में फँस गया। काम कुछ भी नहीं हुआ। पुराण पंडित बड़े दुःख और कुछ अनुभव के साथ लिख गया था—

'यदि वाञ्छसि मूर्खत्वं ग्रामे वस दिन त्रयम्'

अर्थात्—यदि मूर्खता चाहते हो तो गाँव में तीन दिन जाकर वास करो। ग्राम सुधारकों से क्षमा माँग लेता हूँ। आपसे क्षमा माँगने की कोई ज़रूरत नहीं, क्योंकि आपका बड़ा दुश्मन भी कुण्डेश्वर की कोठी को गाँव नहीं मानेगा। सो, छुट्टियों के पहले जो नाना भाँति का साहित्य साधना का कार्यक्रम बनाया था, वह जहाँ-का-तहाँ रह गया। इस बार फिर से उत्साह बटोर कर लग गया हूँ। इच्छा है कि बौद्ध महायान सूत्रों का हिन्दी अनुवाद कर डालूँ। पूज्य शास्त्री मशाय ने प्लैन बना दिया है। वे ही मार्गदर्शक भी होंगे। विद्यालय का कार्य भी शुरू हो गया है। जो कुछ थोड़ा-थोड़ा समय मिलेगा, उसमें वही करूँगा। फिर प्रकाशन आदि की बात बाद में सोच ली जायेगी।

यह जान कर बड़ा आनन्द हुआ कि श्री बुद्धि प्रकाश जी यूनिवर्सिटी में प्रथम आये हैं। भगवान् उन्हें भावी जीवन में और भी सफलता दे। पुत्र पिता के धर्म से बढ़ता है—बाढ़ै पुत्र पिता के धर्मा—ऐसा शास्त्रकार कह गये हैं। यह बात बिल्कुल ठीक है।

चन्दोला जी आ गये हैं—अकेले। मुस्कराना कारगर हो जाता मगर बीच ही में योरोपियन लड़ाई ने मज़ा किरकिरा कर दिया। शायद उन्हें भय था कि कांस्क्रिपशन में गढ़वाली जवान् पहले पकड़े जायेंगे। पर आखिर कब तक। एक पते की बात् आपको बताता हूँ। जिस मुहल्ले में हिन्दी भवन आबाद है, उसका पुराना नाम तो नीचू बंगला है पर नया Non official नाम 'बहू-पल्ली' हो गया है। इसमें नव बंधुओं का प्राधान्य है। कुछ क्वाँरे भी हैं, पर वे शीघ्रता से 'बहूपल्ली' के प्रभाव में आते जा रहे हैं। चन्दोला जी कब तक जल

में रह कर मगर से बैर करेंगे? लेकिन चिंता उन लोगों के लिये है जो अनजान में आकर कभी-कभी इस मुहल्ले के अतिथि हो जाते हैं!! कहीं उन पर न यहाँ की हवा लगे!

पं. विष्णुदत्त जी शुक्ला को आज पत्र लिख रहा हूँ। फर्श के लिये तगादा करने के लिए। पं. बसन्तलाल जी चतुर्वेदी को रथी बाबू की ओर से धन्यवाद का पत्र लिखाया था और आफिस की ओर से रसीद और चिट्ठी भी। एक गड़बड़ी अनजान में हुई जिसका कुछ मतलब समझ में नहीं आया। आल्मारी के वे रुपये किसी की स्मृति में दिये गये थे। ऐसा आपने भी कहा था और शर्मा जी ने भी। रसीद में उनके नाम के आगे 'The late' लिखा गया था और चतुर्वेदी जी (पं. बसन्तलाल जी) ने उस रसीद को लौटा दिया था कि इसमें से 'The late' शब्द काट दिया जाय। उनकी इच्छानुसार वह काट दिया गया। पर मन में सब लोग ज़रा उद्विग्न हुए कि क्या जीवित व्यक्ति के लिए हमने ग़लती से The late लिख दिया था? अगस्त में चूँकि वे रुपये स्मृति में दिये गये थे, इसलिए स्वभावतः ही हम लोगों ने समझा था कि 'स्वर्गीय' व्यक्ति की ही स्मृति में दिये गये हैं। अब भी हम ठीक-ठीक नहीं समझ सके हैं कि वह शब्द लगाना हमारी ग़लती थी या उन्हें वह शब्द अप्रीतिकर है। भगवान् करे वह हमारी ग़लती ही हो। इतनी-सी ग़लती हुई है। वैसे पत्र वगैरः बहुत अच्छी तरह से लिखे गये हैं और वे भी प्रसन्न ही हुए हैं, ऐसा उनके पत्र से समझा जा सकता है। आल्मारी भी बन गई है। इधर सुना है कि कानोडिया जी आदि ने 4,000/- फर्नीचर और लाईब्रेरी के लिये देने को कहा है और यह भी लिखा है कि इससे अधिक वे लोग सहायता नहीं कर सकेंगे।

'गुरुवर श्री एण्ड्रूज' तो अब रहे नहीं। पिछले साल इन दिनों जब वे आये थे तो हिन्दी भवन के विषय में इतने चिन्तित थे कि जब मुलाकात होती थी, चाहे राह में, या घर पर या सभा में, सर्वत्र हिन्दी भवन की ही बात करने लगते थे। यहीं रहने का विचार भी कर रहे थे और आज उनकी स्मृति ही रह गई है। हिन्दी भवन शिलान्यास के अवसर पर मैंने दो दोहे बनाये थे जो ताम्र-पत्र पर खोदकर नींव में रखे गये थे। उन दोहों में एक में था कि—

'गुरुवर श्री एण्ड्रूज़ ने किया शिलाविन्यास'

पहले मैंने लिखा था 'दीनबंधु एण्ड्रूज़ ने' पर गुरुदेव और श्री क्षिति बाबू ने कहा कि इस आश्रम में उन्हें 'गुरु' शब्द से ही संबोधन करना चाहिये। तब मैंने ऊपर का संशोधन किया था। जब मैं उन्हें सुनाने गया और बताया कि गुरुदेव ने 'दीनबंधु' की अपेक्षा 'गुरुवर' को अधिक पसंद किया है तो बड़े खुश हुए और बोले I am very glad, this is better than 'दीनबंधु' और फिर जोर से हँस पड़े। वह हँसी बिल्कुल नाभि के पास से निकली थी। इतने सरल, इतने महान् और इतने प्रेमी थे वे! अब केवल उनकी स्मृति है और है उनका अमोघ आशीर्वाद!

आपका 'हम क्या करें?' हमने मित्रों में बाँट दिया है। आपस में हमने कुछ विचार भी किया है और जैसा कि चंदोला जी कहते हैं आपने इतने detail में बातें लिखी हैं कि उन पर जो कुछ विचार किया जा सकता है, वह उसमें आ गया है। इसीलिये मैं उसका परिशिष्ट लिख रहा हूँ। अर्थात् 'हम क्या न करें!' इसकी ज़रूरत है। मैं जिन दो-चार सभाओं में गया हूँ, वहाँ देखा है कि हिन्दी के तरुण साहित्यिक इतनी abstract बहस करते हैं कि सुनने

वाले का दिमाग चकरा जाता है। फिर और भी छोटी-मोटी बातें हैं, जिन पर विचार करना है। कल तक ये विचार लिपिबद्ध कर लूँगा ऐसी आशा है। एण्ड्रूज़ अंक के लिए क्षिति बाबू लिख देंगे। मैं लिख रहा हूँ। मल्लिक जी भी लिख देंगे। और किससे कहूँ? आप कब तक आ रहे हैं? लिखिये। श्री प्रकाशनारायण जी को मेरा प्रणाम कहें।

आपका

हजारी प्रसाद

IV/A-2037

संख्या-38

अभिनव भारती ग्रन्थमाला

सम्पादक—
हजारीप्रसाद द्विवेदी
शान्तिनिकेतन
बोलपुर E.I. Ry.

हिन्दी भवन,
शान्तिनिकेतन
26.8.40

श्रद्धेय पंडित जी,

प्रणाम!

कृपा-पत्र और लेख मिल गये थे। उत्तर देने में विलम्ब हो गया। नाना कार्यों में व्यस्त था। और आपके पत्र के लिये जम कर लिखने की ज़रूरत थी। सो देर होती गई। इसके पहले आपने जो लेख भेजा था—'हम क्या करें', उसका परिशिष्ट भी लिखा रखा है। अभी तक उसे इसलिए नहीं भेजा था कि उसके एकाध अंश कमजोर जान पड़ते थे। इस बार उसे भी भेज रहा हूँ।

आपने 'साहित्य और जीवन' नामक व्याख्यान में जो विचार प्रकट किये हैं, उससे मैं चौदह आने सहमत हूँ। बाकी दो आने से भी शायद सहमत हो जाता, परन्तु आपके वक्तव्य से मुझे यह नहीं समझ पड़ा कि मैं जिस अर्थ में सहमत हूँगा, वही आपका अभिप्राय है या नहीं। सो दो आने वाले अवशिष्ट अंश के विषय में ही अपना मत प्रकट करूँगा।

(1) मैं मानता हूँ कि मोरियों की सफाई 'साहित्यिक' कहे जाने वाले कार्यों की अपेक्षा अधिक महत्त्वपूर्ण है।

(2) यह भी मानता हूँ कि जिसे अपने आस-पास की दुनिया से परिचय नहीं उसे साहित्य सेवा का अधिकार नहीं। यह ज़रूर है कि 'आस-पास की दुनिया' का अर्थ होना चाहिए—'साहित्यिक के द्वारा लिखे जाने वाले विषय से संबद्ध दुनिया'। उदाहरणार्थ यदि कोई गुप्त काल का इतिहास लिख रहा है तो उसे यह जानने की तो ज़रूरत नहीं है कि आलू की बुआई और सिंचाई कब होनी चाहिये (जाने तो बुरा नहीं है), पर उसे यह ज़रूर जानना चाहिये कि उसके आस-पास जो मंदिर-तालाब आदि हैं, उन पर उस युग का कोई चिह्न है या नहीं। उसके गाँव में बसने वाली जातियों का उक्त युग से क्या संबंध है, उस गाँव में बोली जाने वाली बोली में कोई उस युग का प्रभाव पाया जा सकता है या नहीं, इत्यादि। हरएक साहित्यिक के लिये हरएक बात की जानकारी आवश्यक नहीं है।

(3) जब मैं 'दो आने' साहित्य को अपने प्रथम मन्तव्य में निकालता हूँ तो मेरा मतलब 'साहित्य कही जाने वाली चीज़' का दो आना है। वस्तुतः यही दो आना वास्तविक साहित्य है, जो जियेगा और जिसका बनना कुनाइन बाँटने से कम उपयोगी नहीं है। ज्यादा है।

(4) पूज्य द्विवेदी जी वाली बात आपने शायद पत्रकार या सामयिक साहित्य की चर्चा करने वाले लोगों को ध्यान में रख कर उद्धृत की है। मैं आपके ही समान, कहना चाहता हूँ

कि जिसे अपने जिले, प्रान्त और देश की छोटी-बड़ी सभी महत्त्वपूर्ण संस्थाओं—पुरानी और नई, सरकारी और गैर-सरकारी—की कार्रवाइयों से परिचय नहीं है, उसे पत्रकार का कार्य छोड़ कर कुछ और करना चाहिये। वह यदि पत्रकार का कार्य करेगा तो निश्चित रूप से देश को क्षति पहुँचायेगा। उसके द्वारा भोली-भाली जनता अपने ज्ञान की तृषा बुझाती। उसे किसी ऐसे विषय पर कलम चलाने का लोभ नहीं करना चाहिए, जिसके विषय में वह अच्छी तरह नहीं जानता।

(5) आपने रसेल का जो यह वाक्य उद्धृत किया है, वह हमारे कर्त्तव्य को योग्यतापूर्वक प्रकट करता है—'कर्मशील पुरुषों की अपेक्षा हमें इस समय ऐसे विद्वानों की, अर्थशास्त्रियों की, वैज्ञानिकों की, विचारकों की, शिक्षा-विशेषज्ञों तथा साहित्य सेवियों की अधिक आवश्यकता है, जो जातीय ज्ञान के क्षेत्र को, जो इस समय गंभीर रेगिस्तान के समान है, विचारों की धारा से सींच कर ज़रखेज़ बना दें। क्योंकि जब हम राष्ट्र की आत्मा में एक उच्च जगत् का निर्माण करना प्रारंभ कर देते हैं, तब हमारे देश का बाह्य रूप भी सुंदर तथा सम्मान योग्य बन जाता है।'

(6) इस आदर्श का अनुमित अर्थ यह हुआ कि यदि किसी देश का बाह्य रूप सुंदर तथा सम्मान योग्य नहीं बन सका है तो समझना चाहिये कि उस राष्ट्र की आत्मा में एक उच्च जगत् का निर्माण किया जाना शुरू नहीं हुआ है। यह सच है। और हमारे साहित्य की दिन-रात उन्नति देखने के बाद भी यदि हमें महसूस हो कि उसका बाह्य रूप गंदा और अश्रद्धेय है तो जानना चाहिये कि हम साहित्य के नाम पर जो कुछ दे रहे हैं, वह कोई और चीज़ है। साहित्य नहीं।

(7) यदि ऊपर की बातें आप भी मानते हैं तो इसका अर्थ यह हुआ कि साहित्य सेवा के लिए आवश्यक शर्त हरएक छोटी-बड़ी बातों की जानकारी नहीं है, बल्कि एक ऐसी अदमनीय आंतरिक आकांक्षा है, जो अपने देश को और प्राणिमात्र को भीतर से और बाहर से 'सुन्दर तथा सम्मान योग्य' देखना चाहती है। अगर यह आकांक्षा है तो साहित्य सेवी लिखने के साथ-साथ उन सारी आवश्यक सामग्रियों का ज्ञान ज़रूर प्राप्त करेगा जो उक्त अभिलाषा की पूर्ति के साधन हैं। अगर यह आकांक्षा नहीं तो शास्त्रीय विषयों का ज्ञान एक जंजाल-सा होगा और दुनियादार की होशियारी एक ढकोसला मात्र होगी। कविवर रवींद्रनाथ ठाकुर की वह प्रसिद्ध कविता आपको मालूम ही है, जिसमें उन्होंने कहा है कि 'पथ आमारे पथ देखाबे'—रास्ता ही हमें रास्ता दिखायेगा। जो साहित्यिक निष्ठापूर्वक ऐसी इच्छा ले के रास्ते पर निकल पड़ेगा, वह रास्ता खोज लेगा। पूज्य द्विवेदी जी ने ऐसे ही रास्ता खोज लिया था, गुरुदेव ने भी इसी तरह रास्ता खोजा था।

(८) संक्षेप में यों कहिये कि यदि किसी साहित्यिक में सम्पूर्ण समाज की आन्तरिक और बाह्य सुंदरता प्राप्त करने की उत्कट अभिलाषा है तो न तो मोरी साफ़ करने में कोई संकोच होगा और न उन गंदे विचारों को साफ़ करने में, जिनके कारण मोरियाँ जी रही हैं। वह दोनों पर एक साथ झाड़ू चला सकता है। शायद दूसरे पर झाड़ू चलाने से काम ज्यादा हो। आपने ऐसा ही किया है। आपका सारा व्याख्यान विचारों पर झाड़ू चलाना ही तो है।

आपने मेरी सम्मति जाननी चाही, इसके लिये कृतज्ञ हूँ।

विनीत

हजारी प्रसाद द्विवेदी

(अभी स्टाफ़ का एक फुटबाल-मैच होने जा रहा है। Nineteenth century vs. Twentieth century. मैं दूसरे दल का नेता हूँ। ज़रा छुट्टी लेकर चलता हूँ।)

(मैच में कोई जीता भी नहीं, हारा भी नहीं। आपकी शताब्दी की नाक रह गई!) चंदोला जी से मालूम हुआ कि आपने मेरा स्केच लिखने के लिये उनसे सामग्री माँगी है। मैं आपसे प्रार्थना करता हूँ कि अभी मेरे संबंध में कोई स्केच न लिखें। कुछ और तपस्या करने दें, कुछ दिन अगर संभव हो तो मुझे लोम चक्षु के अंतराल में रहने दें। लोगों की नज़र लगने से बचाना ही गुरुजनों का कर्त्तव्य है। आप भी ऐसा ही करें।

इस बार हिन्दी भवन के सामने ही वृक्षारोपण उत्सव होगा। गुरुदेव स्वयं अपने हाथों वृक्षारोपण करेंगे।

हमारी लाईब्रेरी में जो कुछ पुस्तकें हैं, उन्हें हम धीरे-धीरे हिन्दी भवन में हटा रहे हैं। एक neucleus बन जाय तो आगे देखा जायगा। हमारे पास एक दरी आ गई है। पिछले वर्ष हिन्दी समाज के लिये पिकनिक की व्यवस्था की गई थी, पर वह नहीं हुई। उसी के 18/- रुपये बचे थे। इतना ही और लगा कर एक दरी खरीद ली है। बाकी रुपये भी किसी पिकनिक के जरिये निकल आयेंगे। अब हमें आल्मारियों की ज़रूरत है। एंड्रूज़ साहब की अपील के उत्तर में काशी नागरी प्रचारिणी सभा ने अपनी 50/- रुपये की प्रकाशित पुस्तकें दी हैं। आल्मारियाँ हो जाने पर हम और पुस्तकों के लिये अपील करते रहेंगे। और सब कुशल है। आशा है आप सानन्द हैं।

अपरंच

आपने लिखा था कि मैं और क्षिति बाबू जब टीकमगढ़ जायेंगे तो 'चाय की भैंस' का नमूना देख सकेंगे। मैंने यह पत्र क्षिति बाबू को दिखाया था। वे पूछते हैं कि क्या सचमुच आप हमारे लिये अक्तूबर में कोई कार्यक्रम बनवाना चाहते हैं। उन्हें 15 या 20 को बंबई विद्यापीठ में दीक्षान्त भाषण करने जाना है। मुझे भी साथ ले जाना चाहते हैं। मैं भी तैयार तो हूँ, पर विद्यापीठ वाले शायद दो आदमियों का व्यय नहीं बर्दाश्त कर सकेंगे। आप लिखें तो मैं क्षिति बाबू को बता सकूँगा कि चाय की भैंस वाला प्रसंग विशुद्ध मजाक़ था या कुछ और भी।

पं. दुर्गा प्रसाद जी विलायत से 5 सितम्बर को लौट रहे हैं।

शेष कुशल है।

आपका

हजारी प्रसाद द्विवेदी

IV. A-2038

संख्या-39

अभिनव भारती ग्रन्थमाला

संपादक
हजारी प्रसाद द्विवेदी
शान्तिनिकेतन
बोलपुर E.I. Ry.

7.9.1940

श्रद्धेय पंडित जी,

प्रणाम!

कृपा-पत्र मिला। मेरे पत्र का टाइप किया हुआ कागज़ भी मिल गया। आज ही उसे कलकत्ते भेज रहा हूँ।

मैं और क्षिति बाबू 10 अक्तूबर के आस-पास टीकमगढ़ आना चाहते हैं। बंबई विद्यापीठ वालों के पास पैसे की कमी है। उन्होंने लिखा था कि वे थर्डक्लास का किराया दे सकते हैं। क्षिति बाबू को थर्डक्लास का किराया देने का प्रस्ताव करना मेरे लिये कठिन पड़ा। अगर आप टीकमगढ़ की यात्रा के प्रसंग में इन्टर क्लास के किराये से कुछ अधिक भिजवा दें तो बंबई तक हम इंटर क्लास का इंतजाम कर लेंगे। पर आप ऐसा तभी करें यदि यह आसानी से हो सकता हो। श्री भानु कुमार जी के पत्र से जान पड़ता है उनसे ज्यादा की माँग पेश करने से सारा भार उनके ही ऊपर पड़ेगा। कृपया शीघ्र लिखें।

और सब कुशल है।

हाँ, पंडित दुर्गा प्रसाद जी तीन वर्ष यूरोप रह कर इसी महीने सकुशल लौट आये हैं। आपको बार-बार प्रणाम कह गये हैं।

वे आरक्योलाजी में डाक्टर होकर आये हैं। अगर टीकमगढ़ की मूर्तियों का कैटलॉग बनाना चाहते हों तो वे बड़ी खुशी से करेंगे। उन्हें कुछ मेहनताना नहीं देना पड़ेगा। केवल यातायात और रहने आदि का खर्च ही पर्याप्त होगा। अगर आप लिखें तो मैं उनसे वहाँ जाने के विषय में बात करूँ।

और सब कुशल है।

आपका

हजारी प्रसाद द्विवेदी

IV/A-2040

संख्या - 40

शान्तिनिकेतन
20.9.40

आदरणीय पंडित जी,

प्रणाम!

शर्मा जी के पत्र के अनुसार हमने यह प्रोग्राम बनाया है। क्षिति बाबू पूछते हैं कि आपको यह सुविधाजनक रहेगा या नहीं—

(1) 12 अक्टूबर को सबेरे की गाड़ी से (आठ बजे के आस-पास) हम ललितपुर पहुँचेंगे। 13-14 को आपके साथ रहेंगे।

(2) 15 को रवाना होकर उसी दिन शाम को आगरे पहुँचेंगे।

(3) 16 को आगरे में और 17 को शर्मा जी के गाँव।

(4) 18 को बंबई के लिये रवाना हो जायेंगे।

क्षिति बाबू के एक व्याख्यान की आप व्यवस्था करा रहे हैं न? वह अगर हो तो 13 अक्टूबर की शाम को रखिये। 12 अक्टूबर की शाम को भी रख सकते हैं। एक दिन जतारा देखने जायेंगे। जतारा के विषय में मैंने थोड़ा-सा लिख रखा है। आते-आते उसे पूरा कर सका तो लेता आऊँगा।

आप श्री क्षिति बाबू को निम्नलिखित पते पर पत्र लिखें—

C/o Prof. Shailendranath Dasgupta
University Quarters, Badshah Bagh,
Lucknow.

मुझे यहीं के पते से लिखिये।

आपको शायद मालूम ही होगा कि गुरुदेव सख्त बीमार हैं। दार्जिलिंग से कलकत्ते ले जाये गये हैं। रास्ते में गाड़ी में बेहोश हो गये थे। किडनी की बीमारी है। अब अच्छे हो रहे हैं।

आपका

हजारी प्रसाद

IV/A-2039

संख्या-41

श्रद्धेय पंडित जी,

सादर प्रणाम!

आपको इसके पहले मैंने एक पत्र दिया था, उसका कोई उत्तर आपकी ओर से नहीं मिला। शायद वह पत्र आपको मिला ही नहीं।

मैंने निम्नलिखित दो बातें आपसे पूछी थीं–

(1) क्या बम्बई जाते समय क्षिति बाबू को आप टीकमगढ़ में अभी बुलाना चाहते हैं, या लौट कर या किसी अन्य समय? 20 अक्टूबर को उन्हें बम्बई में काम है। मैं भी साथ रह सकता हूँ। कृपया लिखिये कि वे अपना कार्यक्रम स्थिर कर लें।

(2) टीकमगढ़ में जो मूर्तियाँ आपने संग्रह की हैं, उनके लिये मैंने हमारे पुराने मित्र पं. दुर्गा प्रसाद जी का नाम सुझाया था। वे तीन वर्ष तक हालैंड और इंग्लैंड में आरक्योलाजी पढ़ कर डाक्टर होकर हाल ही में लौटे हैं। अभी खाली हैं। केवल उनके यात्रा और रहने का खर्च लगेगा और मूर्तियों का बहुत अच्छा केटलाग हो जायेगा।

इन दोनों बातों का उत्तर शीघ्र लिख कर दें।

और सब कुशल है। आशा है, आप सानन्द हैं।

आपका

हजारी प्रसाद द्विवेदी

शान्तिनिकेतन
25.9.40

IV A-2041

संख्या-42

4.10.40

आदरणीयेषु,

प्रणाम!

पहले मैंने लिखा था कि हम लोग 12 अक्टूबर को ललितपुर पहुँचेंगे। पर अब हमने यही तय किया है कि आपके तार के अनुसार 10 को सबेरे वहाँ पहुँचें। हम ललितपुर सबेरे 10 अक्टूबर को पहुँच रहे हैं।

और सब कुशल है।

आपका

हजारी प्रसाद

IV/A-2042

संख्या-43

विले पार्ले
बम्बई
19.10.40

आदरणीय पंडित जी,

प्रणाम!

हम लोग यहाँ 17 अक्टूबर को पहुँच गये। यहाँ आकर हमें बड़ी प्रसन्नता हुई है। नाना दर्शनीय स्थानों को देखने का एक साथ मौक़ा मिला है। समुद्र तो मैंने पहली बार देखा है और वह भी एक ऐसे तूफान के बाद जिसका वेग 75 मील प्रति घंटे था। रास्ते में जंगल, पहाड़, नदी-नाले देखते हुए हम लोग नवीन जीवन अनुभव कर रहे हैं। मेरा दृढ़ विश्वास हो गया है कि मैदान के रहने वालों को नई स्फूर्ति पाने के लिये इन पहाड़ों, जंगलों और नदी-नालों को तथा समुद्र को ज़रूर देखना चाहिये। बिना इनके देखे हम जीवनीशक्ति की अखंड धारा का अनुभव नहीं कर सकते। कितना विराट है हमारा देश, कितना मनोरम, कितना विचित्र। इसके लिये प्राण देना कोई बड़ी कीमत नहीं है। इसे खोकर हम सचमुच हीन हो गये हैं। मैं बराबर अनुभव करता रहा हूँ कि यह जो आनंद और स्फूर्ति अनुभव कर रहा हूँ, उसके कारण आप हैं। अब तो मैंने निश्चय कर लिया है कि हिमालय देखने ज़रूर जाऊँगा। बिना प्रकृति के इस सौंदर्य और तेज को देखे जीवन एकांगी और एकधृष्ट हो जाता है। मैदान के रहने वालों की रीति-मनोवृत्ति अगर दूर करना है तो उनको सीधे इस जीवन के जंगल में ले आइये, जहाँ कठोर पत्थर को तोड़ कर कोमल तृण उगे हुए हैं।

श्री क्षिति मोहन बाबू आपको नमस्कार कहते हैं।

मैं यहाँ से 22 को चला जाना चाहता हूँ।

और सब कुशल है।

आपका

हजारी प्रसाद

IV, A-2043

संख्या-44

17.2.41

श्रद्धेय पंडितजी,

प्रणाम!

कृपा-पत्र और श्री शंकर देव जी का पत्र मिल गया था। गुरुकुल के एक अध्यापक पं. हरिदत्त शर्मा भी आये थे। बहुत-बहुत उपायों से बहुत कुछ असाध्य-साधन-सा करके गुरुदेव का भाषण उनको दिलवा दिया है। क्षिति बाबू को यहाँ के लोग छोड़ना नहीं चाहते, क्योंकि 13 अप्रैल को गुरुकुल का दीक्षान्त-संस्कार है और 14 अप्रैल को यहाँ वर्षारंभ और गुरुदेव का जन्मोत्सव। इसीलिए रथी बाबू इस अवसर पर क्षिति बाबू को छोड़ना नहीं चाहते। वैसे मैंने क्षिति बाबू को राजी कर लिया है। आप रथी बाबू को एक पत्र लिखें कि क्षिति बाबू को वहाँ जाने दें तो शायद वह नहीं रुकें।

बसन्तोत्सव का लेख हमारे पास तैयार ही था। मैंने उसी समय भेज दिया था। आशा है मिल गया होगा।

और सब कुशल है।

आपका

हजारी प्रसाद

घर पर एक नया अतिथि आया है। चौथी सन्तान और तीसरी कन्या।

पुनश्च :

'मधुकर' के एक हजार धन्यवाद और सात रुपये मिल गये। डाक विभाग घाटे में रहा, क्योंकि सिर्फ दो आने कमीशन में ही उसे इतना ढोना पड़ा।

IV/A-2044

संख्या-45

विश्वभारती
शान्तिनिकेतनम्
बंगदेशः
14.5.41

श्रद्धेय पंडितजी,

सादर प्रणाम!

पं. राजकुमार जी का पत्र मिल गया। उन्हें अलग से पत्र लिख दिया है। वे यहाँ आयेंगे तो कोई तकलीफ़ नहीं होने पायेगी। आजकल कबीरदास के संबंध में एक पुस्तक लिखने में उलझा हुआ हूँ। यथासंभव सभी प्राचीन पंडितों की व्याख्या और उसके प्रकाश में कबीर के अपने मत का उद्घाटन ही हमारा प्रधान उद्योग है। रगड़ तो बहुत रहा हूँ, पर देखूँ, कहाँ तक सफलता मिलती है। इस बार कोशिश कर रहा हूँ कि भाषा ऐसी लिखूँ कि आपको भी सर्टिफिकेट देना पड़े। वह हिन्दुस्तानी तो नहीं होगी, पर संस्कृत तो निश्चय ही नहीं होगी। शास्त्रीय विषयों को सहज भाषा में लिखने में काफी अड़चन पड़ रही है। पर देखिये कहाँ तक सफल होता हूँ। आशा करता हूँ कि जुलाई तक इसका खाका तैयार हो जायेगा।

और सब कुशल है। इस बार छुट्टियों में कहीं गया नहीं। यह अच्छा ही हुआ है, क्योंकि यहाँ रहने से कुछ पढ़ाई-लिखाई के लिये अवसर मिल गया है।

8 मई को गुरुदेव का जन्मदिन हम लोगों ने धूमधाम से फिर मनाया। आदमी थोड़े थे, यह और भी अच्छी बात थी। कल एक और उत्सव होगा। महाराजा त्रिपुरा ने गुरुदेव को 'भारत भास्कर' की उपाधि दी है। उसे लेकर उनके प्रतिनिधि कल आये थे। हम लोग यहाँ थोड़े ही हैं। इसलिए खूब उत्साह से उत्सव मनाते हैं। छुट्टियों में ये उत्सव मरुभूमि के ओएसिस के समान हैं।

और सब कुशल है।

आशा है, आप सानन्द हैं।

आपका

हजारी प्रसाद

श्रद्धेय पं. बनारसी दास जी चतुर्वेदी

IV. A-2045

संख्या-46

शान्तिनिकेतन
21.5.41

श्रद्धेय पंडितजी,

सादर प्रणाम!

दोनों कृपा-पत्र मिले। आपका वहाँ भेजा हुआ पत्र देख कर मैं अपने आपके विषय में ही कुतूहली हो गया हूँ। आपके मन में मैंने इतना अच्छा स्थान पाया है, यही मेरा परम सौभाग्य है। सन् 1933 में पहली जनवरी को आपने मेरा एक लेख देख कर पहली बार खूब प्रशंसा की थी। मैं उससे इतना उत्साहित हुआ था कि कह नहीं सकता। उस पत्र को मैंने अपने सर्टीफिकेट के बंडल में डाल दिया। यह पत्र भी उसी की शोभा बढ़ायेगा। मुझे बिल्कुल भरोसा नहीं है कि मेरी वहाँ पुछवाई होगी। परन्तु आपकी शुभाकांक्षा मुझे इस सिलसिले में मिल गई, इतना लाभ तो हो ही गया। अब आप दरख्वास्त देने को कहते हैं तो मेरे मन में दो कारणों से संकोच होता है—

(1) आपके confidential पत्र के पहुँचने के बाद मेरा application जाना क्या उसकी confidential nature के विषय में संदेह नहीं उत्पन्न कर देगा?

(2) आपके इतने जोरदार पत्र के बाद मेरा अर्जी देना क्या ठीक है? आपने लिखा है कि The only difficulty is to pursue the poet to lend इत्यादि, इस बात को दृष्टि में रख कर क्या एप्लिकेशन भेजना ठीक होगा?

यही सब सोचकर मैंने आपसे पूछना उचित समझा। यदि आप कहें तो दे दूँ। मुझे आशा एकदम नहीं है। 31 मई तक अर्जी पहुँचनी चाहिए। यहाँ से 29 को भी भेजूँगा तो ठीक समय पर पहुँच जायेगी। आप उत्तर शीघ्र दें। मैं इस बीच अर्जी तैयार रखता हूँ। मैं केवल इतना ही चाहता हूँ कि आपकी चिट्ठी हल्की न पड़ने पावे।

जहाँ तक मेरी योग्यता का प्रश्न है, वह तो मुझे भलीभाँति मालूम है। पर अब मुझे वैसा बन ही जाना होगा, जैसा आपने लिखा है। आपकी वाणी सत्य हो, यही मेरा प्रयत्न होगा।

मेरी उमर 34 वर्ष है। दो महीने कम। आपने not more than forty लिखा है। ठीक ही है। पर ऐसा मालूम होता है कि आप और भी 6 वर्ष की तैयारी का मौका देते हैं। एक बार बड़ी गद्दी मिलने पर तो अपनी इज्जत बचाते ही समय निकल जाता है, तब कुछ पढ़ना-लिखना, तैयार होना कहाँ संभव होता है! सबका यही इतिहास है। बड़ी गद्दी पाने पर बिरले ही मेहनत कर पाते हैं। खैर, इसकी अभी फिलहाल कोई चिन्ता नहीं है।

जातिभेद अलग से भेज रहा हूँ।
आशा है, आप सानन्द हैं।

आपका

हजारी प्रसाद

IV/A-2046

संख्या-47

अभिनव भारती ग्रन्थमाला

संपादक–
हजारी प्रसाद द्विवेदी
शान्तिनिकेतन
बोलपुर E.I. Ry.

9.8.1941

परम श्रद्धेय पंडित जी,

सादर प्रणाम!

बहुत दिनों बाद पत्र लिख रहा हूँ। बीच में आँखें फिर खराब हो गई थीं और पढ़ना-लिखना बंद कर देना पड़ा था। अब ठीक हो रही हैं।

समाचार तो आपको मिल ही गया होगा। गुरुदेव अब नहीं रहे। एक ही दिन में आश्रम की श्री आधी से अधिक नष्ट हो गई है। वह सहृदयतापूर्ण बातें, स्नेहमय परिहास, सदा काम करने को उत्तेजित करने वाला उपदेश, उत्साह संचारी व्यक्तित्व अब केवल स्मरण की वस्तु रह गये। आश्रम अब सब तरह से अनाथ हो गया है।

आज शनिवार है। 15-16 दिन पहले हमने उन्हें वहाँ से विदा किया था। हम लोग कतार बाँध कर खड़े थे और वे सबकी ओर गंभीर पीड़ा के भीतर से भी प्रसन्न मुद्रा से देखते हुए चले जा रहे थे। कल हमने उसी प्रकार कतारें बाँध कर उनके चिता-भस्म का स्वागत किया। आश्रम इस प्रकार हतश्री कभी नहीं हुआ था।

बहुत दिनों से आपका कोई समाचार नहीं मिला। आप स्वस्थ तो हैं? वहाँ के सभी मित्रों से मेरा प्रणाम कहें।

आपने लिखा था कि आपके पास कबीर संबंधी कुछ सामग्री है। वह मेरे काम आ सकती हो तो मैं देखना चाहता हूँ।

और सब कुशल है।

आपका

हजारी प्रसाद

IV/A-2047

संख्या-48

विश्वभारती पत्रिका

साहित्य और संस्कृति सम्बन्धी
हिन्दी त्रैमासिक
पत्र सं.

हिन्दी भवन
शान्तिनिकेतन, बंगाल
14.11.41

श्रद्धेय पंडितजी,

सादर प्रणाम!

बहुत दिनों से आपका कोई समाचार नहीं मिला। सुना था कि आप कुछ अस्वस्थ हो गये हैं। शर्मा जी बता रहे थे कि आप जब आगरे गये थे, तब काफी अस्वस्थ रहे। उनसे ही मालूम हुआ कि अब आप स्वस्थ हैं। कृपया लौटती डाक से अपने स्वास्थ्य का समाचार अवश्य दें।

इधर विश्वभारती की ओर से हिन्दी का एक त्रैमासिक निकलने जा रहा है। आयोजन तो बहुत दिनों से हो रहा था। पर ऐसे आयोजन कई बार होकर रह गये थे और इसीलिए मैं तब तक आपको ख़बर नहीं देना चाहता था, जब तक उसका निकालना पक्का न हो जाय। अब यह पक्का हो गया। पहला अंक जनवरी में निकल रहा है। इस अंक में गुरुदेव के निम्नलिखित लेख जा रहे हैं—(1) एशिया के जागरण में ही यूरोप का कल्याण है, (2) पहली बार विलायत में, (3) आधुनिक काव्य, (4) नामंजूर कहानी और दो-तीन कविताएँ भी दे रहा हूँ। क्षिति बाबू का एक लेख और नंद बाबू का गुरुदेव की चित्रकला के विषय में एक विचारपूर्ण लेख भी जा रहा है। मूल तिब्बती से एक लामा जी ने सिद्धों का जीवन-चरित्र अनुवाद किया है। उसका एक अंश भी दे रहा हूँ। एक लेख मैनस्क्रिप्टों की रक्षा के बारे में और एक अपना 'रस' के विषय में। बाहर से अभी तक कोई लेख नहीं मिला है। आप सुझाइये कि किस प्रकार इस पत्रिका को हिन्दी और विश्वभारती के गौरव के उपयुक्त बनाऊँ। मैं इसमें ऐसा कुछ भी नहीं देना चाहता जो उस गौरव को लेशमात्र भी क्षुण्ण करे। पर हिन्दी में अधिकारपूर्वक लिखे हुए लेखों की बड़ी कमी है। किनसे कहूँ। कृपया आप इस विषय में मुझे ज़रूर मार्ग बताते रहें। फिर यह भी ज़रूरी है कि पत्रिका अपने पैरों पर खड़ी हो जाय। विज्ञापन अगर अच्छे हों तो हमें लेने में कोई आपत्ति नहीं है।

आपके उत्तर की आशा में हूँ। पत्रोत्तर ज़रूर दें।

आशा करता हूँ, आप सानंद होंगे।

आपका

हजारी प्रसाद

IV/A-2048

संख्या-49

विश्वभारती पत्रिका

साहित्य और संस्कृति सम्बन्धी
हिन्दी त्रैमासिक
पत्र सं. 25

हिन्दी भवन
शान्तिनिकेतन, बंगाल
22.11.41

श्रद्धेय पंडितजी,

सादर प्रणाम!

कृपा-पत्र पाकर आनन्द हुआ। इस पत्र के साथ एक विज्ञप्ति भेज रहा हूँ। इससे आपको पत्रिका के उद्देश्यों के संबंध में परिचय प्राप्त होगा। यदि संभव हो तो 'मधुकर' में इसका कुछ अंश छाप दें। और सब कुशल है।

शिवरात्रि तो अभी बहुत दिन है। इच्छा तो ज़रूर है कि आपसे मिलकर कुछ दिन गप्प मारूँ, पर समिति से बार-बार पाथेय लेने में संकोच होता है। इस बार शिवरात्रि नहीं तो किसी और छुट्टी के समय अपनी ओर से ही आऊँगा। और सब ठीक है। अपने स्वास्थ्य का ज़रूर ध्यान रखें। यह अच्छा है कि आपने उसे सुधारने की प्रतिज्ञा कर ली है। बुंदेलखंड में स्वास्थ्य बिगड़ना उचित नहीं है। आशा है अब आप कुछ तगड़े हो चले होंगे।

मैं काफी स्वस्थ हूँ। बच्चे भी सकुशल हैं। सबका प्रणाम स्वीकार करें।

आपका

हजारी प्रसाद

IV/A-2049

संख्या-50

विश्वभारती पत्रिका

साहित्य और संस्कृति संबंधी
हिन्दी त्रैमासिक

हिन्दी भवन
शान्ति निकेतन, बंगाल
20.1.42

श्रद्धेय चतुर्वेदी जी,

सादर प्रणाम!

'विश्वभारती पत्रिका' का प्रथम अंक निकल गया। शीघ्र ही सेवा में पहुँचेगा। इस अंक में एक नोट मैंने 'प्रान्तीय साहित्यों के अध्ययन' पर दिया है। आपने लिखा था कि बुंदेलखण्ड पर भी कृष्णानंद जी से आप लिखाएँगे। यदि वे इस अंक के लिये उक्त लेख दे सकें तो अच्छा हो। उनको हम अलग से भी पत्र दे रहे हैं। आपको भी थोड़ा कष्ट देना चाहता हूँ। प्रान्तीय साहित्यों का अध्ययन किस ढंग से होना चाहिए और उसका उद्देश्य क्या होना चाहिए, इस विषय पर आप अपनी राय हमें लिख कर भेजें। आशा करता हूँ, इस समय आपका स्वास्थ्य ठीक ही होगा और लिखने में आपको विशेष कष्ट नहीं होगा।

स्टेट में पत्रिका के दो-चार ग्राहक हो सकते हैं क्या? आप समय पाकर ऐसे महानुभावों का नाम सुझायें, जिन्हें हम complimentary copies इस आशा से भेज सकें कि वे भविष्य में ग्राहक बन जायँ।

और सब कुशल है। आशा है आप सानंद हैं।

आपका

हजारी प्रसाद

पं. बनारसी दास जी चतुर्वेदी

पुनश्च :

हमारे प्रथम अंक पर अपनी बहुमूल्य सम्मति भेज कर हमें अनुगृहीत करें।

IV/A-2050

संख्या-51

विश्वभारती पत्रिका

साहित्य और संस्कृति संबंधी
हिन्दी त्रैमासिक

हिन्दी भवन
शान्ति निकेतन, बंगाल
20.2.42

परम श्रद्धास्पदेषु,

सादर प्रणाम! आपको इसके पहले एक पत्र और विश्वभारती पत्रिका की एक प्रति भेजी थी। आशा करता हूँ, वह आपको मिल गई होगी। आपने अभी तक उसका कोई जवाब नहीं दिया और बहुत दिनों से कोई पत्र भी नहीं दिया। इस पर से मैं अनुमान करता हूँ कि या तो आप किसी कारणवश नाराज हैं या फिर अस्वस्थ हैं। प्रथम कारण मुझे ठीक नहीं जँचता, क्योंकि आप नाराज होते तो और कुछ नहीं तो एक डाँट कर पत्र ज़रूर लिखते। आप नाराज होकर गुस्से को मन में घोल रखने वालों में नहीं हैं। इसलिए मुझे यही लग रहा है कि आप फिर अस्वस्थ हो गये हैं। कृपया लौटती डाक से लिखें कि क्या बात है? मुझे इतना तो मालूम ही है कि आपका स्वास्थ्य इधर अच्छा नहीं जा रहा है।

'विश्वभारती पत्रिका' के विषय में आपसे बहुत कुछ मार्ग प्रदर्शन की आशा रखता हूँ। पहला अंक करीब-करीब समूचा हमारे हाथों का लिखा हुआ है। दूसरा अंक भी तथैव च। लेख मैंने सभी ऐसे प्रकाशित किये हैं (गुरुदेव को छोड़ कर) जो पहले कहीं प्रकाशित नहीं हुए। पर अधिकांश लेख यहाँ बंगला और अंग्रेजी में मिलते हैं और सब कुछ हमी लोगों को लिख लेना पड़ता है। इसमें परिश्रम पड़ता है, किन्तु पत्रिका में एकरूपता आ जाती है। परन्तु हिन्दी वालों का कंट्रिब्यूशन कुछ भी नहीं जा रहा है। कई सज्जनों को पत्र लिख-लिख के हार गया हूँ। न तो कोई जवाब आता है न लेख। शायद हिन्दी क्षेत्र में बिना रुपयों के लेख मिलते ही नहीं या फिर कोई और कारण हो। लगभग डेढ़ सौ प्रतियाँ समालोचना और भेंट में भेज चुका हूँ। एक दर्जन से अधिक लोग ऐसे नहीं मिले, जिन्होंने क्या पहुँच की भी सूचना दी हो। समालोचनाएँ भी बहुत कम निकली है। कर्मवीर, हंस, विश्वभारती और विशाल भारत ने बहुत शीघ्र और सुंदर समालोचना निकाली है। बाकी किसी ने पहुँच की भी सूचना नहीं दी। ग़ैर-हिन्दीभाषी पत्रों ने ज़्यादा भद्रता और तत्परता दिखाई है। देश में श्री नंदबाबू वाले लेख का अनुवाद भी छपा है। पर हिन्दीवालों की ओर से ऐसी कुछ भद्रता या तत्परता नहीं दिखाई दी। शायद सभी लोगों का ऐसा ही अनुभव हो।

परन्तु मैं चिन्ता में ज़रूर पड़ गया हूँ। जिस कागज़ की महँगी के युग में हमने यह साहस किया है, उसको ध्यान में रखते हुए डेढ़ सौ प्रतियाँ कम नहीं हैं। मैं आपसे पूछता हूँ कि क्या

ऐसा ही होता है और हमें चिन्तित होने की ज़रूरत नहीं या और कोई ऐसी गलती हमसे हुई है, जिससे लोग उपेक्षा का भाव दिखा रहे हैं। जहाँ तक लेख देने का प्रश्न है, मैंने उन सब लोगों को अपनी शक्ति-भर लिख कर दिया, जिन्होंने मुझसे माँगना ठीक समझा है। इसका मैंने हिसाब नहीं रखा। आप जिस प्रकार मुझे स्वयं उद्योगी होकर पैसा भेज देते थे, वैसा और लोग बहुत कम करते थे। फिर भी मैं अपनी शक्ति-भर सबकी सेवा करता रहा हूँ, असुविधाओं के होते हुए भी। शायद इसीलिए मैंने मन-ही-मन आशा की थी कि लोग मेरी भी सुनेंगे, पर जान पड़ता है, ऐसी बात नहीं है। खैर।

अगर आपका स्वास्थ्य ठीक हो तो आप मुझे कुछ रास्ता बताइये। किस प्रकार सात्विक और ठोस साहित्य पाया जाय और दिया जाय। किन-किन विषयों पर विशेष भाव से जोर दिया जाय। ग्राहकों की दृष्टि से हमारी पत्रिका का दाम ज्यादा ज़रूर है, पर इतने पर भी हम घाटे में ही हैं। अगर कुछ अच्छे विज्ञापन मिलते तो शायद घाटा कम पड़ता और पत्रिका भी सस्ती होती। आप इन विषयों पर हमें जो कुछ बता सकें सो ज़रूर बताइये।

जामवन्त मैं पूछों तोहीं!
उचित सिखावन दीजै मोहीं!!

और सब कुशल है। आशा है, आप सानंद हैं।

आपका

हजारी प्रसाद

कृपया इस पत्र की बात अपने तक ही रखें।

IV/A-2051

संख्या-52

शान्तिनिकेतन
22.3.42

पूज्य पंडितजी,

सादर प्रणाम!

दोनों कृपा-पत्र यथासमय मिल गये। इधर घर पर एक अतिथि और आ गये हैं—पुत्र-रत्न! सो उनकी खातिरदारी में ही उलझा हूँ। आपको विस्तृत पत्र दो एक दिन बाद दूँगा। 'पलाश' के विषय में तो शीघ्र ही भेज दूँगा, पर नदियों के बारे में दस-बारह दिन बाद। इस बीच आपको सूचित कर दूँ कि 'एकेडेमिसियन' मैं नहीं होना चाहता हूँ। 'युष्मदादि' साहित्यिकों से संबंध होना मेरे जीवन का सबसे महत्त्वपूर्ण प्रसंग है। विश्वभारती पत्रिका बिल्कुल एकेडेमिक पत्रिका नहीं है और उसके सम्पादन के लिये मैं अकेला जवाबदेह नहीं हूँ। साथ ही, इस पत्रिका की सबसे बड़ी सार्थकता यह है कि वह बंगाल के हृदय में हिन्दी के प्रति सम्मान बढ़ावे। यह बात निरन्तर मेरे मन में काम करती रहती है। अगर विश्वभारती शान्तिनिकेतन से न निकलकर यह कहीं और स्थान से निकलती और मैं ही सम्पादक होता तो भी उसका रूप ठीक वही नहीं होता। इन सब बातों को विचार कर आप कोई धारणा बनावें। ग़लतियाँ हों तो ज़रूर सुझावें। मैं आपके प्रत्येक शब्द का मूल्य ठीक-ठीक जानता हूँ। कोई भी आपकी सूचना या आदेश मेरे लिए बहुत मूल्यवान है। मैं नाना कारणों से उसका पालन न भी कर सकूँ तो भी निश्चित जानिये कि आज नहीं तो दस साल बाद किसी अनुकूल परिस्थिति में उनका ठीक-ठीक उपयोग होगा ही। 'पंडित' मैं बनना ज़रूर चाहता हूँ, परन्तु ठूँठ 'पंडित' नहीं, जीवंत, सरस, गतिशील। आपका आशीर्वाद रहे तो इस जन्म में नहीं तो अगले जनम में।

आपका

हजारी प्रसाद

IV/A-2052

संख्या-53

शान्तिनिकेतन
28.5.42

श्रद्धेय पंडितजी,

सादर प्रणाम!

कृपा-पत्र यथासमय मिल गया था। बीच में कई दिन के लिए कलकत्ते चला गया था, समय पर जवाब नहीं दिया। विश्वभारती पत्रिका का दूसरा अंक आपको अच्छा लग रहा है, जानकर बड़ी प्रसन्नता हुई। परिषद् की ओर से भिजवाया हुआ मनीआर्डर (6 रुपये का) आ गया।

श्री L.K. Elmhirst का पता इस प्रकार है—

L.K. ELMHIRST Esqr.
TOTNES,
DEVONSHIRE
ENGLAND

उनकी जीवनी मुझे कहीं नहीं मिली। गुरुदेव ने अपनी एक चिट्ठी में उनके बारे में लिखा है। वह चिट्ठी मैं खोज कर निकाल नहीं पाया। पर शीघ्र ही मिलने पर अनुवाद करके भेज दूंगा। 'मधुकर' में उनके नाम के आगे 'स्व.' छपा है। कृपया उसका अर्थ 'स्वनामधन्य' समझिये, 'स्वर्गीय' नहीं!! आपने लिखा है कि उन्होंने 60 हजार से कम न दिए होंगे। 60 हजार क्या वे कई वर्षों तक श्रीनिकेतन को 50 हजार वार्षिक देते रहे और अब भी करीब 40 000 रुपये वार्षिक देते हैं। श्रीनिकेतन उन्हीं की सहायता से आरंभ हुआ है। वस्तुतः उन्होंने ही पहले-पहल गुरुदेव के साथ गुरुकुल गाँव में अकेले ही धूनी रमाई थी। वे बहुत ही महान् हैं। प्रत्यक्ष सहायता के अतिरिक्त अप्रत्यक्ष रूप से भी उन्होंने विश्वभारती को सहायता दी है। लेकिन श्रीमती एल्महर्स्ट ही वस्तुतः रुपये की मालकिन हैं। उनसे विवाह होने के बाद ही श्रीमान् एल्महर्स्ट धनी हुए हैं और इस दान यज्ञ का बड़ा अंश श्रीमती की सहृदयता का ही फल है। मैं उनके जीवन के विषय में कुछ और तथ्य आपको भेजूँगा। और सब कुशल है।

आशा है, आप सानंद हैं।

आपका

हजारी प्रसाद

पुनश्च :

अजमेरी जी की कविता पाने के लिए कहाँ पत्र लिखूँ। पता लिखिए। मैं व्यक्तिगत रूप से उसका कुछ पारिश्रमिक भिजवा दूँगा।

IV/A-2053

संख्या-54

शान्तिनिकेतन
13.6.42

श्रद्धेय पंडितजी,

सादर प्रणाम!

आपके दो-तीन पत्र आ चुके हैं और आपने कई छोटे-मोटे काम भी करने को दे रखा है, फिर भी मैं आपको अब तक उत्तर नहीं दे सका। पिछले पंद्रह दिन मेरे लिए बड़े कठोर सिद्ध हुए हैं। घर में मेरी पत्नी बीमार है। मुझे बच्चों को सम्हालने से लेकर रोगी की शुश्रूषा तक सब कुछ अकेले ही करना पड़ा है। बहुत कष्ट में रहा हूँ। इच्छा रहते हुए भी, आपको पत्र नहीं लिख सका हूँ। अब पत्नी की तबीयत कुछ अच्छी हो रही है। फुरसत पाते ही मैं आपकी सभी आज्ञाएँ यथाशीघ्र पालन करने की कोशिश करूँगा। नदियों के माहात्म्य के विषय में बहुत कुछ संग्रह कर चुका हूँ, पर वह इतना अधिक है कि 'मधुकर' लायक बनाने में काफी परिश्रम करके संक्षेप करना पड़ेगा। नदियों के माहात्म्य संस्कृत साहित्य में इतने प्रकार से आये हैं–

(1) काव्यों में–सौन्दर्य की दृष्टि से
(2) पुराणों में–पुण्य की दृष्टि से
(3) आयुर्वेदिक ग्रंथों में–स्वास्थ्य की दृष्टि से
(4) ज्योतिष ग्रंथों में–उनके बहाव आदि पर से शुभाशुभ फल की दृष्टि से
(5) फुटकल

पाँचों का थोड़ा-थोड़ा संग्रह देना उचित होगा।
आशा है, आप सानन्द हैं।

Rs. 7 by m.o. immediately to be sent.

आपका

हजारी प्रसाद

IV/A-2054

संख्या-55

7.7.42

पूज्य पंडितजी,

सादर प्रणाम!

'नदी' संबंधी मसालों की प्रथम किश्त भेज रहा हूँ। कुछ कामकाज बढ़ गया था और समय पर भेज नहीं सका था। अब शीघ्र ही समूचा मसाला एकत्र करके भेज दूँगा। गुरुदेव के कुछ गानों को आपने माँगा था, अनुवाद समेत कुछ प्रेरणादायक गान भेज रहा हूँ।

अब आपका स्वास्थ्य कैसा है? कभी इधर आने की इच्छा नहीं है क्या? यशपाल जी की पत्नी शायद इधर कुछ सीखने के उद्देश्य से आना चाहती हैं। अक्टूबर तक प्रतीक्षा कर लेना अच्छा होगा। अब भी इधर बहुत-कुछ अनिश्चित ही-सा है।

श्री बुद्धि प्रकाश जी को और 'कवि गुपलेश' जू को मेरा नमस्कार कहें। पिताजी को प्रणाम कहें।

हम लोग सानंद हैं।

आपका

हजारी प्रसाद

IV/A-2055

संख्या-56

विश्वभारती पत्रिका

साहित्य और संस्कृति सम्बन्धी
हिन्दी त्रैमासिक

हिन्दी भवन
शान्तिनिकेतन, बंगाल
22.10.42

श्रद्धेय पंडित जी,

सादर प्रणाम!

श्री यशपालजी के पत्र से मालूम हुआ कि आप और आपके अन्य साथी मलेरिया से आक्रान्त हैं। इधर भी कुछ ऐसी ही हवा है। मैं भी इस हवा का शिकार बन गया था। शरीर कुछ म्लान हो गया है। वैसे कोई विशेष दुर्बलता नहीं है। पर दिमाग जैसे सूना हो गया है। कुछ लिखने-पढ़ने में उत्साह नहीं पा रहा हूँ। रुटीन का काम किये जा रहा हूँ। नदियों वाला मेरा लेख, सुना है, आप तक नहीं पहुँचा। दुबारा फिर लिख रहा हूँ, पर ऐसा ही लिखूँगा कि आप उसे अपने ढंग से व्यवहार कर सकें—अर्थात् मसाला ही इकट्ठा करके भेज दूँगा। दो-एक दिन में आपको मिल जायेगा। इधर और सब समाचार ठीक है। एक बड़ा भयंकर तूफान (साईक्लोन) तीन-चार दिन पहले यहाँ आया था। उसने आश्रम के पेड़ों को बुरी तरह मसल डाला है। महर्षि के युग के सभी पेड़ गिर गए हैं। छातिम चले अब भी खड़े हैं, पर उनके पास का विशाल वट वृक्ष गिर गया है। कई मकान भी गिर गये हैं। साईक्लोन लगभग चौदह घंटे तक समान वेग से चलता रहा। उस दिन 9 इंच पानी भी बरसा। मेरी छोटी-सी पुदीने वाली बगीची भी बुरी तरह नष्ट हो गई है। आशा करता हूँ, यह तूफान उस तरफ नहीं पहुँचा होगा।

आपका स्वास्थ्य अब कैसा है? कुनाइन थोड़ा-थोड़ा ज़रूर लेते रहिए। अगर कुनाइन का इन्जेक्शन ले लें तो और भी अच्छा हो।

साहित्यिक गोष्ठी वाला आपका लेख पढ़ा है। निस्संदेह साहित्यिक स्फूर्ति के लिये ऐसी गोष्ठियों का होना आवश्यक है। आपके लेख पढ़ने के बाद मुझे दो प्रकार की काव्य-गोष्ठियों का स्मरण हुआ। वात्स्यायन की बताई हुई और राज शेखर की बताई हुई। दूसरी विशुद्ध साहित्यिक है। कभी विस्तृत रूप से इनका विवरण आपके पास भेजूँगा। आपको रुचेगा।

आपका

हजारी प्रसाद

IV/A-2056

संख्या-57

विश्वभारती पत्रिका

साहित्य और संस्कृति सम्बन्धी
हिन्दी त्रैमासिक

हिन्दी भवन
शान्तिनिकेतन, बंगाल
23.11.42

पूज्य पंडित जी,

सादर प्रणाम!

यह पत्र 15 दिन देर से लिख रहा हूँ। 8 नवंबर को लिखना उचित था। परन्तु आजकल मैं विश्वभारती पत्रिका का संपादक, लेखक, मैनेजर, क्लर्क, प्रूफरीडर–and what not!–सब हूँ। क्या इसी को आप लोग जर्नलिस्टिक भाषा में 'सर्वेसर्वा' कहते हैं। हाँ तो मैं इस समय सर्वेसर्वा हूँ और दम मारने की फुरसत नहीं पा रहा हूँ। लिखना-पढ़ना तो हवा हो गया है। परन्तु असन्तुष्ट नहीं हूँ।

अब 8 नवंबर की बात सुनिए। कहते हैं आदमी 12 वर्ष मास्टरी करने के बाद गधा हो जाता है। अमेरिका में, सुना है, ऐसे आदमी की गवाही अदालतें नामंजूर कर देती हैं। पिछले 8 नवंबर को मैं 12 वर्ष का अध्यापक-जीवन समाप्त कर गया। उस पवित्र तिथि को आपको प्रणाम करना था, पर एक साल की सम्पादकी ने बारह वर्ष की मास्टरी को ऐसा पछाड़ा कि समय ही नहीं मिल सका। अब मेरा पक्का विश्वास है कि एक वर्ष का सम्पादक 12 वर्ष के मास्टर की अपेक्षा उक्त पदोन्नति का अधिक अधिकारी है। परन्तु आप एक साल के संपादक को वह पद दीजिए या बारह वर्ष के मास्टर को–'दुहूँ हाथ मन मोदक मोरे!!'

सो देर से ही सही, आज 8 नवंबर का प्रणाम आपके पास भेज रहा हूँ। लौटा न दीजिएगा। गोष्ठी वाला आपका नोट ज़रा संक्षेप करके पत्रिका में दे दिया है। आपने देखा होगा। सब दे सकता तो अच्छा होता, पर ज़रा देर से मिला। इसीलिये संक्षिप्त कर देना पड़ा।

हमारे नए अंक के लिये आप कुछ दे सकते तो बड़ी कृपा होती।

आपने स्व. मुंशी अजमेरी जी के घर का पता नहीं दिया। मैं उनके स्मरण के अनुवाद को मँगाना चाहता हूँ। उसके लिये यथासाध्य कुछ सहायता भी भिजवाऊँगा। पत्रिका की ओर से नहीं तो पत्रिका के किसी पाठक की ओर से। और अनुवाद आपके पास हों तो भेज दें। रजिस्ट्री से।

और सब कुशल है। आपका भेजा हुआ श्री कृष्णानंद जी गुप्त का ग्रंथ (प्रसाद जी के दो नाटक) मिल गया है। साथ वाला पत्र उन्हें भिजवा दें। शेष कुशल है। आशा है अब आप

मैलेरिया से मुक्त हो गये होंगे। पैरों को ठंड से ज़रूर बचावें। मिल सके तो परवल के पत्तों का (जड़ का नहीं) और करैले के पत्तों का साग खाइए। मैलेरिया के बाद बहुत गुणकारी है।

मैं स्वस्थ हूँ।

आपका

हजारी प्रसाद

IV/A-2059

संख्या - 58

विश्वभारती पत्रिका 21.3.43

हिन्दी भवन

शान्तिनिकेतन, बंगाल

पूज्य पंडितजी,

सादर प्रणाम!

आपका कृपा-पत्र मिल गया। विश्वभारती पत्रिका के अब तक के प्रकाशित सभी अंक रजिस्टर्ड बुक पोस्ट से भिजवा दिया है। आशा करता हूँ, ठीक समय पर मिल जाएगा। इधर कुछ दिनों से मेरी आँखें ठीक-ठीक काम नहीं कर रही हैं, इसीलिये पढ़ने-लिखने में कम परिश्रम करता हूँ। ज़रा आँखें और ठीक हो जायँ तो नदी महिमा वाला लेख पूरा करूँगा। इस बीच श्री जगदीश प्रसाद जी चतुर्वेदी का भी एक पत्र आया है, जिसमें उन्होंने मुझसे बुंदेलखण्डी विश्वकोश में एक लेख लिखने का अनुरोध किया है। आँखों की अस्वस्थता के कारण ही उसमें भी विलंब हो सकता है। मैं उनको अलग से भी पत्र लिखूँगा।

यहाँ सब कुशल है। आशा करता हूँ, आप सानन्द हैं। पद्मा (हजारी बाग) से श्री मुक्त जी ने लिखा था कि आप उस ओर आने वाले हैं। यदि उधर आवें तो मुझे भी लिखें। मैं भी आ जाऊँगा। और यदि आप कलकत्ते की ओर आना चाहते हों तो इधर भी आना न भूलें। आशा करता हूँ, वहाँ सब लोग सानंद हैं।

आपका

हजारी प्रसाद

पुनश्च :

श्रीमान् महाराजा साहब को पत्रिका के सब अंक भिजवा दिए थे। और नया भी भेजता रहता हूँ।

IV/A-2058

संख्या - 59

शान्तिनिकेतन
1.5.43

श्रद्धेय पंडितजी,

प्रणाम!

आपका कृपा-पत्र और श्री बुद्धिप्रकाशजी को लिखे हुए पत्र की कापी मुझे मिल गई है। श्री क्षितिमोहन बाबू और मल्लिक जी यहाँ नहीं हैं। मल्लिक जी ने साल-भर की छुट्टी ली है और शायद अब नहीं ही आयेंगे। इसलिए अकेले ही मैंने पत्र पढ़ा है और इस पत्र के साथ बुद्धिप्रकाशजी के पत्र की कापी लौटा रहा हूँ। क्षिति बाबू के आने पर उन्हें उसकी बातें बता दूँगा। आपने जो संकल्प किया है, उसका महत्त्व मैं समझता हूँ और उसे मैं एक अत्यन्त आवश्यक कार्य समझता हूँ। परन्तु आपने जो आशंका प्रकट की है कि इससे लोग आपको क्या-क्या कह सकते हैं, वैसी आशंका मुझे नहीं है। मेरा निश्चित अनुमान है कि इस देश के अधिकांश विचारशील लोगों की दृष्टि में आपका कार्य निश्चय ही उत्तम होगा। आपके कार्य को कोई संकीर्ण राष्ट्रीयता की दृष्टि से भी ग़लत नहीं कह सकता। वैसे कोई गाली देने की प्रतिज्ञा ही करके बैठा हो तो क्या उपाय है। भगवान् ने जब मुँह दिया है, तो आदमी जो चाहे कह सकता है, दस हाथ की हर की चर्चा भी कर सकता है—'मुखमस्तीति वक्तव्यं दश हस्ता हरीतकी'! एण्ड्रज़ जैसे महानुभाव किसी एक जाति के नहीं हैं। वे समूची मानव जाति के अपने हैं। सो आप निःशंक होकर उनके संबंध में लिख सकते हैं। वे मानवता के भूषण हैं और उनकी चर्चा पुण्य है।

मैं इस विषय में थोड़ी अपनी रुचि की बात भी जोड़ दूँ। जिन महात्माओं ने साहित्य, पुरातत्व, ज्ञान-विज्ञान आदि की खोज करके भारतीय नैतिक बल को सौ गुना बढ़ा दिया है, उनकी बात आप न भूलें। सर विलियम जोन्स, मैक्समूलर, फार्गुसन बूलर, राइस डेविड, ग्रियर्सन, वेवर, आदि विद्वानों की बात मैं कह रहा हूँ। गुरुदेव की शिक्षा संबंधी चिट्ठियाँ एक दिन मैं देख रहा था। उन्होंने शान्तिनिकेतन के एक अध्यापक को लिखा था—''हमारे देश में भी अंग्रेजी शिक्षा के प्रारंभिक दिनों की बात याद करो। इरोजियो, कैप्टेन रिचाडसन, डेविड हेयर, ये लोग शिक्षक थे, शिक्षा के साँचे नहीं, और न नोटों के बोझ ढोने वाले थे। उन दिनों विश्वविद्यालयों के व्यूह इतने भयंकर नहीं हो गए थे, तब भी उनमें प्रकाश और हवा के घुसने का उपाय था,—उन दिनों विषयों के दरार में जगह खोज कर शिक्षक अपना शासन जमा सकते थे।'' गुरुदेव ने इन शिक्षकों के बारे में इतनी प्रशंसा लिखी है तो निश्चय ही ये स्मरणीय होंगे। मैंने एक वृद्ध सज्जन से इनके विषय में पूछा था। उन्होंने हेयर साहब के विषय में कहा कि ऐसा साधुचरित अंग्रेज भारतवर्ष में दूसरा नहीं आया। पर खेद है कि

हम इनके विषय में कुछ भी नहीं जानते। महामति हैवेल की ही बात सोचिए। कितने उदार और खुले हृदय के महात्मा थे वे। वे न होते तो पता नहीं श्री अवनींद्र ठाकुर की शैली और शिष्यमंडली और आधुनिक भारतीय कला की क्या दशा होती। उनके विषय में अवनींद्रनाथ ठाकुर से सुनिये तो मालूम होगा कि वे कैसे महान् थे। मेरे कहने का मतलब यह है कि ऐसे साधुचरित अंग्रेज इस देश में बहुत हो गये हैं, जिनका नाम प्रातःस्मरणीय होगा। उनके विषय में हमें और जानने की उत्सुकता होनी चाहिए। आपने यह संकल्प करके जो महत्कार्य का आरंभ किया है, इसमें किसी को भी शंका नहीं होगी। मुझसे जो कुछ सेवा संभव होगी, मैं अवश्य करूँगा।

और आपने जो लिखा है कि आपके पिछले कई वर्ष व्यर्थ चले गए, यह पढ़कर मैं सोचता हूँ कि मैं अपने जीवन को क्या कहूँ। केवल किसी प्रकार पेट पालने में ही तो सारी शक्ति खर्च हो गई और अब दूर तक बढ़ आने के बाद देखता हूँ कि पेट पालने योग्य भी नहीं रह गया हूँ। दिन-रात इसी उधेड़-बुन में लगा रहता हूँ कि इस भयंकर महँगी के दिनों में अपना और अपने कहे गये वालों का पेट कैसे भरूँ? इस व्यर्थता का कोई हिसाब है! आप नहीं जानते कि आपका कोई वाक्य कितनी स्फूर्ति देता है। जो आपका सान्निध्य पा चुका हो और फिर बरसों तक उससे अलग हो चुका हो, वह जानता है। गौरा आई थी और वह भी यही बात कह रही थी। इसलिये आपकी अपनी दृष्टि में आपके पिछले साल जैसे भी बीते हों, कितनों ही के लिये वे सार्थक हैं। और आपके असन्तुष्ट होने का कोई कारण नहीं है।

आशा करता हूँ, आप प्रसन्न हैं। जयन्ती देवी के शुभ विवाह का समाचार मुझे मिल गया था। मैंने अपना आशीर्वाद लिख दिया है।

हम लोग यहाँ कुशलपूर्वक हैं।

आपका

हजारी प्रसाद

IV/A-2060

संख्या-60

शान्तिनिकेतन
15.6.43

श्रद्धेय पंडित जी,

सादर प्रणाम!

आपका 'तार' और लेख मिल गया। पाते ही पढ़ गया हूँ। हजार रुपये वाला मनीआर्डर जो नहीं मिला, सो विशेष चिन्ता नहीं हुई। जिस दिन मेरा जन्म हुआ, उसी दिन किसी मुकदमे की विजय में घरवालों को 1200 रुपये मिल गए। उसकी खुशी में मेरा मूल नाम भुलवा दिया गया और मदरसे के रजिस्टर से लेकर विशाल भारत के पन्नों तक में दो सौ कम करके हजार रुपये की स्मृति को ढोने वाला हत भाग्य नाम ऐसा प्रसिद्ध हुआ कि लक्ष्मी देवी ने क्रोधवश शाप दे दिया कि 'हजारी'त्व से आगे तुम इस जन्म में नहीं बढ़ सकते। अगर कहीं आपने मनीआर्डर भेज दिया होता तो लक्ष्मी देवी से दुबारा झगड़ा मोल लेना पड़ता और 'मधुकर' में मेरा 'दोहजारी' नाम विख्यात हो जाता। लेकिन आपके लेख को अगर दुनिया ने ठीक-ठीक समझा और क़दर किया तो शीघ्र ही मैं 'सौहजारी' या 'हजार हजारी' तक हो सकता हूँ। अभी तो हजारी ही बहुत है।

आपने कवियों और नवीन साहित्यिकों के विषय में जो भाव प्रकट किए हैं, वह सर्वथा आपके स्वभाव के अनुकूल है। निस्संदेह दर्जनों प्रतिभाशाली नवीन लेखक सुविधा और अवसर पाने पर देश के गौरव हो सकते हैं। पर प्रोत्साहन कैसा हो? यह प्रश्न है। मैं वास्तविक परिस्थितियों का सामना करने को कहता हूँ। कवि सम्मेलनों में तालियाँ पिट जाना एक प्रोत्साहन है, गरीबी की मार से बचने में सहायता करना दूसरा प्रोत्साहन है, लिखी हुई पुस्तक पर 'पुरस्कार' या 'पारितोषिक' देना भी एक प्रोत्साहन है, पर इनमें से एक भी ऐसा नहीं है, जो प्रतिभा को निखार सके। ये सब ज़रूरी हैं, इनसे लेखकों को सम्मानित करना वांछनीय है या इनकी अपेक्षा आवश्यक वस्तु है वातावरण में रखना, वातावरण पैदा करना। मेरे पास प्रतिवर्ष ऐसे दर्जनों पत्र आते हैं, जिनमें युवक साहित्यिक शान्तिनिकेतन में रह कर साहित्य और कला का अभ्यास करना चाहते हैं। इनमें बहुतेरे विशुद्ध कल्पलोक के निवासी हैं। उनके मस्तिष्क के कोमल उद्भिद्यमान अंकुरों का स्पर्श मैं उनके पत्रों से पाता हूँ। उनकी भाषा रंगीन होती है। कल्पना सर्जनशील होती है और श्रद्धा का भंडार सबके लिये अबाध भाव से उन्मुक्त होता है। वे जो विशेषता गुरुदेव को देते हैं, उसे ही मुझे भी दे देने में लेशमात्र भी संकुचित नहीं होते। उनके औदार्य का स्रोत स्वच्छ और चंडगतिशाली होता है। वे बराबर इस प्रकार शुरू करते हैं कि आधुनिक शिक्षा उन्हें पसन्द नहीं है, शान्तिनिकेतन में कुछ सीखना चाहते हैं। गुरुदेव के आदर्शों के प्रति

श्रद्धा है और प्रायः अन्त में अत्यन्त कातर प्रार्थना के साथ लिखते हैं : वे गरीब हैं, पढ़ने का खर्च नहीं दे सकते और शान्तिनिकेतन में कोई व्यवस्था हो जाय तो वे बरतन भी माँज सकते हैं। लड़कियों के जो पत्र आते हैं, वे और भी करुण होते हैं। मेरा विश्वास है कि इनमें प्राण है और अन्ततः 50 फी सदी ऐसे ज़रूर हैं, जिनको उचित वातावरण में रखा जाय तो देश के काम आ सकते हैं। इन्हें कभी कोई पुरस्कार नहीं मिलेगा, कोई पारितोषिक नहीं देगा और इनकी भाषा में इतनी रंगीनी होती है कि शायद ही कोई पत्र-पत्रिका इनके लेख कभी छापे। पर मेरा विश्वास है—नहीं, अनुभव है कि—ऐसे विद्यार्थी आगे चलकर अच्छे निकलते हैं। क्योंकि ये गतानुगतिकता से बाहर निकलने के लिए छटपटाते रहते हैं और उनकी औदार्ययुक्त विशेषण पद्धति और कल्पनामयी चिन्ता सरणि केवल इस बात का सबूत है कि वे कुछ करना चाहते हैं। क्या? यह वे नहीं जानते। हम लोगों में से कितने हैं, जिन्होंने प्लैन बना कर साहित्य-रचना शुरू की थी? आप बताइये कि ऐसे विद्यार्थियों के लिए क्या प्रोत्साहन दिया जा सकता है? मेरी राय इस विषय में भी वही है। सारे देश में लाइब्रेरियों और निःशुल्क वाचनालयों का जाल बिछ जाना चाहिए। देश के विभिन्न भागों में ऐसे आश्रम स्थापित होने चाहिए, जहाँ सेवा, ज्ञान और सौन्दर्य का वातावरण हो। लड़कियों के लिए विशेष रूप से व्यवस्था होनी चाहिए। आपको याद होगा एक बार शान्तिनिकेतन में हम लोग विशाल भारत की बिक्री बढ़ाने की बात करते-करते इस नतीजे पर पहुँचे थे कि जब तक हमारे अन्तःपुर सुशिक्षित नहीं हो जाते, तब तक साहित्य का प्रचार समस्या ही बनी रहेगी। लाइब्रेरियाँ एक दिन में नहीं बनेंगी, आश्रम स्थापित भी हुए तो उपयुक्त वातावरण बनाने में बरसों समय और दर्जनों व्यक्तियों की तपस्या लगेगी। यह मौलिक प्रश्न है। इसी पर केन्द्रित किया जाय तो 25 वर्ष बाद सुफल फलेगा। पुरस्कार और पारितोषिक सम्मान देते हैं : परन्तु वे प्रोत्साहन नहीं हैं। वे भी ज़रूरी हैं, पर प्रोत्साहन और भी अधिक ज़रूरी है! इतना ही मुझे विशेष कहना है। मैं इस दिशा में कुछ सुनता-सुनाता रहा हूँ, इसलिए इस ओर शायद कुछ पक्षपात भी है। बाकी मैं आपकी सभी बातें ज्यों-का-त्यों स्वीकार करता हूँ।

आशा है, आप प्रसन्न हैं।

आपका

हजारी प्रसाद द्विवेदी

IV/A-2061

संख्या-61

ओझवलिया
(बलिया)
27.10.43

श्रद्धेय पंडित जी,

कृपा-पत्र और ग्वालियर विश्वविद्यालय संबंधी पत्र तथा लेख मिले हैं। विस्तृत उत्तर शान्तिनिकेतन पहुँचकर लिखूँगा। छुट्टियों में घर आ गया हूँ। चार-पाँच दिन और रह कर यहाँ से शान्तिनिकेतन जाऊँगा। आपने अपने पत्र में जिन सैद्धान्तिक आधारों की चर्चा की है, उसके विषय में अधिक चर्चा होनी चाहिए। लेकिन उसमें जो मेरे विषय में लिखा हुआ अंश है, उसे हटा कर ही प्रचारित करना चाहिए। यदि आप आज्ञा दें तो विश्वभारती पत्रिका में इस पत्र का सारांश दे दूँ। वहाँ जा कर ही आचार्य श्री क्षितिमोहन सेन का मत लिख सकूँगा। आशा करता हूँ, अब आप स्वस्थ और प्रसन्न होंगे। हम लोग सकुशल हैं।

आपका

हजारी प्रसाद

IV/A-2062

संख्या-62

विश्वभारती पत्रिका

साहित्य और संस्कृति सम्बन्धी
हिन्दी त्रैमासिक

हिन्दी भवन
शान्तिनिकेतन, बंगाल
11.12.43

आदरणीय पंडित जी,

कृपा-पत्र मिला। पाँच जनों की जो जमात आप इकट्ठी कर रहे हैं, उनमें अधिकांश मेरे परिचित हैं। व्योहार साहब को व्यक्तिगत रूप से मैं नहीं जानता, पर आपने जो कुछ लिखा है, उससे इतना स्पष्ट है कि वे हमारी जमात के अच्छे मेंबर हो सकते हैं। आपको यह सूचित करते मुझे हर्ष हो रहा है कि मैं पहले से कुछ ज़्यादा चतुर हो गया हूँ और यह समझने लगा हूँ कि धनी आदमी और गरीब आदमी एक ही समान धरातल पर खड़े नहीं हो सकते। पर इस चतुरता को अवान्तर प्रसंग समझने में मुझे बराबर आनंद मिलता है। सब मिलाकर मैं आपके सांस्कृतिक मंडल का स्वागत करता हूँ। एक बात बड़ी मेहनत और तपस्या के बाद समझ सका हूँ। यह सहजभाव से ही आपको भी बता देना चाहता हूँ। वह यह कि, वही सांस्कृतिक संस्था पनप सकती है, जो अपने भीतर से अपना कार्यकर्ता तैयार करती रहे। बाहर की ओर जो संस्था ताकेगी, वह मरने को बाध्य है। जो कोई भी सांस्कृतिक संस्था हम बनावें, उसके मूल में यह सिद्धान्त ज़रूर काम करना चाहिए। उसे अपने योग्य भिन्न-भिन्न कार्यों के निर्वाहक आदमी अपने में से ही तैयार करना चाहिए। कविवर रवीन्द्रनाथ ठाकुर का शान्तिनिकेतन इसलिए बड़ा हो सका है कि उन्होंने विश्वासपूर्वक अपने लोगों में से ही विधुशेखर भट्टाचार्य, क्षितिमोहन सेन, जगदानंद राय, कालीमोहन घोष, नंदलाल बोस आदि आदमी पैदा किए हैं। ये लोग आश्रम के वैसे ही अध्यापक थे, जैसे अन्यत्र हुआ करते हैं। पर कवि ने उन्हें काम देकर अपने महान् हृदय और महान् आदर्श के अनुकूल बना लिया। दूसरी बात इस प्रसंग में जो अत्यन्त महत्त्वपूर्ण है, वह यह कि आदमी तैयार करने के लिये काम देने की आवश्यकता है। काम-काज के भीतर से ही आदमी तैयार होते हैं। केवल नाम कमाने के लिये या ढिढोरा पीटने के लिये नहीं, बल्कि निश्चित रूप से मानवजाति की सेवा करने वाले लोगों की पंक्ति में बैठने की शुभाभिलाषा लेकर काम करने वाले ही संस्था को जीवित रख सकते हैं। यह समझ कर अगर शुरू किया जायेगा कि हिन्दी पिछड़ी हुई भाषा है और उसमें जहाँ कहीं से नोच बटोर कर कुछ लिख देने से ही सांस्कृतिक काम हो जायेगा तो मूल में भूल होगी। हिन्दी के माध्यम से हमें उसी श्रेणी की, मनुष्य जाति की सेवा करनी है, जो संसार की समृद्ध-से-समृद्ध भाषा के माध्यम से उक्त क्षेत्र का श्रेष्ठ-से-श्रेष्ठ व्यक्ति कर गया है। यह बात मैं आपकी परिकल्पित संस्था के लिये

भी कह रहा हूँ और उन अन्य शुभ प्रयत्नों के लिये भी जो हिन्दी विश्वविद्यालय या और वैसे ही महान् प्रतिष्ठानों के लिये हो रहे हैं। हिन्दी में हमें घटिया दर्जे का काम नहीं करना है। हिन्दी का मुकाबला संसार की बड़ी-से-बड़ी भाषा से है। नहीं, हिन्दी उतनी ही सेवा का स्वप्न देखती है, जितनी अन्य समृद्ध भाषाएँ कर रही हैं, यदि बस पड़े तो वह अधिक सेवा और अधिक लगन का अवसर भी खोना नहीं चाहती।

एक और तीसरी बात मेरे और आपके बीच की है। वह यह कि मैं मानता हूँ कि दुनिया खेल का मैदान है। खेल में क्या हार और क्या जीत। लड़के भी खेल में रोने से हिचकिचाते हैं। सो इस दुनिया को खेल ही माना जाय। जब तक खेला जाय, तब तक जम के खेला जाय। हार जाया जाय तो राम राम, जीत गये तो राम राम। आपको कैसे लगती है यह बात। मुझे ऐसा लगता है कि आपको भी पसन्द आयेगी। सो जो कुछ किया जाय खेल की मस्ती के साथ। मैं सर्वदा आपके साथ हूँ। हाँ, यह आपने बहुत अच्छी कही कि हमारा मण्डल सम्मेलन की कुर्सियों की परवाह न करे। इन कुर्सियों का लोभ हास्यास्पद ढंग से हमारे साहित्यिकों को ग्रस रहा है। समाचार पत्रों के वक्तव्य देख कर मुझे तो हँसी आती है। सो यह ठीक है।

ओरछा के ज्योतिषी ने यदि आपको 75 वर्ष की आयु का आश्वासन दिया है तो शान्तिनिकेतन का ज्योतिषी क्या ऐसा गया गुजरा है कि एक साथी का भी इन्तजाम न कर सके। खेद है कि आपने यहाँ के ज्योतिषी की शक्ति को कम कूता है। आप बिल्कुल निश्चिन्त रहें।

घर पर सभी कुशलपूर्वक हैं। यहाँ का चतुर्वेदी आपको प्रणाम करता है। एक छोटा और है। सब आपको प्रणाम कहते हैं।

आचार्य श्री क्षितिमोहन सेन और मैं इस बार आरियेंटल कानफरेंस (बनारस) में विश्वभारती के प्रतिनिधि होकर जा रहे हैं। आपको यह जानकर प्रसन्नता होगी कि शास्त्री मोशाय (पं. विधुशेखर शास्त्री) फिर यहाँ आ गये हैं। स्थायी रूप से यहीं रहेंगे।

शेष कुशल है।

आपका

हजारी प्रसाद

IV/A-2063

संख्या-63

20.1.44

पूज्य पंडित जी,

सादर प्रणाम!

आपका पत्र यथासमय नहीं मिला। इसलिए इसका उत्तर भी देर से जा रहा है। सबसे पहले आपके वामन अवतार धारण करने पर बधाई दूँ और इस शुभ अवसर का प्रणाम निवेदन करूँ। अगर इसी वेग से अवतार धारण करते गये तो श्रीकृष्णावतार में काफी देर है। अपने पत्र में आपने मुझसे ऐसा कठिन प्रश्न पूछा है कि मैं कोई जवाब ही नहीं खोज पा रहा हूँ। यदि मुझे अखबारनवीसी के कॉलेज का प्रिंसिपल बना दिया जाय तो मैं क्या करूँगा, बताऊँ? संन्यास ग्रहण करूँगा। गृहस्थ रह कर इस व्यवसाय में घुसना बहुत कठिन है। इस कार्य में तो वह घुसे जो किसी से कुछ चाहता न हो पर चाहता सबको हो। नारद बाबा ने इसीलिए शादी-ब्याह की झंझट मोल नहीं ली थी। एक बार मोह हुआ भी तो भगवान् ने खुद उस मोह को तोड़ दिया। गृहस्थी का गट्ठर पीठ पर लाद कर सारी दुनिया के सामने खरी बात कहते फिरना सम्भव नहीं है। इच्छा-द्वेष से परे रह कर ही आदमी सच्चा पत्रकार बन सकता है। आपने मुझे जिस प्रकार सम्मान देकर स्मरण किया है, वह मुझे अत्यन्त लज्जित करता है। ऐसा न लिखा करें। मैं तो आपका सिखाया हुआ ही साहित्य क्षेत्र में आया हूँ। आपके प्रोत्साहन से ही लिखता रहा हूँ और आपका अंकुश भी मानकर चलता रहा हूँ। मुझे ऐसा ही बराबर समझते रहें। बच्चे सानंद हैं। शास्त्री जी नमस्कार कहते हैं।

हाँ, आपने एक बार मुझे एक कलम दिलवाने की बात कही थी। अगर कोई जजमान इस युद्ध के बाजार में अच्छा रोज़गार कर सका हो तो उससे कुछ दान-दच्छिना की व्यवस्था करा कर एक 'क़लम' दान करवाइए। मेरा मतलब 'झरना कलम' या फाउन्टेन पेन से है। है कोई जजमान?

आपका

हजारी प्रसाद द्विवेदी

काशी में भाई राजकुमार जी मिले थे। बड़े ही सहृदय और प्रेमी हैं। ऐसे व्यक्ति को आपने मित्र बना दिया है। तदर्थ कृतज्ञ हूँ।

IV/A-2064

संख्या-64

शान्तिनिकेतन
5.3.44

पूज्य पंडित जी,

सादर प्रणाम!

मैं बीच में अस्वस्थ हो गया था। इस बीच आपके दो पत्र आये थे। शान्तिनिकेतन आश्रम की ओर से एण्ड्रूज़ साहब की निधन तिथि मनाई जाती है। पिछली बार मंदिर में कलकत्ते के प्रधान पादरी साहब ने अपना प्रवचन दिया था। इस बार भी किसी विशिष्ट सज्जन को बुलाया जायेगा। मैंने जिस दिन आपका पत्र पाया, उसी दिन उसे आफिस में भेज दिया था। मुझे बहुत बुखार था। मुझे बाद में सूचना मिली कि निधन तिथि को ही शान्तिनिकेतन की ओर से स्मृति-दिवस मनाया जायेगा।

जनपद विषयक आपके पत्र का अभी तक मैंने जवाब नहीं दिया। मैं ज़रा विस्तृत रूप से ही उस पर लिखना चाहता हूँ। यदि आप राय देंगे तो विश्वभारती पत्रिका या मधुकर में भी लिख सकता हूँ।

आपका स्वास्थ्य इस समय कैसा है। मैं सकुशल हूँ।

आपका टीकमगढ़ वाला निमंत्रण पूरा करने के लिये समय निकालूँगा। इस समय तो थोड़ा व्यस्त हूँ। परन्तु कलम पाने के उत्साह में कब निकल पड़ूँगा, सो कह नहीं सकता?

भाई यशपाल जी से नमस्कार कहें। आशा है, वे प्रसन्न हैं।

आपका

हजारी प्रसाद

IV A-2065

संख्या-65

हिन्दी भवन
शान्तिनिकेतन, बंगाल
24.4.44

श्रद्धेय पंडितजी,

सादर प्रणाम!

कृपा-पत्र मिला। अर्द्धकथानक की 'रिव्यू' निकाल रहा हूँ। क्षितिमोहन बाबू से अनुरोध किया है। वे लिख सके तो अच्छा ही है, नहीं तो स्वयं लिखूँगा। आपका स्वास्थ्य ठीक न होने से चिन्ता हुई है। कुछ दिन हवा-पानी बदलने क्या ठीक नहीं रहेगा? यहाँ आकर एकाध महीने रहें तो कैसा रहे? मैं समझता हूँ इससे आपका स्वास्थ्य कुछ अच्छा ही रहेगा और लगे हाथों हिन्दी भवन का स्वास्थ्य भी कुछ ठीक हो जायेगा। इस प्रस्ताव पर आप अवश्य विचार करें।

हां, फाउन्टेन पेन मुझे ज़रूर चाहिए। 25 फाउन्टेन पेन के लिये कम-से-कम 75 वर्ष और आपको जीवित रहना पड़ेगा। क्योंकि एक पेन को मैं तीन वर्ष से कम नहीं चलाऊँगा। इसलिए ज्योतिषी की भविष्यवाणी का अर्थ हुआ 75 वर्ष और।

आशा करता हूँ कि यह पत्र जब आपको मिलेगा, उस समय आप स्वस्थ और प्रसन्न हो गए रहेंगे। एक बार इधर आइए ज़रूर।

बच्चे सानंद हैं। हम सब लोगों का प्रणाम स्वीकार करें।

आपका

हजारी प्रसाद

श्री भाई यशपाल जी को सादर नमस्कार।

IV/A-2066

संख्या-66

शान्तिनिकेतन
10.7.44

पूज्य पंडितजी,

सादर प्रणाम!

आपको एक खुशखबरी देनी है। हिन्दी-भवन अब तक मकान-ही-मकान था। इस विषय में कुछ प्रयास किया गया था। आपको जानकर प्रसन्नता होगी कि श्री कानोडिया जी और श्री पुरुषोत्तम हलवासिया जी की कृपा से इस वर्ष से कुछ ठोस कार्य किए जाने की व्यवस्था हो रही है। दो विद्वान स्कालरों और एक अध्यक्ष का खर्च देना हलवासिया ट्रस्ट ने स्वीकार कर लिया है। मैं चाहता हूँ कि आप उचित समझें तो एक पत्र श्री पुरुषोत्तम हलवासिया को उत्साहित करने के लिए लिख दें। उनकी उमर अभी कम है, पर रुचि अच्छी है और हृदय विशाल है। उनका पता है–

श्री पुरुषोत्तम दास जी हलवासिया,
47, मुक्ताराम बाबू स्ट्रीट,
कलकत्ता

एक पत्र कानोडिया जी को भी लिख दें तो अच्छा रहे। आप वहाँ बैठे-बैठे भी दो-चार चिट्ठियाँ लिखते रहें तो हिन्दी-भवन का बहुत लाभ हो। आपकी ही कृति है।

एक और निवेदन है। श्री गुरुदयाल मलिक जी हिन्दी-भवन में ही रहना चाहते हैं। वे इन दिनों यहाँ नहीं हैं। एण्ड्रूज़ साहब उन्हें कितना प्यार करते थे, यह आप जानते ही हैं। गुरुदेव के और गाँधी जी के वे समान भाव से प्रिय हैं। उनके जैसा आदर्श चरित्र और उच्च आत्मबल का व्यक्ति हिन्दी-भवन को मिल रहा है, यह हमारा अहोभाग्य है। वे यहाँ रह कर कुछ काम करेंगे। एण्ड्रज़ साहब के बारे में भी उनसे लिखवाया जा सकता है। मैं चाहता हूँ कि उनके खर्चे की कोई व्यवस्था हो जाती। इस विषय में क्या टीकमगढ़ के महाराजा साहब से कोई आशा कर सकता हूँ। आप जो उचित समझें, वह करें या मुझे करने को लिखें। मैं इन विषयों में अल्पज्ञ हूँ। हिन्दी-भवन की योजना बनाने के लिये श्री धीरेन्द्र वर्मा, डॉ. वासुदेव शरण अग्रवाल आदि विद्वानों से सलाह लेने की व्यवस्था हो रही है। इसके बाद विस्तृत रूप से आपको लिखूँगा।

कृपया शीघ्र ही पत्रोत्तर दें।

आपका

हजारी प्रसाद

श्री पुरुषोत्तम दास जी, श्री विश्वेश्वर लाल हलवासिया के सुपुत्र हैं। अभी तक उनकी उमर कम थी, बालिग नहीं थे। इस समय उनकी अवस्था 21 वर्ष के आस-पास है।

IV/A-2069

संख्या-67

लखनऊ
29.1.45

परम पूज्य पंडितजी,

कल लखनऊ विश्वविद्यालय ने आनरेरी डी.लिट. की उपाधि दी। बार-बार इच्छा हो रही थी कि आपके चरणों पर सिर रखूँ। आपका ही प्रसाद है। आप से लेखक जीवन के आरंभ में ही जो शिक्षा मिली थी, वह मेरे जीवन की सबसे बड़ी निधि रही है। वही मेरा ध्रुव नक्षत्र बनी रही है। मैं आज अपने कई गुरुजनों को इस अवसर पर नहीं पा रहा हूँ। मन बड़ा उदास है। पर सौभाग्यवश आपको प्रणाम निवेदन कर सकता हूँ। मेरा सादर प्रणाम ग्रहण करें और भविष्य में मुझे आशीर्वाद पानेवालों में सबसे आगे स्मरण किया करें।

संयोगवश, श्री बुद्धिप्रकाश जी से भेंट हो गई। बड़ा आनंद मिला। ऐसा लगा कि आप ही मिल गए हों।

बार-बार प्रणाम।

आपका

हजारी प्रसाद

IV/A-2070

संख्या-68

हिन्दी-समाज
शान्तिनिकेतन
2.2.45

परम श्रद्धेय पंडितजी,

सादर प्रणाम!

आपका और अन्य मित्रों के आग्रहपूर्ण पत्र पा चुका हूँ। मैलेरिया से इस साल परेशान हूँ। जिस समय श्रीयुत महेन्द्र शास्त्री जी का पत्र आया था, उस समय मुझे बुखार था। चार दिन से बुखार नहीं आया है। आशा करता हूँ स्वस्थ हो जाऊँगा। पर आपके पास न पहुँच सकने के कारण मेरा मन बहुत व्याकुल हो रहा है। आशा करता हूँ, छपरा में आपकी यात्रा साहित्यिक जागरण में बहुत सहायक होगी। मेरी विवशता आप आसानी से समझ सकते हैं। मेरे अन्तर में वहाँ न पहुँच सकने के कारण कैसी छटपटाहट हुई है, यह मैं लिख नहीं सकता।

आशा है, आप प्रसन्न हैं।

आपका

हजारी प्रसाद

IV/A-2071

संख्या-69

हिन्दी-भवन
शान्तिनिकेतन, बंगाल
15.4.45

श्रद्धेय पंडितजी,

सादर प्रणाम!

इतना समीप आकर भी आप इधर नहीं आ सके, इसका मुझे बड़ा खेद है। मैं भी दर्शन करने वहाँ नहीं जा सका। यही सोचता रहा कि आप यहाँ आ रहे हैं। अब तो सिर्फ अफ़सोस ही हाथ रह गया। मुंशीजी का अनुवाद मिल गया है। आपने जिस प्रकार की सामग्री संग्रह करने की आज्ञा दी है, वैसी सामग्री संग्रह करके भेज दूँगा। लगभग दस दिन बाद यह सामग्री आप तक पहुँच जायेगी। इस बीच मैं एक और काम से निबट लूँगा। काशी जा रहा हूँ। 22-21 को प्रसाद परिषद् के उत्सव में योग देना है। उसके बाद ही आपके पास सामग्री भेज सकूँगा। कोशिश कर रहा हूँ कि शीघ्र ही 100/- रुपये मुंशीजी के परिवार की सहायता के लिए आपके पास भिजवा दूँ।

आशा है आप सानंद हैं। हम लोग कुशलपूर्वक हैं।

आपका

हजारी प्रसाद द्विवेदी

IV A-2072

संख्या-70

शान्तिनिकेतन
5.9.45

पूज्य पंडितजी,

सादर प्रणाम!

आपने जो लेख भेजा था, उसमें कुछ और जोड़ कर लौटा रहा हूँ।

आपके छपरा वाले मुकदमे का क्या हुआ, कुछ समाचार नहीं मिला। क्या सरकार को सुबुद्धि हुई और उसने उठा लिया?

मधुकर का नया अंक देखा। बहुत अच्छा है। इसमें हिन्दी और हिन्दुस्तानी के संबंध में रचनात्मक सुझावों के लिये मत माँग कर छापें तो कैसा रहे? मैं एकेडेमिक बहस की बात नहीं कर रहा हूँ। शीघ्र ही भारतवर्ष को स्वराज्य मिलेगा और भाषा की समस्या अत्यन्त नग्नरूप में उपस्थित होगी। मुझे कोश-व्याकरण बना कर भाषा को 'रूप देने वाला' प्रयत्न सफल होना नहीं दिखता। फिर भी, इस विषय में लोगों से लिखने की प्रार्थना की जाय तो 'वादे वादे जायते तत्त्वबोधः'। शायद कुछ अच्छी बात निकल भी आए।

यहाँ सब कुशल है। आशा है, प्रसन्न हैं।

आपका

हजारी प्रसाद

IV/A-2073

संख्या-71

हिन्दी-भवन
शान्तिनिकेतन
19.9.45

श्रद्धेय पंडितजी,

सादर प्रणाम!

6 पैसे के तार के लिये अनेक धन्यवाद। आपकी तन्दुरुस्ती की ख़बर से बड़ी चिन्ता हुई। मैलेरिया बुरा रोग है। गतवर्ष मुझे बहुत सताया इसने। मैयाक्रिन की गोलियों से मुझे बहुत लाभ हुआ था। आजकल ये गोलियाँ सर्वत्र मिलने लगी हैं। अगर वहाँ न मिलती हों तो मुझे नुस्खा लिखिए, मैं यहाँ से भिजवा दूँगा। मैयाक्रिन की गोलियाँ पीली-पीली होती हैं। ये कुनाइन से अच्छी समझी जाती हैं। यद्यपि यह स्थान मैलेरिया से मुक्त नहीं है, तो भी खुला हुआ है। आप कुछ दिन यहाँ आकर रहें तो परिवर्तन से कुछ लाभ हो सकता है। आपको मानसिक आनन्द भी मिलेगा। 'सेवेन पर सेंट' तो इधर भी बहुत निकल रहे हैं, परन्तु आप निश्चिन्त रहें, ये लोग 'शिव की आज्ञा से' ही कहीं कहीं दिख जाया करते हैं। आपके शिव तो 'एण्ड्रूज़' ही थे। हम लोगों ने उनका नाम 'गुरुवर' दिया था। सो 'गुरुवर' बराबर आपकी रक्षा कर रहे हैं। कुछ परवा न करें। मिस साइक्स, जो इस समय एण्ड्रूज़ पी. के लिये आई हैं, अंग्रेज महिला हैं। बंगला अच्छी तरह जानती हैं। काम अंग्रेजी में ही करती हैं। संभवतः मलिक जी भी नवंबर में आ जायेंगे। आपकी पुस्तक के अनुवाद के बारे में मैंने पब्लिशिंग बोर्ड से पूछताछ की है। अभी उसका कोई उत्तर नहीं आया है।

मेरी आर्थिक स्थिति पहले से अच्छी है। बच्चों का स्वास्थ्य ठीक है। यद्यपि सबसे छोटे दो बच्चों को ही थोड़ा-थोड़ा दूध मिल पाता है पर आपके आशीर्वाद से वे स्वस्थ और प्रसन्न रहते हैं। चतुर्वेदी स्वस्थ हैं। पिछले आठ महीनों से मैं हिन्दी-भवन का डिरेक्टर हूँ और इसलिए मेरी तनख्वाह 100/- रुपये की जगह 200/- रुपये हो गई है। पुराना कुछ उधार और ऋण है। उसको चुका रहा हूँ। पिछले आठ महीनों में ऋण लेने का मौका नहीं आया। वह जगह अभी भी अस्थायी ही है।

प्रिंसिपल ध्रुव वाली घटना मैं आपको सुना देता हूँ। परन्तु इसे कभी छापिये नहीं। ध्रुवजी अब स्वर्गीय हो गये हैं और मेरे साथ जो घटना हो गई, वह शायद आकस्मिक ही थी। स्वभाव से वे दयालु ही थे। बात यों हुई कि मैं संस्कृत कालेज में पढ़ाता था। इतना आप ध्यान में रखें कि हिन्दू विश्वविद्यालय का संस्कृत कालेज न होता तो मैं शायद कुछ भी पढ़ नहीं सकता था। मैंने इधर-उधर से सीखकर थोड़ी अंग्रेजी पढ़ी और एडमिशन की परीक्षा में बैठा। प्रथम श्रेणी में पास हो गया। हिन्द विश्वविद्यालय के सेंट्रल हिंदू कालेज में मैं बड़े

उत्साह से इन्टरमीडिएट में पढ़ने गया। मेरे घर की आर्थिक अवस्था की बात न कहना ही ठीक है। मुझे याद आता है कि पिताजी ने बड़ी कठिनाई के बाद गांव के एक व्यक्ति से 40/- रुपये उधार लिए थे। यह मेरी इन्टरमीडिएट की भर्ती कराई की प्रथम बलि थी। मैं इसके बाद केवल क्लास में बैठता और फीस नहीं देता। हिन्दू विश्वविद्यालय में उन दिनों बहुत-से गरीब विद्यार्थी जबरदस्ती क्लास में बैठा करते थे। साल के अन्त में ध्रुवजी और मालवीय जी की कृपा से उनका उद्धार हो जाता था। मैं भी उसी श्रेणी में था। कई बार चेतावनी मिली, पर मेरे पास एक कौड़ी नहीं थी। संस्कृत कालेज में 15/- रुपये वृत्ति मिलती थी और 5/- रुपये का एक ट्यूशन करता था। कुछ खाता था कुछ बचाकर घर भेज देता था। घर की अवस्था बड़ी दयनीय थी। आज भी याद करता हूँ तो रोएँ खड़े हो जाते हैं। साल के अन्त में मेरा नाम कट गया। मैंने सुना था कि ध्रुवजी के पास जाने से सब ठीक हो जाता है। मैं डरते-डरते प्रिंसिपल ध्रुव के कमरे में गया। वे कुछ झल्लाए हुए बैठे थे। शायद मेरे जैसे और भी लक्ष्मी से त्यक्त पुत्र उनकी सेवा में हाज़िर हो चुके थे। मैंने अपनी कहानी सुनाई। बीच ही में वे झल्ला कर बोल उठे—जाओ मैं नहीं सुनना चाहता। यूनिवर्सिटी गरीबों के लिए नहीं है। जाओ, ईंटा ढोओ। मेरा अनुमान है कि वे किसी कारण गुस्से में थे। नहीं तो उनका स्वभाव दयालु था। परन्तु मुझे तो जैसे वाण लग गया। मैंने आधी बात जहाँ-की-तहाँ छोड़ दी और झुक कर प्रणाम करके तुरन्त लौट आया। वे दरवाजे तक मुझे जाते देखते रहे। संभवतः मुझे पागल समझा। मैं अपने संस्कृत कालेज के होस्टल में—जिसे विश्वविद्यालय के धनी-मानी विद्यार्थी 'अस्तबल' कहा करते थे--लौट आया और खूब रोया। मेरी पढ़ाई वहीं रुक गई। मेरे एक अध्यापक ने कहा कि चलो मैं तुम्हें फिर से ध्रुवजी के पास ले जाता हूँ। ग़रज पड़ती है तो सौ बार जाना होता है, पर मेरी रीढ़ टूट चुकी थी। मैं नहीं गया। मालवीय जी के पास जाने की भी हिम्मत नहीं हुई। बाद में मैंने केवल अंग्रेजी लेकर परीक्षा दी। संस्कृत के शास्त्री पास विद्यार्थी केवल अंग्रेजी लेकर बी.ए. तक की परीक्षा दे सकते थे। वह भी एक मजेदार कहानी है। परीक्षा में फीस बहुत कम लगी थी, पर उतना दे सकने लायक पैसा भी मेरे पास नहीं था। मेरे पास ओढ़ने के लिए भी कपड़े नहीं थे। मुझे किसी से माँगने की कला नहीं आती थी। सो, मैंने बगल में पोथी दबाई और कथा वांचने चला गया। मेरे एक मित्र थे—श्री सीताराम द्विवेदी। इस अगस्त आन्दोलन में वे गिरफ्तार हुए और जेल में ही स्वर्ग सिधार गये। उन्होंने कोआथ (आरा) में मेरी कथा बैठा दी। वे खुद आर्यसमाजी थे, पर मेरी सहायता के लिए उन्होंने इस बात की परवा नहीं की। कथा सात दिन तक हुई। और आठवें दिन चढ़ावा चढ़ा। 35/- रुपये, एक रजाई, कुछ साड़ियाँ, कुछ कपड़े, कुछ धोतियाँ और प्रचुर अन्न मुझे मिला। रजाई तो कोआथ के हकीम बंधुओं ने दी थी। मेरे जीवन में इससे बड़ी सहायता न कभी मिली और न मिलेगी। आप आसानी से समझ सकते हैं कि साड़ियों और धोतियों का मेरे घर में कैसा स्वागत हुआ होगा। 35/- रुपये तो मेरे लिए बहुत बड़ी सिद्धि थी। सो मैं इन्टरमीडिएट की नदी पार कर गया। आचार्य पास करने के बाद मैंने एक बार और कथा वांची थी। उसमें 18/- रु. मिले थे। मेरे परम मित्र बाबू बवन सिंह ने इसकी आयोजना की थी। ये दो कथाएँ मैंने वांची हैं। सोचता हूँ, कि थोड़ा बूढ़ा हो जाऊँ तो अपने जीवन के दुखों और उसको दूर करने में सहायता देने वालों का संस्मरण लिखूँ, पर जब सूची पर ध्यान देता हूँ तो वह बहुत विराट मालूम होती

है। पर लिखूँगा जरूर।

शायद माधुरी में छपा हुआ आपका एक लेख मैंने पढ़ा था। वह 'शान्तिनिकेतन में चौदह मास' या ऐसा ही कुछ था। मुझे उस समय शान्तिनिकेतन एक स्वप्नलोक की भाँति लगा था। मुझे क्या मालूम था कि शान्तिनिकेतन और उसमें चौदह मास बसने वाले आगे चल कर मेरे भविष्य का निर्माण करेंगे। शान्तिनिकेतन में मैं किस प्रकार आया, यह कहानी शायद आपको सुना चुका हूँ। जीवन में 'टर्निंग प्वाइंट' की बात आपने पूछी है। मेरे जीवन की सबसे बड़ी घटना शान्तिनिकेतन में गुरुदेव का दर्शन पाना है। न जाने किस पूर्व पुण्य फल से मुझे यह सौभाग्य मिला था। दर्शन पा सकना ही परम-पुण्य का फल है। परन्तु मुझे तो स्नेह मिला था। बाद में 'गुरुवर' के दर्शन मिले। आह! भागीरथी की निर्मल जलधारा के समान उस प्रेमिक महापुरुष का साहचर्य कितना आह्लादकर था, इस बात को बही जान सकता है, जिसने कभी उस रस का अनुभव किया हो।

मेरे साहित्य गुरु तो अनेक हैं, पर जिनकी एक चिट्ठी ने मेरे अन्दर अपूर्व जीवनी शक्ति भर दी थी, उनको मैं क्या कहूँ। उन दिनों मैं अज्ञात, अख्यात लेखक था। रवीन्द्रनाथ की कविताओं पर एक लेख लिखकर विशाल भारत में छपने को भेजा था। 2 जनवरी को मुझे एक पत्र मिला कि आप हमारे जैसे बहुतेरों को पीछे छोड़ गए हैं! मैं आश्चर्य से उस पत्र को बार-बार पढ़ता रहा। उस दिन मुझे एक नई शक्ति का अनुभव हुआ। आपको नहीं मालूम कि उस एक चिट्ठी ने मुझे कितना बल दिया था। उसके एक-एक शब्द में प्रेम और प्रेरणा का ज्वार था। साहित्य क्षेत्र में आप मेरे गुरु हैं। मैं कृतज्ञतापूर्वक आपको प्रणाम करता हूँ। मेरा एक बड़ा सौभाग्य यह रहा कि मुझे गुरु बड़े मस्त और उदार मिलते गए। मैं काशी में ज्योतिष पढ़ता था। स्व. पं. रामयत्न ओझा मेरे गुरु थे। बड़े उदार और बड़े मस्तमौला। मुझे बहुत प्यार करते थे। हालाँकि मैं कई बातों में उनसे मतभेद रखता था। शान्तिनिकेतन आने के बाद मैंने 'व्योमकेश शास्त्री' इस प्रच्छन्न नाम से एक लेख 'सनातनधर्म' में लिखा। सनातनधर्म मालवीय जी का पत्र था और हिन्दू विश्वविद्यालय से निकलता था। आपने मुझे प्रच्छन्न नाम से लिखने को मना किया था। मैं लज्जापूर्वक स्वीकार करता हूँ कि कई बार मैंने प्रच्छन्न नाम से लेख लिखा है। परन्तु बराबर आपकी बात इस अर्थ में पालन करता रहा हूँ कि जब कभी कोई जवाबदेही का काम होता है तो अपने असली नाम से ही लिखता हूँ। केवल अनुवाद आदि कभी-कभी प्रच्छन्न भाव से लिखता हूँ आप इतने की छूट तो दे ही देंगे। परन्तु व्योमकेश शास्त्री सनातनधर्म वाला लेख सचमुच संकोच और भय के कारण ही गुप्त नाम से लिखा गया था। उसमें गुरुजी के ज्योतिषिक मत की आलोचना थी। उन्हीं दिनों इन्दौर में ज्योतिष सम्मेलन होने जा रहा था। मालवीय जी महाराज सभापति थे। उद्योक्ताओं को मेरा लेख पसन्द आया और 'व्योमकेश शास्त्री' उस सम्मेलन की निर्णायक समिति में बंगाल के प्रतिनिधि के रूप में चुन लिए गए। उनके पास चिट्ठी गई, तार गया, रजिस्ट्री से सब सामग्री भेजी गई और मैं सब पाता गया। शान्तिनिकेतन में जिस हिन्दी पते वाली चिट्ठी का कोई ठिकाना नहीं लगता वह मेरे पास आ जाती है। व्योमकेश शास्त्री की चिट्ठी भी मेरे पास आई और मैंने ले ली। मैंने सम्मेलन वालों को भ्रम में नहीं रखा। उन्हें साफ-साफ अपना नाम बता दिया। फिर भी उन्होंने मुझे निर्णायक समिति में इतने में ही जांच दिया। लेकिन मैं वहाँ जाने की

हिम्मत नहीं कर सका, क्योंकि गुरुजी उस निर्णायक समिति के सामने अपने पक्ष की स्थापना करनेवाले थे। यदि मैं जाता तो मुझे उनके मत का सर्वांश में तो नहीं, पर कई बातों में समर्थन करना कठिन जान पड़ता। निर्णायक के आसन पर बैठकर मैं किसी भी व्यक्ति के प्रति संकोच और पक्षपात को पाप मानता हूँ। सो, मैं नहीं गया। गुरुजी भी वहाँ स्वयं उपस्थित नहीं हो सके थे। यह सारी कहानी गुरुजी को बाद में मालूम हुई। वे बहुत प्रसन्न हुए और मुझे डाँटते हुए कहा कि, मैं तो उस दिन अपनी विद्या सफल मान लेता, जिस दिन लड़का मेरे मत की परीक्षा के लिए निर्णायक की गद्दी पर बैठता। 'सर्वत्र जयमिच्छेत पुत्रात् शिष्यात् पराजयम्।' सब जगह जीत की इच्छा रखनी चाहिए, पर पुत्र से और शिष्य से हार की इच्छा रखना ही उचित है। गुरुजी बड़े भारी विद्वान् थे। उनकी विद्वता सारे भारतवर्ष में स्वीकार की जाती थी, परन्तु विद्वान् से भी अधिक वे उदार मनुष्य थे। पंडितों में इस प्रकार बहुत कम लोग मिलते हैं। ऐसा मस्तमौला पंडित आपने नहीं देखा होगा। दुर्भाग्यवश उनकी मृत्यु हो गई है। नहीं तो और नहीं तो उनके दर्शन के लिए ही आपको एक बार काशी ले जाता।

रवीन्द्रनाथ को देखने का जिस दिन मुझे अवसर मिला, वह दिन मेरे अनेक जन्म के पुण्यों का फल था। मैंने बिल्कुल नई दृष्टि और नया विश्वास पाया। दोष मुझमें अनेक हैं। सब मुझसे छिपे हों, ऐसी बात नहीं है। कितनी बातें जानीं, फिर भी उन्हें सुधार सकने की क्षमता नहीं है। इसलिए मैं रवीन्द्रनाथ को जितना महान् कहना चाहिए, उतना ग्रहण नहीं कर सका। परन्तु उनके दर्शन से मेरे अन्तर में निश्चित रूप से आलोड़न हुआ था और कुछ-न-कुछ मैल ज़रूर गिर गई थी। फिर भी पंडितजी, आपसे सत्य कहता हूँ मेरा जीवन कुछ सार्थक नहीं मालूम होता। आपने राहुल जी और अग्रवाल जी के साथ मेरा नाम लेकर मुझे लज्जित किया है। आप सहज स्नेहभाव से जो कुछ कह गये हैं, वह उचित नहीं है। आप आगे कभी इस तरह न लिखें। यदि मैं कुछ अच्छा कर सका हूँ, तो विश्वास मानिए, वह मेरे कृपालु गुरुजनों और मित्रों की कृपा का फल है। मैं जितना ही विचारता हूँ, उतना ही लगता है कि मैं भार के वेग से चलनेवाले मजदूर की भाँति भागता रहा हूँ। बोझ में यदि कोई मूल्यवान् वस्तु है तो वह मेरी नहीं है। मैंने अभी भी तत्त्व का आभास नहीं पाया है। मेरे जीवन के 38 वर्ष बीत गए पर मैं ऐसा कुछ नहीं पा सका जिससे किसी की परवा किए बिना अपने रास्ते चल पाऊँ। गुरुदेव (कविवर रवीन्द्रनाथ) ने किसी दुःख और वेदना से भरे क्षण में एक गान गाया था। कभी-कभी मैं भी उसे गुनगुनाता हूँ और आराम करता हूँ। ऐसा मालूम होता है कि मेरा अन्तरतर इसी प्रार्थना को पुकार-पुकार कर गा रहा है। आपके विनोद के लिये वह गान लिख देता हूँ। पहले अनुवाद और बाद में गान है। (आगे वाले पृष्ठ पर) मैंने ये सारी बातें आपके पूछने के कारण लिखी हैं। इन्हें आप अपने तक ही रखें।

मेरी आर्थिक स्थिति पहले से अच्छी है। पिछले दिसम्बर तक 100 रुपये मासिक पाता था। जनवरी से 200 रुपये पा रहा हूँ। पिछले ऋण में कुछ कट जाता है और घरभाड़ा में 8 रुपये जाते हैं। सब काट कूट के इन दिनों 140-145 तक हाथ में आ जाते हैं। बुरा नहीं है। किस हिन्दी लेखक को इतना भी मिलता है। नई नौकरी अस्थायी है। 2 साल तक की। यदि फिर नई हिन्दी-भवन योजना के लिए रुपये नहीं मिले तो पुरानी नौकरी पर ही लौटना पड़ेगा। अभी साल भर तक तो इसी पर हूँ। लंबे पत्र के लिए क्षमा करें। पुरानी चिट्ठियाँ

जरूर आपके पास जायेंगी। आशा है, प्रसन्न हैं।

हजारी प्रसाद

हे मित्र	(बंधु)
तुमने जितना भार दिया था, उसने	तुमि यत भर दियेछ ये भार
सहज कर दिया था	करिया दिये छो सोज
मैंने जितना भार जमा लिया है	आमि यत भार जमिये तुलेछि
वह सब बोझ हो गये हैं।	सकलि हयेछे बोझा।
(हे मित्र)	(बंधु)
मेरे मित्र, तुम मेरे इस बोझ को उतारो	ए बोझा आमार नामाओ बंधु
उतारो।	नामाओ।
भार के वेग से न जाने कहाँ चला जा रहा हूँ	भारेर वेगे ते चलेछि लो धाय
इस यात्रा को तुम रोको।।	ए यात्रा तुमि थामाओ,
(मित्र)	(बंधु)
मैंने खुद-ब-खुद जिस दुख को बुला लिया	आयति ये-दुख हेले आमि से-ये
वह वज्र की अग्नि से मुझे जलाया करता है	ज्वालाय वज्रानले
और (सबको) ऐसा कोयला बना	अंगार करे रेखे जाय सेथा
देता है कि वहाँ कोई फल फलता ही नहीं	को तो फल नाहि फलेया
(हे मित्र)	(बंधु)
तुम जो कुछ देते हो वह तो दुख का दान होता है	तुमि याहा दाओ से-ये दुःखेरदान
वह सावन की झड़ी के समान पीड़ा के रस से	श्रवणधाराय वेदनार रसे
प्राण को सार्थक कर देता है।	सार्थक करे प्राण।
(हे मित्र)	(बंधु)
मैंने जहाँ जो दुख पाया है, सिर्फ	ये खाते मा किछु पेयेछि केवलि
जमाता ही गया हूँ	सकाले करेछि जमा
जो देखता है, वही आज हिसाब माँगता है	ये देखे से आज मागे ये हिसाब
कोई भी क्षमा नहीं करता।	तेह नाहि करे क्षमा
(हे मित्र)	(बंधु)
हे मित्र मेरे इस बोझ को उतारो	ए बोझा आमार तामाओ बंधु
उतारो।	तामाओ।
भार के वेग से ठेला जाता हुआ चल	भारेर वेगे ते ठेलिया चलेछि
रहा हूँ,	
इस यात्रा में मुझे रोको।।	ए यात्रा मोरे थामाओ।।
(मेरे मित्र)	(बंधु)

चतुर्वेदी स्वस्थ हैं। आपको प्रणाम कहता है। सब बच्चे प्रसन्न हैं। हम सबका प्रणाम स्वीकार करें।

आपका

हजारी प्रसाद

IV/A-2074

संख्या-72

शान्तिनिकेतन
दिनांक : 27.10.45

श्रद्धेय चतुर्वेदी जी,

सादर प्रणाम!

आपकी तीन चिट्ठियाँ मिलीं। एक का उत्तर दे ही नहीं पाता कि दूसरी हाज़िर है। आजकल चाय कौन बनाता है, यह जानने की इच्छा हो रही है। सिर्फ चाय के पत्तों से बुढ़ापे (!) में इतनी स्फूर्ति तो नहीं आ सकती। जरूर वह 'चौबई बूटी' का प्रयोग कर रहा है। प्रश्नों के उत्तर इस प्रकार हैं।

1. मेरे सहकारी मित्र श्री मोहनलाल वाजपेयी बाहरं गए हैं। उनके आते ही चिट्ठियों का संग्रह आपके पास भिजवा दूँगा। आवश्यक चिट्ठियाँ छाँटकर निकाल लूंगा।
2. 1917 को निकेतन को 'सीख' थोड़ा लिख लिया है पर बड़ा लंबा होता जा रहा है। इसलिए इस अंक के लिये 'संस्कृत साहित्य से क्या सीखा जा सकता है' भेज रहा हूँ। शान्तिनिकेतन वाला भी भेज दूँगा। काम लायक बना लिया जायेगा।
3. व्यास जी का जीवन मैं लिखूँगा। पर देर से। मैं आपकी बताई हुई पुस्तक World of Yesterday कलकत्ते से मँगा रहा हूँ। उसे पढ़कर ही व्यास जी की जीवनी लिखूँगा।
4. बिदुला उपाख्यान नितांत उपेक्षित नहीं हैं। जर्मन अनुवाद जैकोबी जैसे पंडित ने किया था और अंग्रेजी कविता में J. Muir ने बहुत सुंदर अनुवाद किया था (दे. Metrical Translation from Sanskrit Writers, P. 120-133)। मुझे इसका हिंदी अनुवाद करने में बड़ी प्रसन्नता होगी, परन्तु इस समय मैं बुरी तरह उलझा हुआ हूँ। हिंदी भवन को ज़रा चलता बनाकर तब आपकी सब आज्ञाओं को एक साथ उठा लूँगा।

आशा है, प्रसन्न होंगे। यहाँ कुशल है।

आपका

हजारी प्रसाद

IV A-2075

संख्या - 73

हिन्दी-भवन

शान्तिनिकेतन, बंगाल
दिनांक : 29.3.46

पूज्य पंडित जी,

आपके कई पत्रों का उत्तर न देने का अपराधी हूँ। बीच में एक छोटी लड़की की मृत्यु हो जाने से अस्वस्थ सा हो गया था। अब धीरे-धीरे फिर स्वस्थ हो आया हूँ। लेकिन उसकी माँ अब भी प्रकृतिस्थ नहीं हुई।

मधुकर में मुझे दो तीन लेख लिखने हैं। यह बात मुझे पूरी तरह याद है। मेरे अनुभव बड़े मजेदार हैं। नवीन लेखकों को उनसे केवल मनोरंजन मिल सकता है। शिक्षा विशेष कुछ नहीं। ये बात मुझे आसानी से सौभाग्यवश मिल गई थी वह सभी नवीन लेखकों को नहीं मिलती, यह बात जब मैं सोचता हूँ तो मुझे बड़ा क्लेश होता है। अपने अनुभव लिखने का मतलब है संयोगवश मुझे जो सौभाग्य मिल गए थे उनका बखान। यह संकोच की बात है पर बहुत से अनुभव मनोरंजन अवश्य हैं।

मैं थोड़ा और देर करके आपको लेख भेजूँगा। आपकी एक आज्ञा और भी पड़ी हुई है। मैं कबीरपंथी सिद्धांतों के बखेड़े में पूरी तरह उलझ गया हूँ। कभी-कभी ऊब जाता हूँ कि यह जंजाल क्यों मोल लिया। लेकिन अब किनारे तक पहुँचकर ही दम लूँगा। आपके आशीर्वाद से यह 'काम' जैसा काम हो जाएगा।

बंगला में हिन्दी साहित्य का परिचय लिखने के लिये विश्वभारती ग्रंथ विभाग बहुत जोर दे रहा है। इस प्रकार उसे भी समाप्त करना ही है। इन्हीं उलझनों में फँसा हूँ। देखें कब उद्धार होता है।

आशा है, प्रसन्न हैं।

आपका

हजारी प्रसाद

IV, A-2076

संख्या-74

शान्तिनिकेतन
दिनांक : 22.3.47

श्रद्धेय पंडित जी,

सादर प्रणाम!

बहुत दिनों से आपका कोई समाचार नहीं मिला। 'मधुकर' का अंतिम अंक मिला था। अब क्या कुछ नया कार्य आरंभ करने का विचार है? कृपया लिखें कि आजकल कहाँ हैं और आगे का क्या कार्यक्रम है।

आपको यह जानकर प्रसन्नता होगी कि हिंदी भवन में एक और ब्लाक बढ़ाने के लिये हलवासिया ट्रस्ट ने रुपया दिया है। लाईब्रेरी को समृद्ध करने के लिये भी 4 हजार रुपये दिए हैं और चालू खर्च भी एक वर्ष के लिये और देने का निश्चय किया है। सब मिलाकर (23500) मिले हैं जिसमें 8½ हजार चालू खर्च के लिये हैं। यह सब श्री कानोडिया जी के उद्योग से हुआ है। आप कभी पत्र लिखें तो उन्हें इस बात के लिये बधाई दें और हिंदी भवन की ओर से कृतज्ञता प्रकट करें।

यहाँ और सब कुशल है। आशा है, आप सानंद हैं।

आपका

हजारी प्रसाद

IV/A-2077

संख्या-75

ओझवलिया
पो.आ.-बसरिकापुर
जिला-बलिया (यू.पी.)
21.5.47

श्रद्धेय पंडित जी,

सादर प्रणाम!

मैं छुट्टियों में यहाँ घर आया हुआ हूँ। आपका पत्र शान्तिनिकेतन से लौट कर आया है। मैनेजर ने लिखा है कि आपने जो अंक माँगा है वह भेज दिया गया है। आशा है, मिल गया होगा।

इधर बड़ी महँगी है। दारिद्रय का तो प्रत्यक्ष नृत्य हो रहा है। लोग पूछते हैं कि सचमुच ''सुराज'' हो रहा है। जब पूछते हैं तो उनका मतलब बराबर यही होता है कि क्या ढंग से अन्न-वस्त्र मिलने लायक हालत सचमुच आ रही है। ''सुराज'' का अर्थ यहाँ भरपेट मोटा अन्न और वस्त्र ही है।

आशा करता हूँ आप प्रसन्न हैं। बीच में मैंने सुना था कि आप टीकमगढ़ नहीं रह रहे हैं। परन्तु आपके पत्र से मालूम हुआ कि यह खबर गलत थी। आजकल स्वास्थ्य कैसा चल रहा है।

'चतुर्वेदी' का यज्ञोपवीत 29 मई को हो रहा है। आपका शुभाशीर्वाद माँगता है।

शेष कुशल है।

आपका

हजारी प्रसाद

IV/A-2078

संख्या-76

शान्तिनिकेतन
29.6.47

श्रद्धेय पंडित जी,

सादर प्रणाम!

''गुरुदेव और हिंदी'' वाले लेख की कुछ प्रतियाँ अवश्य भेज दीजिए। यद्यपि यह तो निश्चित-सा ही था कि एक न एक दिन आप वहाँ से चल देंगे, परन्तु फिर भी आपके निश्चित रूप से चल देने की सूचना पाकर मन कैसा-कैसा हो गया। अब कहाँ जाने का विचार है। अपना प्रोग्राम लिखिए। मैं बहुत दिनों से सोच रहा था कि आपसे मिलूँ। कई बातों में सलाह लेनी है। दिवाली बाद यदि आप फीरोजाबाद रहेंगे तो वहाँ भी आ सकता हूँ। पूजा की छुट्टियों में, यदि भगवत्कृपा से स्वास्थ्य ठीक रहा तो हरिद्वार जाना है। वहाँ से उधर आसानी से जाया जा सकता है। हरिद्वार में गुरुकुल के आचार्य जी का निमंत्रण है। कुछ व्याख्यान देने के लिये। लड़के का जनेऊ आपके आशीर्वाद से सानंद संपन्न हो गया। आपका पत्र पढ़कर ''चतुर्वेदी'' लेखक बनने को उत्साहित हुआ है। पर साहित्य की दुनिया तो थर्ड क्लास का डब्बा है। किसी नये चढ़ने वाले को देखकर लड़ने की ही इच्छा होती है। कुछ लोग बिना टिकट के ही इसमें चढ़ गए हैं।

आशा है, प्रसन्न हैं।

आपका

हजारी प्रसाद

IV A-2079

संख्या-77

शान्तिनिकेतन
दिनांक : 3.10.47

पूज्य पंडित जी,

आपका 4.9.47 का कृपा-पत्र बहुत देर से मिला है। संस्कृत का कोई बड़ा कवि या नाटककार ऐसा न मिलेगा जिसने किसी-न-किसी बहाने तपोवनों का कुछ वर्णन न किया हो। **शकुंतला** में तो है ही, **रघुवंश** में और **कुमारसंभव** में भी (पंचम सर्ग) कालिदास ने बहुत सुंदर तपोवन वर्णन लिखा है। भवभूति के **उत्तरचरित्र** में, बाणभट्ट की **कादंबरी** में (कथामुख में जाबालि आश्रम और बाद में महाश्वेता और कपिञ्जल के आश्रम) बहुत ही चित्ताकर्षक वर्णन है। रामायण और महाभारत में भी **अरण्यों और आरण्यकों के मनोहर वर्णन** हैं। टीकमगढ़ में ये पुस्तकें जल्द मिल जाएँ। न मिलें तो लिखें मैं कोई व्यवस्था करूँगा। कालिदास की समूची ग्रंथावली बनारस से अनूदित होकर प्रकाशित हो चुकी है। यद्यपि अनुवाद उतना सरस नहीं है तो भी मूल भी साथ रहने से रसग्रहण में सहायक अवश्य है। आशा है, प्रसन्न हैं।

आपका

हजारी प्रसाद

IV/A-2080

संख्या-78

विश्वभारती पत्रिका

हिन्दी भवन
शान्तिनिकेतन, बंगाल
16.12.47

श्रद्धेय पंडित जी,

सादर प्रणाम!

बहुत दिनों से कोई समाचार नहीं मिला। कल ग्वालियर से निकलने वाले एक समाचार पत्र में यह पढ़कर बड़ी चिन्ता हुई कि आप देर से अस्वस्थ रह रहे हैं। कृपया तुरंत समाचार दें कि कैसे हैं। क्या शिकायत है?

हम लोग यहाँ सकुशल हैं। सुना है, इस वर्ष का मंगलाप्रसाद पारितोषिक मुझे मिल रहा है। ''कबीर'' नाम की एक पुस्तक मैंने लिखी है, उसी पुस्तक पर यह पारितोषिक मिला है। ''कबीर'' साहित्य के अध्ययन की प्रेरणा तो मुझे स्व. गुरुदेव और आचार्य क्षिति मोहन सेन से मिली थी पर यदि आपके संसर्ग में न आया होता तो मुझे शायद लिखने ही नहीं आता और लिखने आता भी तो गलत रास्ते जा सकता था। इस अवसर पर मैं कृतज्ञतापूर्वक आपको अपना विनम्र प्रणाम निवेदन करता हूँ।

स्वास्थ्य का समाचार शीघ्र दें।

आपका

हजारी प्रसाद द्विवेदी

IV/A-2081

संख्या-79

शान्तिनिकेतन
दिनांक : 1.6.48

पूज्य पंडित जी,

सादर प्रणाम!

कल आचार्य नंदलाल वसु महाशय से आपने गांधी भवन की दीवालों पर चित्रांकन के लिए कहा था। वे कहते हैं किसी छुट्टी में अर्थात् अक्तूबर में या मई-जून में कला भवन के अध्यापक विनोदविहारी मुखर्जी अपने कुछ विद्यार्थियों के साथ जा सकते हैं। इस समय विनोद बाबू यहाँ नहीं है अतः उनसे बातचीत नहीं हो पाती है। उन्होंने ही हिंदी भवन में चित्र बनाए हैं। बड़ा नया और उत्तम टेकनीक जानते हैं।

मैंने मास्टर मोशाय (नंदबाबू) से आपकी ओर से टीकमगढ़ जाने का भी निवेदन किया है। वे राजी भी हैं। यदि दिसंबर के अवकाश में उन्हें वहाँ ले जाया जा सके तो बहुत अच्छा हो।

शेष कुशल है।

लेनिन और गुरुदेव के प्रसंग पर दूसरे कार्ड पर लिख रहा हूँ। दो कार्ड खर्च करना एक लिफाफे की अपेक्षा सस्ता है।

आपका

हजारी प्रसाद

IV/A-2083

संख्या-80

शान्तिनिकेतन
दिनांक : 23.4.49

पूज्य पंडित जी,

सादर प्रणाम!

आपके दोनों कार्ड यथासमय मिल गए थे। आपने लिखा है कि मेरे साथ एक सप्ताह रहने से आपको अच्छा लगता है। मैं स्वयं आपसे मिलने को बहुत उत्सुक हूँ पर कोई सुयोग ही नहीं मिलता। घर और बाहर की अनेक उलझनें रोक लेती हैं। मैं इस बार काशी जाकर 2 महीने सपरिवार रहने की सोच रहा हूँ। अभी भी सोच ही रहा हूँ क्योंकि आजकल के दिनों में 'सोचने' भर में ही आनंद है। सचमुच ही चल पड़ना काफी व्ययसाध्य है। पर जाना चाहता अवश्य हूँ। यदि वहाँ सचमुच गया तो फिर एक बार आपकी तरफ आने का भी संकल्प कर सकता हूँ। आपसे मिलने पर काम करने की नई प्रेरणा पा सकूँगा। इधर कुछ 'डल' होता जा रहा हूँ। पिछली बार गंगा जी की कृपा से 'अनिकेत' हो जाने के बाद कुछ चिन्तित हो गया हूँ। आपके साहचर्य से थोड़ी मस्ती आ जाएगी।

विनोद जी ने लिखा है कि आपने उनके बारे में कुछ पूछा है और उन्होंने लिख दिया है कि द्विवेदी जी जानते हैं। मैं पिछली बार काशी गया था तो उन्हें विशेष चिन्तित पाया।

यद्यपि 'जनवाणी' के लिये रुपया ग्राहक और लेख सभी वे ही जुटाते हैं पर कुछ लोग कभी-कभी उनसे लगने वाली बातें कह देते हैं। उन्हें आचार्य जी का स्नेह प्राप्त है और श्री जयप्रकाश बाबू का भी स्नेह प्राप्त है पर मुझे मालूम हुआ कि कुछ अन्य लोग उन्हें पसंद नहीं करते और इसीलिये उनका मन बैठ जाता है। मैंने विनोद जी से कहा कि वे ऐसी बातों पर ध्यान न दें और 'जनवाणी' की जैसी अब तक सेवा करते रहे हैं वैसी ही किए जायँ। वे कर भी रहे हैं, पर कुछ उदास से रहते हैं। मैंने देखा है कि विनोद जी अब काफ़ी अच्छा लिखने लगे हैं और जनवाणी को बहुत जीवंत पत्र बना रहे हैं पर उनका मन कुछ बिदक गया है।

विनोद जी कुछ दिन मेरे साथ रहकर दो-एक पुस्तक प्रकाशित करना चाहते हैं। इसके लिये उन्हें घर पर दो सौ रुपये की सहमति आवश्यक है। मैंने श्री बदरी प्रसाद जी वयाँवाला (कलकत्ते वाले) से कहा था, वे 6 महीने का खर्च दे देंगे। पर इस दिशा में आप उन्हें उचित सलाह दें। मेरा निश्चित यह है कि उन्हें 'जनवाणी' का काम छोड़ना नहीं चाहिए। आचार्य जी और जयप्रकाश बाबू का उन्हें स्नेह और विश्वास प्राप्त है तो और किसी की बात पर उन्हें ध्यान ही क्यों देना चाहिए।

विनोद जी मेरे पास रहकर पुस्तक लिखना चाहते हैं, यह ठीक ही है। पर मेरा विचार

यह है कि वे थोड़ी अंग्रेजी का पहले अभ्यास कर लें। जो लोग उनको लगने वाली बातें कहते है उनका बड़ा भारी अभिमान यही है कि वे अंग्रेजी के दस पांच शब्द रट चुके हैं। विनोद जी थोड़ा ही परिश्रम करें तो उन्हें उस भाषा पर अधिकार हो जाएगा और स्वयं मूल अंग्रेजी पुस्तकें देख कर अपना ज्ञान बढ़ा सकेंगे।

विनोद जी का मन बड़ा उदास है पर साथ ही बहुत अधिक भावुक भी है। इसलिये उन्हें इस बात को जरा सावधानी से बताने की ज़रूरत है। क्या ऐसा हो सकता है कि वे आपके साथ कुछ दिन रह कर इस ओर प्रयत्नशील हों?

हिंदी में भारतवर्ष के इतिहास और प्राचीन सभ्यता के बारे में जो कुछ भी निकला है उसे विनोद जी ने पढ़ा है, और इस विषय का उनका ज्ञान काफी विशाल है। उन्हें थोड़ा-सा जम कर मूल पुस्तकों को देख और समझ-लेना भर बाकी है।

शेष कुशल है। आशा है, आप स्वस्थ, सुस्थ और प्रसन्न हैं।

आपका

हजारी प्रसाद द्विवेदी

IV A-2084

संख्या- 81

काशी विश्वविद्यालय
दिनांक : 16.5.49

श्रद्धेय पंडित जी,

सादर प्रणाम!

कृपापत्र मिला है। मैं छुट्टियों में दो एक महीने के लिये यहाँ (काशी में) आ गया हूँ। बहुत-से मित्रों का आग्रह है कि मैं मालवीय जी महाराज का जीवन चरित्र लिखूँ। मैंने मन ही मन संकल्प भी कर लिया है, पर अभी तो ऐसा लगता है कि यह काम मेरे बूते का नहीं है। मैं एक योजना बना रहा हूँ, आपके पास सलाह और सुझाव के लिये भेजूँगा पर काम शुरू कर देने पर भी शीघ्र नहीं समाप्त होगा। मेरा विश्वास है कि कम-से-कम 3 साल तो लग ही जाएँगे। मुझे कोई जल्दी भी नहीं है।

पं. गोविंद मालवीय जी का इस कार्य में बहुत आग्रह है। उनसे दो एक बार मिलने का अवसर मिला है। नाना कार्यों में इधर बहुत व्यस्त थे, जम के कोई बात नहीं हुई। एक दिन बातों ही बात उन्होंने एक बड़ा अच्छा सुझाव दिया। कह रहे थे क्यों न हिंदी के सभी पत्र एक-दो कालम नियमित रूप मे पारिभाषिक शब्दों के लिये दें। एकाध कालम इन शब्दों की संक्षिप्त आलोचना पर रहे। मुझे यह बात बहुत सुंदर जंची। हिंदी पत्र-पत्रिकाएँ यदि पूर्व निर्धारित योजना के अनुसार कार्य करें तो बहुत उपयोगी कार्य कर सकती हैं। अभी तो सभी पत्रिकाएँ व्यर्थ ही बहुत सा मैटर छापती रहती हैं। निर्जीव साहित्य उत्पन्न हुआ ही तो क्या लाभ है? आप इस विषय पर कुछ लिखें तो अच्छा हो।

श्री संपूर्णानंद जी के लिये जो आप अभिनंदन ग्रंथ तैयार करा रहे हैं उसमें मेरा सहयोग निश्चित है। आपकी यह बात मुझे बहुत अच्छी लगी कि उसमें निर्जीव साहित्य एकदम न दिया जाय। मैं समझता हूँ सहज-प्रसन्न भाषा के गंभीर विचार देने का संकल्प लेकर ही कोई कार्य होना चाहिए। उपलक्ष्य चाहे कुछ भी हो।

विनोद जी बंबई से कल ही लौटे हैं। कहते थे बंबई में बीमार पड़ गए थे। आपके पत्र से उनको बड़ी सान्त्वना और साहस मिला है। पर 'जनवाणी' की आर्थिक अवस्था बहुत शोचनीय बता रहे थे। वे आपको पत्र लिखेंगे ही।

जर्मनी भाषा वाली चिट्ठी का अनुवाद यहीं करा लिया है। साथ में भेज रहा हूँ।

आपने लिखा है कि आकाशवृत्ति पर अब निर्भर करने की सोच रहे हैं। लेकिन आकाशवृत्ति ''वृत्ति'' की दृष्टि से बहुत उत्तम तो नहीं है। वैसे मेरा विश्वास है कि आप यदि जमकर कहीं बैठ जायँ और साहित्यिक संस्थाओं के लिये सांस्कृतिक कार्य की प्रेरणा

जुगावें तो निश्चित रूप से देश का कल्याण ही होगा। उस समय आकाशवृत्ति चरितार्थ होगी।

कहाँ बैठने को सोच रहे हैं? आगरा अच्छा केंद्र हो सकता है?

टीकमगढ़ जाने की सोच रहा हूँ। पर जब आप वहाँ से चलने ही वाले हैं तो नये आश्रम की ओर जाना ही ज्यादा पसंद करूँगा। इस समय तो वहाँ काफ़ी गर्मी होगी।

आशा है, सानंद हैं। हम लोग यहाँ सपरिवार सानंद हैं।

मेरा काशी का पता—

विनीत

C/o पं. रमानाथ द्विवेदी
7, मोहन लॉज,
पो.आ.—लंका
बनारस

हजारी प्रसाद द्विवेदी

IV A-2082

संख्या-82

शान्तिनिकेतन
दिनांक : 26.9.49

पूज्य पंडित जी,

सादर प्रणाम!

कृपापत्र मिला। आपको किसी ने गलत खबर दी है कि मैं हिंदी भवन छोड़ रहा हूँ। ऐसा करता तो आपसे एक बार पूछता अवश्य। काशी से निमंत्रण आया था, रुपये का प्रलोभन भी था और अपनी मातृ संस्था की गोद में पहुँचने का आकर्षण भी, पिताजी तथा अन्य गुरुजनों का आग्रह भी था। परन्तु इस प्रकार तो आपके आशीर्वाद से मैं विचलित नहीं हुआ। गुरुदेव की इस पुण्यभूमि का बंधन मजबूत साबित हुआ और मैं रह गया। इधर गंगा जी की बाढ़ से मेरा पूरा गाँव बह गया है, मैं बेघरबार का अनिकेत हो गया हूँ। आपके पास मैं अपना निर्णय नहीं लिख पा रहा था। एक बार आपने काशी के किसी अधिकारी को वहाँ के प्रोफेसर पद के लिये मेरा नाम सुझाया था और मैं समझ रहा था कि मेरे न जाने से कहीं आपको मानसिक क्लेश न हो। मुझे बड़ी प्रसन्नता हुई कि आप मुझे हिंदी भवन नहीं छोड़ने को ही लिख रहे हैं।

आशा है प्रसन्न हैं।

आपका

हजारी प्रसाद द्विवेदी

पुनश्च : मेरा घर बहुत छोटा ही था, पर वही एकमात्र स्थान था जिसे अपनी पैतृक सम्पत्ति कहा जा सकता था, अब तो वह भी नहीं है।

IV A-2085

संख्या-83

शान्तिनिकेतन
दिनांक : 26.9.49

पूज्य पंडित जी,

सादर प्रणाम!

कल ही लखनऊ से लौटा हूँ। मसूरी चला गया था। इसलिये देर हो गई। आपके पत्र और 50 रुपये मनीआर्डर मिल गए हैं। अपना लेख और विनोद जी का लेख भी जल्दी ही भेजूँगा।

लखनऊ के व्याख्यान अच्छे ही रहे। रामगोपाल जी बराबर मिलते रहे। बहुत प्रसन्न हैं।

दिव्य पुस्तक पर और कसक पर कुछ लिख कर भेजूँगा। अभी तो 15 दिन के अनेक कार्य जमा हैं उन्हें संभाल रहा हूँ। आपको विस्तृत रूप मे लिखूँगा।

शेष कुशल है।

आशा है प्रसन्न हैं।

आपका

हजारी प्रसाद द्विवेदी

पुनश्च : श्री दीनबंधु का जीवनचरित मेरे पास आ गया है। उसका आवरणपत्र अर्थात् जिस कागज में बांधकर भेजा गया था वह नहीं मिला। इसलिए समझ नहीं पा रहा हूँ कि पहुँच की सूचना किसे दूँ।

IV, A-2087

संख्या-84

दिनांक : 8.11.49

पूज्य पंडित जी,

सादर प्रणाम!

लगभग डेढ़ महीने से शय्याशायी हूँ। रिउमेटिक फिवर का आक्रमण था। अब अच्छा हो रहा हूँ। आज से तो डाक्टर ने अन्न खाने की भी अनुमति दे दी है। आशा है, आपके आशीर्वाद से, दो ढाई सप्ताह में उठने बैठने लगूँगा। और थोड़ा थोड़ा चलने फिरने भी लगूँगा।

निमंत्रित नहीं हों तो शान्ति सम्मेलन में न आवें। उन लोगों की प्राइवेट मीटिंगें होंगी। पब्लिक कुछ भी नहीं। हाँ, किसी खास व्यक्ति से मिलने की इच्छा हो तो उपयुक्त अवसर है।

एण्ड्रूज़ साहब की जीवनी खूब पढ़ी जा रही है। मेरी प्रति तो डेढ़ महीने से घूम ही रही है। पुस्तक बहुत अच्छी लिखी गई है। मलिक जी कह रहे थे कि कुछ महत्वपूर्ण बातें छूट गई हैं। और संग्रह करके अगले संस्करण में जोड़ा जा सकता है। पुस्तक की वे खूब तारीफ़ कर रहे थे।

स्व. शील जी वाला संस्मरण पढ़ा है। क्या कहूँ। लिखने को तो बहुत मन में आता है पर अभी दुर्बलता की अवस्था में अधिक नहीं लिखूँगा। आज छुट्टी लेता हूँ।

प्रणाम।

हजारी प्रसाद

IV A-2086

संख्या - 85

शान्तिनिकेतन
दिनांक : 21.11.49

पूज्य पंडित जी,

सादर प्रणाम!

दोनों कृपापत्र मिल गए हैं। विनोद जी यहाँ आ गए हैं। 21 नवंबर को आए हैं। काम शुरू कर दिया है।

मैं धीरे-धीरे स्वस्थ हो रहा हूँ। थोड़ा थोड़ा चलने फिरने लगा हूँ। आप टीकमगढ़ छोड़ रहे हैं और स्वतंत्र पत्रकार के रूप में रहने की सोच रहे हैं। यह बात थोड़ी चिन्ताजनक है। हमारे इस देश में स्वतंत्र और मनस्वी पत्रकारों का सम्मान अभी बहुत अधिक नहीं है।

आपने विषय सुझाने की लिखी है। विषयों की कमी नहीं पड़ेगी परन्तु आपके स्वास्थ्य, उम्र आदि को भी देखना पड़ेगा। विनोद जी के बारे में तो एक स्केच लिखने की आवश्यकता है। उनके विषय में कुछ सूचनाएँ इस पत्र के दूसरे पृष्ठ पर दे रहा हूँ। परन्तु मेरे विषय में अभी लिखने की आवश्यकता नहीं है। बदले में मैं दूसरा विषय सुझा सकता हूँ।

शेष कुशल है। आशा है, प्रसन्न हैं।

आपका

हजारी प्रसाद

IV/A-2088

संख्या-86

शान्तिनिकेतन
दिनांक : 17.1.50

पूज्य पंडित जी,

सादर प्रणाम!

नववर्ष (अवश्य ही, अंग्रेजी नववर्ष) के आरंभ में ही आपका संदेश वाक्य मिला। मैं उसका भाष्य लिखूँगा। वह मेरे मन के अनुकूल है। पर मैं क्या जानबूझ कर जुटा रहता हूँ। गुरुदेव का वह गान तो आपको याद होगा—भारेर बेगे से चलेछि बंधु ए बोझा आमार नामाओ—हे मित्र मैं बोझ के वेग से ही चल रहा हूँ। मेरा यह बोझा उतार दो। सो, यह बोझ (भार) बन बैठा है। इसमें कोई रस नहीं है, कोई तत्व नहीं है। जो बोझ सहज हो वही ठीक है, जो सहज नहीं वही भार है।

इधर बहुत दिनों से अनुभव कर रहा हूँ कि मौज में कोई लेख नहीं लिख रहा हूँ। केवल तगादों को पूरा करता चला जा रहा हूँ। कुछ भी ऐसा नहीं लिख रहा हूँ जिससे स्वयं अपनी आत्मा प्रसन्न हो और यह तो हो ही नहीं सकता कि आत्मा प्रसन्न न हो। और कोई काम लायक चीज़ हो जाय। लेकिन इस चक्र से निकलने का भी कोई उपाय नहीं है।

आशा है आप स्वस्थ व प्रसन्न हैं। मैं अब स्वस्थ हूँ।

आपका

हजारी प्रसाद द्विवेदी

पुनश्च : सायंकाल तो भ्रमण करने लगा हूँ पर सुबह सर्दी से बचने के अभिप्राय से अभी नहीं निकल पाता।

आचार्य क्षितिमोहन सेन जी का लेख कल तक जा सकेगा। देर हो गई वह मेरी अस्वस्थता के कारण। बहुत से काम पड़े हुए हैं। सबसे अधिक आवश्यक था विद्यार्थियों का काम। वह अब ठिकाने लग आया है।

IV A-2089

संख्या - 87

शान्तिनिकेतन
13.2.50

श्रद्धेय पंडित जी,

सादर प्रणाम!

आपने बंगाल की कला के विषय में जो एक लेख का उद्धरण भेजा था उसे मैंने श्री नंदलाल बाबू को दिया था। वे उस पर कुछ लिखना चाहते थे। उन्हें लगा था कि लेखक ने बिना समझे बूझे व्यर्थ का लिख मारा है। पर वह काग़ज़ मिल नहीं रहा है। यदि आपको जल्दी हो तो इसी आशय का नोट दे दें और थोड़ा रुकना संभव हो तो एक प्रति फिर भिजवा दें। नंदबाबू के नोट से उसका मूल्य बढ़ जाएगा।

शेष कुशल है।

आशा है, प्रसन्न हैं।

आपका

हजारी प्रसाद द्विवेदी

IV/A-2138

संख्या- 88

श्रद्धास्पदेषु,

प्रणाम!

कृपापत्र मिला। निराला जी के लेख का 'कटिंग' भेज रहा हूँ। पूरा भेजने की क्या आवश्यकता है? आशा है इतने से ही काम चल जायगा।

करीब एक पक्ष से मेरे मन में एक विचार उठा है। लालताशंकर जी ने कहा था कि आप आने वाले हैं, इसीलिये सोचा था आपसे एक बार पूछकर लिखेंगे मगर आपके आने में देर है। आज आपको उस का सारमर्म विचारार्थ भेज रहे हैं। आप चाहें और पसन्द हो तो इसी अंक में इस बात की ओर लोगों का ध्यान आकर्षित करें। नहीं तो मैं ही विस्तार रूप में लिखूँ। यह पहले ही कह देता हूँ कि दुलारे दोहावली से इसका सीधा संबंध नहीं है यद्यपि वह भी इस विचार का लक्ष्य बन जाती है।

बात है सम्मति और समालोचना का प्रभेद। अगर कोई आदमी किसी भले आदमी को कोई चीज़ भेंट दे—वह पुस्तक हो या कपड़ा या कोई चीज़—तो शिष्टाचार के नाते उस भले आदमी का कर्त्तव्य होता है कि उस चीज़ की तारीफ़ करे। अगर कोई आदमी किसी चौबे जी को भोजन कराये तो चौबे जी का तो यही कर्त्तव्य होना चाहिये कि उस भोज्य-सामग्री की प्रशंसा करें और भोजन कराने वाले को दूध पूत के आशीर्वाद से लाद दें। हम इसको "सम्मति" कहेंगे। यह बिल्कुल व्यक्तिगत चीज़ है, इसको छापकर जनता के सामने रखना शिष्टाचार का अपमान करना है। बुद्धदेव ने अन्तिम जीवन में भिक्षा में मिले हुए सूअर के मांस को भी आदर से ग्रहण किया था। मगर अगर भीख देनेवाला इस घटना से सूअर मांस की बिक्री बढ़ाता तो वह निश्चय ही निन्दा का पात्र होता। दूसरों को प्रसन्न करने के लिये, मनोरंजन के लिये असत्य भाषण दोष नहीं है क्योंकि उसमें समाज का अकल्याण नहीं होता। महाभारत में शर्मि... कहा है—

न नर्मयुक्तं वचनं हिनस्ति
न स्त्रीषु राजन्न विवाहकाले।
प्राणात्यये सर्वधनापहारे
पञ्चानृतान्याहुरपातकानि।।

अर्थात—किसी को प्रसन्न करने के लिये कही हुई बात, स्त्रियों के साथ वार्तालाप, विवाह काल में कहे हुए मनोरंजन के वचन, प्राण-संकट के समय की बात, और जब कि सारा धन लुटा जा रहा हो उस समय कही हुई बातें—इन पाँचों में बोले हुए झूठ में पाप नहीं होता।

महाभारत के श्लोक का तात्पर्य यह है कि ऐसे समय पर जो झूठ बोले जाते हैं, उनका संबंध व्यक्ति विशेष से होता है, उनसे या तो लाभ होता है, या कम से कम समाज का कोई

नुकसान नहीं होता, इसीलिये इनमें पाप भी नहीं होता। सम्मति देते समय शिष्टाचारवश आदमी अपने मन की बात छिपा लेता है। उतना ही करता है जितना सुनने वाले को अच्छी लगे। कभी कभी तो संसार के बड़े मस्तिष्कों को भी सम्मति देते समय धर्म संकट में पड़ते मैंने स्वयं देखा है।

किन्तु समालोचना अलग चीज़ है। वह पब्लिक को वस्तु के गुण दोष से परिचित कराने के लिये लिखी जाती है। उसका संबंध जनसाधारण से है। वह अगर अनुचित हुई, झूठ हुई तो उससे समाज का अकल्याण हो सकता है। जो लोग सम्मति को जन-साधारण के सामने विज्ञापन के लिये उपस्थित करते हैं वे सामाजिक अपराध करते हैं, शिष्टाचार को खतरे में डालते हैं।

यही हमारा वक्तव्य है। शान्तिनिकेतन के हमारे मित्रों ने इस विचार पर आपत्ति की है। लालताशंकर जी का कहना है कि सम्मति लिखने वाला अगर जानता हो कि उसकी सम्मति छापी जायगी तो उसका कर्तव्य हो जाता है कि वह शिष्टाचार की परवा न करके जो कुछ कहना हो साफ़ कहे। हम कहते हैं कि दोष तो उसका है जो सम्मति को—जो एकदम व्यक्तिगत चीज़ है—जनसाधारण के सामने रखता है। शिष्टाचार को न त्यागने वाला आदमी दोषी नहीं है, शिष्टाचार का दुरुपयोग करने वाला आदमी दोषी है।

आप जैसा समझें। अगर आप हमारे विचार से सहमत हों तो संपादकीय में इसकी चर्चा कीजिये। आपकी कलम से यह बात अधिक ज़ोरदार और कन्विंसिंग होगी।

श्री दामोदरजी, वर्माजी, जैन जी और अयोध्या प्रसाद जी को मेरा प्रणाम कहिये।

मौलाना साहब ने लेख भेज दिया था, मिला होगा। सेकसरिया जी ने 500 रु. भेज दिये। उन्होंने उसे जहाँ कहीं भी खर्च कर देने के लिये लिखा है। शायद अब तक खर्च हो भी गया हो! वह मामला क्या ठंडा पड़ गया?

शेष कुशल।

आपका

हजारी प्रसाद द्विवेदी

IV/A-2139

संख्या-89

पूज्य पंडित जी,

प्रणाम!

मैं अपना मन्तव्य भेज रहा हूँ। चावड़ा जी दो एक दिन के बाद भेजेंगे। बद्री प्रसाद जी ने सुदर्शन जी के लिये 15 रु. भेजने को लिखा है। बा. मैथिलीशरण जी ने आ सकने में असमर्थता बताई है। 15 रु. मिलने पर आपको भेज दूँगा। मैंने जो कुछ लिखा है उसे सुधार लीजियेगा। हमारे 'वर्तमान हिंदी कविता' वाले लेख के लिये दो एक और पत्र मिले हैं। पत्र लेखक मतभेद होते हुए भी लेख को पसन्द कर रहे हैं। पं. दुर्गा प्रसाद जी का प्रणाम! वे भी कहानी वाले लेख के संबंध में एक कालम लिखेंगे।

चन्द्रगुप्त जी के भाषण का कम से कम एक प्रभाव पड़ा है। मैं कहानी साहित्य का प्रेमी हो गया हूँ। मैंने इस बीच इस विषय की समालोचनायें पढ़ी हैं। पर अंग्रेज़ी समालोचनाओं के समझने के लिये उस भाषा के प्रसिद्ध उपन्यासों और कहानियों का पढ़ रखना ज़रूरी है। मैंने ऐसा नहीं किया है। मैं किन्तु पढ़ूँगा। साल दो साल के बाद कुछ लिख सकूँगा।

वर्मा जी को प्रणाम। उनके भाई साहब की क्या हालत है? धन्यकुमारजी को मेरा प्रणाम कहिए।

सोम जी कलकत्ते में आपसे मिलेंगे। उन्हें मेरे लिये 2 रु. दे दीजियेगा। मैं आपको भेज दूँगा।

आपका

हजारी प्रसाद

IV A-2140

संख्या-90

शान्तिनिकेतन

मान्यवर,

प्रणाम!

कृपापत्र मिला। आपने जो कुछ करने को कहा है, वह सब हो गया है। कुछ कुछ बाकी है। आज हो जायगा। आपकी सूची में बिहार का एक भी साहित्यिक नहीं था। मैंने राहुलजी, देवव्रत शास्त्री, शिवपूजन सहायजी और बेनीपुरी को लिख दिया है। एक पूरे प्रान्त को भूलना अच्छा न होता। कुछ गलती तो नहीं हुई न? प्रेमचंद्रजी को पत्र लिख दिया है। उनकी स्तुति में एक दो श्लोक लिखे हैं–

भञ्जन्मोहमहान्धकार वसति सद्वृत्तमुच्चैर्भजन्
वैदग्ध्यं प्रथयन् सुसज्जन मनो वारां निधिं ह्लादयन्
ध्वान्तोदभ्रान्तजनान् दिशन् ननु दिशं ध्वान्त प्रियान्क्षोभयन्
चन्द्रःकोऽपि च कास्त्यसावभिनवः श्री प्रेमचन्द्रः सुधीः।

प्रेमचन्द्रश्च चन्द्रश्च न कदापि समावुभौ
एकः पूर्णकलो नित्यमपरस्तु यदा कदा।

उपाध्याय जी को पत्र लिखते समय 'भक्त' जी के बारे में जो कुछ लिखा था, प्रेम की भाषा में ही लिखा था, अपना समझकर। उससे उन्हें बुरा नहीं मानना चाहिये। बुरा मान जाँय तो मेरा दुर्भाग्य!

वि.भा. मिला वर्माजी का तिलिस्म बड़ा सुन्दर उतरा है। सरस्वती जी का उत्तर भी अच्छा है। उन्होंने कमलिनी की पोल खोल कर अच्छा ही किया था। उसकी सम्पादिका सचमुच बेढब हैं। बाकी वि.भा. अभी नहीं पढ़ा है।

हिन्दी साहित्य बंगला संस्कृति से ब्याह करने आ रहा है। बारात न्योत दी गई है, मगर उसकी आव-भगत का क्या बंदोबस्त होगा? जान पड़ता है, 30 रु. के ऊपर खर्च होगा। हिन्दी समाज का दिवाला बोल जाएगा। इसलिये आप किसी धनी मानी से इस कन्यादान के शुभकर्म में दान दिलवाइये। और कुछ न हो तो अपने साथ कुछ रुपये बतौर ऋण के लेते आइयेगा। 'विशाल भारत' के मेरे प्राप्य में से काट लीजियेगा। और सब कुशल है। अगर मेरे प्राप्त रुपयों में से व्यवस्था हो सके तो किसी से न माँगना ही अच्छा है। सियारामशरण जी के संबंध में लिखूँगा। अभी ज्योतिष संबंधी एक व्याख्यान लिखने में लगा हूँ। दो एक दिन में इसे समाप्त करके उस कार्य में हाथ दूँगा।

निमंत्रण पत्र प्रायः पचास के करीब लिखे गये हैं। इनमें हमारे प्राक्तन छात्र या

ex-student भी शामिल हैं। आशा करता हूँ 20 आदमी तो हो ही जायंगे।

आपका

हजारी प्रसाद द्विवेदी

पुनश्च : वर्मा जी और धन्यकुमार जी को मेरा प्रणाम। उन लोगों को बारात में निमंत्रित करने की बात चल रही है। मगर सवाल यह है कि वे लोग किस पक्ष से आएँगे? लड़की वाले की ओर से या लड़के वाले की ओर से? विवाह के घटक तो आप ही हैं। इन लोगों को चाहे जिस पक्ष से निमंत्रण दे दें। अपने यहाँ के पांडे जी को भी निमंत्रित कर दीजिये। बैजनाथ सिंह जी को भी।

IV A-2142

संख्या- 91

पूज्य चतुर्वेदी जी,

प्रणाम!

कृपापत्र मिला था। आपका शरीर अब कैसा है? आशा करता हूँ कि आप ज्वरमुक्त हो गये होंगे। 'विशाल भारत' के लिये बौद्ध धर्म संबंधी लेख मैंने भेज दिया था। आपने देखा होगा इस बार की टिप्पणियों में साहित्यिक महत्व की कोई टिप्पणी नहीं मिली। लोग वि.भा. में आधुनिक साहित्य संबंधी चर्चा भी चाहते हैं। आपको इसलिये लिख रहा हूँ कि कई आदमियों ने मुझसे कहा है।

मल्लिक जी ने आप को प्रणाम कहा है। बड़ो दादा के बारे में उन्होंने और क्षिति बाबू ने भी लिखने को कहा है। शेष कुशल है।

विनीत

हजारी प्रसाद

IV/A-2144

संख्या - 92

सम्पादक–
हजारी प्रसाद द्विवेदी
शान्तिनिकेतन
बोलपुर E.I. Ry.

अभिनव भारती ग्रन्थमाला

श्रद्धास्पदेषु,

सादर प्रणाम के अनन्तर। समाचार अच्छा है। **पिछली बार जब से गांधी जी यहाँ आये थे तभी से आपकी पुस्तक 'भारत भक्त एण्ड्रूज़' की यहाँ बड़ी धूम है।** अब गुरुवर एण्ड्रूज़ के स्वर्गबासी हो जाने पर उसकी पूछ और भी अधिक होने लगी। हमारे मित्र श्री पं. निनाई विनोद गोस्वामी (गोसाई जी) उसका बंगला अनुवाद करना चाहते हैं। शायद विश्वभारती ही प्रकाशित करेगी। आपसे अनुमति चाहते हैं। उस पुस्तक का दूसरा संस्करण यहाँ नहीं है। कल ही शास्त्री जी ने उस पुस्तक में छपे हुए अपने श्लोकों को माँगा था। आज तीन और पत्र मुझे मिले हैं। एक मासिक विश्वमित्र से जो संस्मरण चाहते हैं, एक दूसरा जो आपको भेज रहा हूँ, ये उनके विषय में information माँगते हैं। एक तीसरे प्रकाशक भी उनका जीवन चरित्र छापना चाहते हैं। श्री जगपति चतुर्वेदी को आप उचित उत्तर दे दें तो अनुगृहीत हूँगा। मुझे एण्ड्रयूज़ साहब के जीवन विषय में उतना ही मालूम है जितना आपकी पुस्तक में है। आप यदि एक लेख ऐसा लिखें जिसमें उनके विषय में जानकारी प्राप्त करने के साधनों का उल्लेख हो तो बहुत अच्छा हो। उनकी कुछ ज़रूरी चिट्ठियाँ तो यथाशीघ्र ज़रूर छापें।

गोसाई जी को अनुमति देने की भी कृपा करें।

महात्मा गांधी ने भी आपकी पुस्तक माँग कर पढ़ी थी। उन्होंने उसकी सबसे प्रशंसा भी की थी।

श्री एण्ड्रयूज़ साहब के स्वर्गवास से आपको जो सदमा पहुँचा है, वह मैं आसानी से समझ सकता हूँ। इतना सरल, सहृदय और महान् पुरुष का दर्शन भी दुर्लभ होता है, हम लोग कितने भाग्यवान थे कि उनके निकट रहने का मौका मिला था। मुझे ऐसा एक भी अवसर नहीं याद आता जब मैं उनके पास गया होऊँ और वे हँसते हुए छाती से न लगा लिये हों। प्रतिवार एक नई प्रेरणा मिलती थी। किन्तु हाय, अब वह सौभाग्य नहीं रहा। मैं समझता हूँ, पं. श्रीराम शर्मा का पुण्य फल बहुत जबर्दस्त होगा जो उन्हें उनकी अन्तिम रुग्णावस्था में सेवा करने का अवसर पा सके।

आशा है, आप सानंद हैं।

आपका

हजारी प्रसाद

IV A-2145

संख्या- 93

हिन्दी विभाग
काशी हिंदू विश्वविद्यालय

श्रद्धेय पंडित जी,

सादर प्रणाम!

आपका कृपापत्र मिल गया था। यह जानकर बड़ी चिन्ता हुई है कि आपको भी साइटिका का आक्रमण सहना पड़ रहा है। यह बड़ा कष्टदायक रोग है। इसकी एकमात्र दवा पौष्टिक और सहज पाच्य आहार है। आप वहाँ जो दवा करा रहे हैं उससे कितना लाभ है? मैंने एक तेल का मालिश कराया था उससे काफ़ी फायदा हुआ था। वह आपके पास भेज रहा हूँ। मैं समझता हूँ कि ऊपर मालिश कराने से किसी डाक्टर को कोई आपत्ति नहीं होगी। जिस वैद्य ने यह तेल बताया है वे इसका बहुत लाभ बताते हैं।

मैं यहाँ प्रसन्न ही हूँ। शारीरिक स्वास्थ्य पहले से अच्छा है। रह रहकर शान्तिनिकेतन की याद अवश्य सताती है। मैं अब भी वहाँ से छुट्टी पर हूँ। पर यहाँ एक बड़ा लाभ यह है कि विद्यार्थी प्रचुर मिल रहे हैं और साहित्य में कुछ नवीन चिन्ता प्रवेश कराने का अवसर मिल जाता है। लेकिन यह न समझिए कि मैं यह समझने लगा हूँ कि मेरे करते कुछ हो जाएगा। मैं सदा की भांति आज भी अपने को निमित्त ही समझता हूँ। मुझे ऐसा लगने लगा है कि भगवान् कुछ करा लेंगे।

इसके पहले आपको जो पत्र लिखा था वह मन की सबसे ग्लानि अवस्था में लिख गया था। जब मानसिक स्थिति उतार पर रहती है तो आपकी याद बहुत आती है। इससे मुझे बल मिलता है। शायद आपको यह बात अजीब सी लगे। परन्तु यही सत्य है। जब प्रसन्न रहता हूँ तो आपकी याद कम आती है। जहाँ ज़रा मन का बैलेंस गड़बड़ाया कि आपकी याद आ जाती है। आप अज्ञात भाव से मुझे सम्हालते रहते हैं।

''साहित्य संदेश'' में पढ़ा कि आप टीकमगढ़ छोड़ रहे हैं। कुछ दिन तक इसी असमंजस में रहा कि आपको किस पते पर पत्र लिखूँ। फ़िलहाल टीकमगढ़ के पते से ही लिखना ठीक समझा है। मुझे कभी कभी लगता है कि मैं आपकी कुछ भी सेवा नहीं कर पा रहा हूँ। यह भी नहीं समझ में आता कि आपकी सेवा कैसे करूँ। मुझे आप बराबर कुछ कुछ आदेश देते रहें।

साइटिका का क्या हाल है लिखिएगा। यह दो-तीन मास तक कष्ट देता है। फिर स्वयं ठीक हो जाता है। आप घबराएँ नहीं। जो तेल भेज रहा हूँ उसे धीरे धीरे मालिश कराइएगा। ज़ोर से रगड़ने से नसें और भी मुरझा जाती हैं। पू. क्षिति मोहन बाबू के जामाता लखनऊ में प्रोफ़ेसर हैं। एक बार उन्हें भी यह रोग हुआ और किसी ने ज़ोर ज़ोर से मालिश

कर दिया। फल यह हुआ कि उनका रोग घटने के बजाय बढ़ गया। इसीलिये मालिश खूब आहिस्ते आहिस्ते होनी चाहिए। पत्र देकर कुशल समाचार दें। यहाँ हम लोग प्रसन्न हैं।

आपका

हजारी प्रसाद

IV, A-2090

संख्या-94

शान्तिनिकेतन
दिनांक : 30.3.50

श्रद्धेय पंडित जी,

सादर प्रणाम!

कृपापत्र देर से मिला है। मैं बाहर गया था। कोई 15-16 दिन बाद लौटा तो आपका पत्र आया था। बड़े दादा के बारे में कुछ सामग्री बंगला विश्वभारती पत्रिका में निकली है। भिजवा रहा हूँ। प्रभातबाबू वाली जीवनी भी अगर यहीं मिल गई तो भिजवा दूँगा। नहीं तो कलकत्ते से मंगवाकर। अट्ठारह लेख प्रतिमास तो कुछ बहुत अधिक का व्रत है। मैं कुछ कतरनें और कुछ स्फूर्तिदायक संस्कृत सुभाषित संग्रह करके भेज दूँगा। पाँच लेखों की सामग्री तो भेजनी ही चाहिए।

आशा है प्रसन्न हैं।

आपका

हजारी प्रसाद द्विवेदी

IV A-2091

संख्या - 95

काशी विश्वविद्यालय
25.7.50

श्रद्धेय पंडित जी,

सादर प्रणाम!

आपका कृपापत्र मिल गया है। मैं लगभग एक सप्ताह से यहाँ आ गया हूँ। काम-काज करने लगा हूँ। आपको पत्र लिखने का साहस नहीं कर रहा था। शान्तिनिकेतन को छोड़ना अपराध-सा लग रहा है। वहाँ मुझे इतना प्यार मिला था कि क्या बताऊँ। फिर भी मैं यहाँ चला आया। यहाँ का वातावरण एकदम भिन्न है। मैं फिर आपको विस्तारपूर्वक लिखूँगा। अभी आपसे विशेष भाव से निवेदन है कि मालवीय जी की जीवनी के विषय में एक मोटी सी रूपरेखा तैयार कर दें। मेरे इधर खिंचने का एक बड़ा कारण उस जीवनी का लिखना भी है। सामग्री नहीं के बराबर है। आपके भिजवाए पत्र मुझे मिल गए हैं। पं. गोविन्द मालवीय जी अस्वस्थ हैं। फिर भी काम करते रहते हैं। आप जब उन्हें पत्र लिखें तो लिख दें कि वे कुछ विश्राम अवश्य कर लें। आपका लेख और विस्तृत पत्र शीघ्र ही भेजूँगा।

परिवार के लोग भी कल यहाँ आ गए हैं। चाय पीने अवश्य पधारें। दार्जिलिंग से एक बहन ने बड़ी सुन्दर चाय भेजी है। उसका आस्वाद तो आपको अवश्य कर लेना चाहिए।

हजारी प्रसाद

IV A-2092

संख्या - 96

काशी विश्वविद्यालय
29.11.50

परम श्रद्धेय पंडित जी,

सादर प्रणाम!

18.11.50 का संस्कृत कवित्व वाला पत्र मिला है। रोज़ ही आपको पत्र लिखने की सोचता हूँ पर कुछ-न-कुछ बाधा आ जाती है। शरीर तो मेरा पहले से अच्छा है। इस बात से आपको मैं 'विगतौत्कण्ठ्य' बना सकता हूँ। पर मन मेरा अभी तक शान्तिनिकेतन में ही उलझा हुआ है। यहाँ के कार्यव्यस्त जीवन में 'भारेर बेगे से चलेछि', अभी तक जीवन के स्वाभाविक आनंद से चलने-योग्य शक्ति नहीं पा सका हूँ। साहित्यिक कार्य एकदम नहीं कर रहा हूँ। विद्यार्थी अवश्य बहुत मिल रहे हैं और बड़े प्रेम से भी मिल रहे हैं, परन्तु नाना कारणों से मैं यथाबुद्धि उनका पालन नहीं कर पाता। अब धीरे-धीरे थोड़ा मानसिक स्वास्थ्य लौट रहा है परन्तु सारे जीवन के, स्वच्छंद-जीवन के संस्कार मुंहजोड़ घोड़े की तरह नियमबद्धता और पदमर्यादा बोध की लगाम मानना नहीं चाहते। गुरुदेव और गुरुवर (श्री दीनबंधु एण्ड्रज़) को न पा सकने की ग्लानि नित्य मन को बेचैन कर डालती है। महान् बनने के लिये जिस तप और संयम की आवश्यकता है उसका नित्य अभाव अनुभव करता हूँ।

मेरे विभाग में जो पुराने अध्यापक हैं उनके चित्त में मेरे आने से बड़ा क्षोभ है। पहले मुझे बताया गया था कि वे लोग मेरे आने से संतुष्ट होंगे, पर वे हुए नहीं। नित्य उनका विरोध और विक्षोभ स्पष्ट हो उठता है। मैं भरसक सबका सम्मान करना चाहता हूँ। परन्तु उन लोगों के मन में संदेह है और मेरे प्रयत्न केवल व्यर्थ ही नहीं जाते उल्टा फल भी देते हैं। इसी से मेरे चित्त की ग्लानि बढ़ जाती है। यही मुख्य समस्या है। मेरे मित्र कहते हैं कि यह सब तो होता ही रहता है। संघर्ष ही जीवन है। पर मैं सोचता हूँ, संघर्ष किस वास्ते? कोई बड़ी सिद्धि मिलती हो तो संघर्ष अच्छा है पर जहाँ कोई बड़ी सिद्धि नहीं है, वहाँ यह संघर्ष क्रमशः पतन की ओर ही खींचता है। बहुत दिन बाद अपने मन की व्यथा आपको बता रहा हूँ। विभाग के बाहर लोग सन्तुष्ट ही दिखते हैं। पर ऐसा लगता है कि एक दल सन्तुष्ट होने पर भी कुछ लोग तो इसे दलगत भाव ही समझते हैं। खैर, मेरा तो बराबर यही विश्वास रहा है कि मेरे करते कुछ नहीं होता। सब कुछ कराने वाला पर्दे के भीतर है जो अभी समझ में नहीं आ रहा है कि आगे मेरे लिये क्या विधान है। अराजकवादी तो मैं गुरु से किसी अंश में कम नहीं हूँ पर एक अन्तर अवश्य है, मेरी सब कल्पनाओं के पीछे कोई ऐसा राजा है। जीवन राजापन, आत्मगोपन, आत्मत्याग और आत्मविलयन में ही प्रकट होता है। यथापि

स्नेह पापशंकी होता है तथापि स्नेह बल भी देता है। मैं वह बल पाता रहता हूँ। कभी कभी परिवार पालन की चिन्ता होती अवश्य है, परन्तु आप विश्वास रखें, अवसर आने पर ये बातें मुझे बाँध नहीं सकेंगी। आपके स्नेह की लाज तो बराबर बचा रखना है।

पापमाशङ्कते स्नेहं इति सत्यमकवेर्वचः।
उत्तरं वचनं वेतत् स्नेहं एवाभिरक्षति।।

आपका

हजारी प्रसाद द्विवेदी

IV A-2093

संख्या-97

काशी हिंदू विश्वविद्यालय
7.2.51

श्रद्धेय पंडित जी,

सादर प्रणाम!

आपका कृपापत्र मिल गया था। यह जानकर कि अब आप रोगमुक्त हो गए हैं, प्रसन्नता हुई। यहाँ भोजपुरी विद्यार्थियों की एक सभा है। उसका वे लोग 17, 18 फरवरी को कुछ उत्सव करना चाहते हैं मुझसे कह रहे हैं कि आपको उसके उद्घाटन के लिये निमंत्रित करूँ। आपने जनपद आंदोलन का शंख फूँक कर उन बोलियों के प्रेमियों के हृदय में नई आशा जगाई है। इस नाते आपका नेतृत्व इन्हें मिलना ही चाहिए। इसमें काशी विश्वनाथ का दर्शन 'अधिकन्तु' है। आप अवश्य पधारें। मैं विश्वविद्यालय में ही रहता हूँ। आपकी सूचना मिलने से स्टेशन पर आ जाऊँगा। मार्ग व्यय आपकी अनुमति मिलने से भिजवा दूँगा। इसे ग्रहण करने में आप कोई संकोच न करें।

आशा करता हूँ आपको कोई असुविधा नहीं होगी। आप चाहें तो तिथि बदल भी दी जा सकती है। मेरा छोटा भाई रमानाथ जिसने बाल्यकाल में 'विशाल भारत' के कवर पर ग्राहक संख्या कई लाख लिख कर एक बार आपको चौंका दिया था अब यहाँ के अस्पताल में चिकित्सक है और आयुर्वैदिक कालेज में प्रोफेसर है। सो दवादारू की भी व्यवस्था होगी। अवश्य आइए।

आशा है, सानंद हैं।

आपका

हजारी प्रसाद द्विवेदी

IV/A-2094

संख्या-98

हजारी प्रसाद द्विवेदी

काशी हिन्दू विश्वविद्यालय
काशी
21.8.51

श्रद्धेय पंडित जी,

प्रातः प्रणाम स्वीकृत हो!

कई दिनों से सोच रहा हूँ कि आपको एक पत्र लिखूँ लेकिन और प्रपंचों में पड़ जाता हूँ—वही शुष्क एकेडेमिक बातें—और मन की बात मन में ही रह जाती है। आपके लेख तो प्रायः ही पढ़ता रहता हूँ। आज एक विचित्र ढंग से आपका लेख पढ़ गया। ब्रजभारती की प्रति कल संध्या को आई थी। सुबह उसे यों ही उलट रहा था—एक पृष्ठ खुल गया। एक लेख पढ़ने लगा। बड़ा जीवंत मालूम हुआ। मन ही मन सोचा, यह कोई चतुर्वेदी जी का समानधर्मा लेखक है। फिर उत्सुकता बढ़ी, पीछे उलट कर नाम देखा तो आपका ही लेख है। पढ़ गया—एक साँस में पी गया। ''रीडर बाजी का अभिशाप'' उसका एक शब्द है। मैं इस अभिशाप के कुफल को प्रत्यक्ष देख रहा हूँ—जिसे बंगला में ''हाड़े हाड़े अनुभव करना'' कहते हैं। विश्वविद्यालयों को आपने शुष्क विद्या चर्चा का क्षेत्र कहा है। हमारे विश्वविद्यालय वस्तुतः उतने शुष्क हैं नहीं जितने ऊपर-ऊपर से दिखाई देते हैं—तीन बातें इन उद्यानों को ऊसर उजाड़ रेगिस्तान बना रही हैं। सर्वप्रथम तो गुरु-शिष्य संबंध नैतिक मानों द्वारा नहीं बल्कि परिभाषित कानूनों द्वारा नियंत्रित हो रहा है। गुरुओं के श्रेणी भेद हैं। कोई ऊंचा, कोई नीचा। एक-एक स्वर कानून द्वारा निर्धारित है। सब स्वरों का मूल आधार वेतन है। गुरु के अधिकार कानूनन तै हैं। शिष्य के, कौंसिल के, सिनेट में सबके अधिकार कानून द्वारा सुपरिभाषित हैं। इनसे संघर्ष और रागद्वेष बढ़ता है। राजनीतिक गुट बनते हैं और इस प्रकार अध्यापक का अध्यापन और सौम्य जीवन आहत होता रहता है। दूसरी बात है, नोटबुक और एग्जामिनरशिप की प्रतिद्वंदिता। अनेक नैतिक ह्रासों और चित्तगत कमियों के मूल में ये बातें हैं। तीसरी बात है शासन यंत्र का शास्त्रचिंतन यंत्र पर प्रभुत्व। यंत्र दोनों ही हैं, पर शास्त्रचिंतन यंत्र फिर भी विद्यायतन का मुख्य और पवित्र यंत्र है। मैं समझता हूँ इसके मूल में केन्द्रीकरण की प्रवृत्ति है। बड़े-बड़े विद्यायतन होंगे तो अनेक विभाग होंगे, अनेक पदाधिकारी होंगे, उनके अंतर्वैभागिक संबंध होंगे, अंतर्वैयक्तिक संबंध होंगे और उलझनें बढ़ती जाती हैं। ज्यों-ज्यों उलझनें बढ़ती हैं त्यों शासन यंत्र अधिकाधिक आवश्यक होता जाता है और शास्त्रचिंतन करने वाला यंत्र नियंत्रित होता जाता है। इन्हीं बातों से विद्यायतन का वातावरण बिगड़ रहा है। नहीं तो इन विश्वविद्यालयों में संभावना की कमी नहीं है। खैर, यह तो प्रसंगगत बात है।

मुझे आपके लेख के एक स्थल पर 56 नंबर की प्रशंसा देखकर बड़ा आनंद आया। इसमें तो कोई संदेह ही नहीं कि ब्रज संस्कृति के सर्वोत्तम निदर्शन आप ही हैं। संस्कृति का प्रयोग आजकल बहुत होता है, परंतु कोई नहीं समझता कि संस्कृति को लेक्चर देकर नहीं समझाया जा सकता, केवल 'सुसंस्कृत' आदमियों को दिखाकर ही उसे बताया जा सकता है। मैं ब्रज की बात सोचता हूँ तो सबसे पहले आप याद आते हैं लेकिन यह कहना कहाँ तक उचित है कि सारी ब्रज संस्कृति 'गो संस्कृति' है। कलकत्ते का 56 नंबर वाला जीव क्या इतना व्यापक है! क्या आदरणीय पं. श्रीराम शर्मा मानेंगे कि ब्रज संस्कृति 'गो संस्कृति' है! पुराने पंडित लक्षराम के उदाहरण के लिए 'गौर्वाहीका' कहा करते थे और अब?

आपका यह लेख बहुत ही स्फूर्तिदायक है। सभी जनपदों के लिए भी इसमें उपयोगी सुझाव हैं। परीक्षाओं से क्या फायदा होगा यह तो हम नहीं कह सकते लेकिन ब्रज के लोकगीतों, लोक कथानकों आदि का अध्ययन बहुत आवश्यक है। मैंने श्री सत्येन्द्र जी की पुस्तक 'ब्रज लोक संस्कृति' पढ़ी है, बहुत अच्छी लगी है। इसमें कुछ बातें ऐसी मिल गईं जो हमारी कठिन ऐतिहासिक समस्याओं की कुंजी देती हैं। इस प्रकार की और भी पुस्तकें निकलनी चाहिए।

मैंने सुना है कि आप इधर बहुत अस्वस्थ रहने लगे हैं। कभी काशी आकर दस-पंद्रह दिन बिताइए। थोड़ा परिवर्तन भी होगा और एक बार मस्ती से फिर कुछ चर्चा होगी। एक हिंदी भवन यहाँ भी बनवा दीजिए। बहुत दिनों से आपके दर्शनों की इच्छा है। यदि आप छुट्टियों में (अक्तूबर में) टीकमगढ़ रहते हों तो लिखें। यदि इधर आना संभव हो तो सूचना दें। आशा करता हूँ इस समय स्वस्थ और प्रसन्न हैं।

आपका

हजारी प्रसाद द्विवेदी

IV A-2096

संख्या - 99

काशी हिंदू विश्वविद्यालय
26.11.51

श्रद्धेय पंडित जी,

प्रणाम!

आपको बहुत देर से पत्र लिखता हूँ। अच्छा शिष्य न होने के कारण ''पत्राघात'' यथासमय नहीं कर पाता आपका पत्र पाता हूँ तो सोचता हूँ अब नियमित रूप से लिखूँगा पर अनियमित रहना ही अब नियम हो गया है। एक तुलसीदास थे जो कलम ठोक कर प्रतिज्ञा कर लेते थे– 'अब लौं नसानी अब ना नसैहौं' एक मैं हूँ जो प्रतिज्ञाओं को मरी पलटन देखता हूँ हताश होकर कहता हूँ, अब तक नहीं सुधरे तो अब क्या सुधरोगे। और फिर भी मेरा जन्म और तुलसीदास का जन्म एक ही नक्षत्र में हुआ था। और (आप तो कभी इधर आए ही नहीं, तो कैसे बताऊँ) यह सिद्ध कर सकता हूँ कि जिस मकान में रहता हूँ, उस स्थान पर तुलसीदास जी कभी अवश्य आए होंगे। साहित्यिक आदमी थे, मस्ती में आते होंगे तो गढ़ कुण्डेश्वर के सन्त की भांति कभी घूमने ज़रूर निकलते होंगे और जब संकटमोचन मे चलते होंगे तो इधर ज़रूर आ जाते होंगे। फिर भी उनका कोई गुण मुझमें नहीं आया। या यह भी कैसे कहूँ। एक जगह उन्होंने कहा है– 'देह सिख सिखवो न मानत, मूढ़ता अंस मोरि।' इस बात में मैं उनका उत्तम संस्करण हूँ। उन्होंने तो विनयवश कहा था पर मेरा यह धर्म हो गया है।

तो मूल बात यह है कि आपका साठवाँ वर्ष समाप्त हुआ। एकसठवाँ शुरू हुआ। बधाई, बधाई, बधाई। भगवान आपको शतायु करें। मैं शान्तिनिकेतन गया था, कल परसों ही लौट कर आया हूँ। आपसे बिना पूछे और नितान्त डरते डरते हम लोगों ने एक दुरभिसंधि कर ली है। आगामी फरवरी या मार्च में हम आपके दो चार भक्त (एक तो विनोद जी हैं) शान्तिनिकेतन, हिंदी भवन में एकत्र हो रहे हैं। आपको वहाँ उस समय आना पड़ेगा। समय आप स्थिर कर दें। हम लोग चुपचाप आपकी वर्षगाँठ मनाएँगे और आनंदोत्सव करेंगे। इसके साथ आजकल के आडंबर बहुल आयोजनों को मात दें। यह विशुद्ध आनन्दोत्सव होगा। शान्तिनिकेतन में जहाँ आपको और मुझे द्विजत्व प्राप्त हुआ है और जहाँ गुरुदेव और दीनबंधु के चरण रज पड़े हैं, वहाँ शास्त्री मोशाय और बड़ दादा की पद धूलि मिल जाया करती है, जहाँ आचार्य क्षितिमोहन सेन और आचार्य नन्दलाल बसु की पवित्र हँसी आज भी गूँज रही है–उसी शान्तिनिकेतन में हम लोग मिलेंगे, हँसेंगे, गाएँगे, प्रसन्न होंगे, यही योजना है। कोई आडंबर नहीं होगा।

बस इसमें अब अधिक कुछ नहीं जोड़ना है। वाजपेयी जी भी आपको पत्र लिखेंगे। शेष कुशल है। आशा है, सानंद हैं।

आपका

हजारी प्रसाद

पुनश्च : राष्ट्रभाषा कोश देख रहा हूँ। सम्मति अवश्य भेज दूँगा।

IV/A-2095

संख्या- 100

काशी
दिनांक : 20.12.51

श्रद्धेय पंडित जी,

कृपापत्र मिला। अभी तक श्री मंगल स्वरूप जी का कोई पत्र नहीं आया है। आएगा तो यथाशक्ति उनकी सहायता कर दूँगा।

आपने बनारस आने का मेरा निमंत्रण स्वीकार किया है। घर के सब लोग कह रहे हैं कि अब तगादा करने की जरूरत है। कब आ रहे हैं। अक्टूबर के आधे पक्ष में मैं बाहर रहूँगा। द्वितीय पक्ष में क्या आ सकेंगे? आइए जरूर। आपका वात रोग अब कम हुआ होगा। यहाँ एकाध अच्छे वैद परिचित हैं उनसे दिखा लिया जाएगा ताकि फिर उभरने न पाए। आपको जाड़े के मौसम में चलने में असुविधा हो तो मैं अक्तूबर के प्रथम पक्ष में भी यहाँ रह जा सकता हूँ। बहुत दिनों से दर्शन नहीं हुए। मिलने की बड़ी इच्छा है।

शेष कुशल है। आशा है आप स्वस्थ व प्रसन्न हैं।

आपका

हजारी प्रसाद द्विवेदी

IV A-2118

संख्या-101

काशी हिन्दू विश्वविद्यालय
काशी
11.5.1952

पूज्य पंडित जी,

प्रणाम!

आपके कई पत्र मिले। आपने उस पाजामे की इतनी अधिक चर्चा की है अब खाँसने की जरूरत महसूस हुई है।

आपको विधाता ने केवल दातृत्व शक्ति ही दी है। जीवन भर आपने अपने को उन्मुक्त भाव से दिया है। आपको देख कर मुझे रवीन्द्रनाथ की 'चंचला' कविता याद आती है—

जिस क्षण पूर्ण हो जाती उसी क्षण
कुछ नहीं रहता तुम्हारा।
सभी हो जाता निखिल का।
स्वयं को इस भाँति दे देना उंड़ेल-उंड़ेल—मस्ती का
कि अलबेला नशा निर्द्वन्द्व!

अब आपके पत्रों की कुछ बातों के संबंध में मेरा निवेदन इस प्रकार है :

1. पूर्बियों को हिंदी सीखना नहीं है। वे जो कुछ लिखते हैं वही शुद्ध हिंदी है। पश्चिम। कानपुर के पश्चिम के लोग हिंदुस्तानी लिखते हों, उर्दू लिखते हों, फारसी लिखते हों पर हिंदी नहीं लिखते। हिंदी तुलसी, कबीर, हरिश्चन्द्र और प्रेमचंद की भाषा का नाम है। सब कानपुर से पूरब के रहने वाले हैं। इसलिए आपकी थ्योरी गड़बड़ है।

2. आपका हिंदी एकेडेमी वाला लेख मिल गया है। मुझे साप्ताहिक हिंदुस्तान मिल जाता है। मुझे अलग से प्रति भिजवाने की जरूरत नहीं है। मैं आपके सभी लेखों को उसमें नियमित रूप से पढ़ लिया करता हूँ।

3. डा. धीरेंद्रजी को लिख रहा हूँ कि वे विष्णु प्रभाकर जी से पत्राचार करें।

4. आपने जिस मुस्तैदी से एकेडेमी का कार्य हाथ में उठाया है उसी से पूरी आशा है कि वह पृथक् रूप लेगी। मैं शीघ्र ही कुछ points लिख कर भेज रहा हूँ ताकि आगे का कार्य आरंभ हो।

5. विनोद जी का अभी कुछ भी नहीं हुआ। शायद जनपद का पहला अंक कुछ आगे नहीं बढ़ा।

शेष कुशल है। आशा है सानंद हैं।

आपका

हजारी प्रसाद द्विवेदी

IV. A-2097

संख्या-102

काशी
9.1.53

पूज्य पंडित जी,

प्रणाम!

कृपापत्र मिला। मैं 19, 20, 21, 22 जनवरी को दिल्ली आ रहा हूँ। 22 को वहाँ से चलूँगा। उसी समय दर्शन होंगे। आपने रेखाचित्र के कवर पृष्ठ की चर्चा की है, मैं तो घबरा गया कि मैंने क्या लिख दिया है। आज रहस्य खुला। कवर पृष्ठ पर जो छपा है, वह मेरी वह आलोचना है जो संस्मरण के संबंध में "ज्ञानोदय" में प्रकाशित हुई थी। उसी को उन लोगों ने कवर पृष्ठ पर छाप दिया है। मैंने उसमें कम ही लिखा है। और भी लिख रहा हूँ। "खूंटे" की व्याख्या मैं कर दूँगा। आप उसकी फ़िकर न करें। जिस खूंटे की ओर आपने इशारा किया है वह तो कुछ घपले में पड़ता दिख रहा है। आप खुद अपने हाथों सब बिगाड़ रहे हैं। कम से कम दो प्रमाण मेरे पास जिसमें आपने अपने हाथों अपनी ऐसी उमर बताई है जिस उमर में हाथी भी खूंटे से छोड़ दिया जाता है। कम-से-कम ज्योतिषी से ऐसी बात छिपानी चाहिए। उतना बढ़िया सत्य की कंजूसी का श्लोक लिख आया और आप अभी भी उदारता का ही व्यवहार करते आ रहे हैं। मैंने भगवान से प्रार्थना की है कि अभी उमर की बात को ग़लत साबित कर दें और आपकी भुक्त आयु में से कम से कम 30 वर्ष कम कर दें और भोग्य में उसको दुगुना बढ़ा दें। तथास्तु।

'कल्पना' के भवानी प्रसाद मिश्र जी ने एक लेख लिखा है जिसमें संकेत किया गया है कि सरकार 'तुलसी' 'सूर' आदि प्राचीन कवियों की पुस्तकों पर एक साधारण कर के रूप में बैठा दे और उससे गरीब साहित्यिकों की सेवा करे। मुझे यह प्रस्ताव बहुत अच्छा मालूम हुआ। आप भी विचार कर देखें। यदि उचित लगे तो इसका प्रचार किया जाए। भवानी प्रसाद जी आजकल हैदराबाद में हैं। उनसे भी पत्र व्यवहार किया जा सकता है।

शेष कुशल है। आशा है प्रसन्न हैं।

आपका

हजारी प्रसाद

पुनश्च : 'जनपद' के लिये कुछ भेजें। उसकी आर्थिक अवस्था अब चिन्ताजनक हो गई है। जहाँ से रुपया मिलने की आशा थी वहाँ से तो कुछ मिला नहीं क्या किया जाए।

IV A-2098

संख्या-103

19.1.53

श्रद्धेय पंडित जी,

प्रणाम!

मैं 20 को प्रात:काल दर्शन करूँगा। जब से सुना है कि आप अच्छा साग बनाने लगे हैं तब से उत्साह ढीला पड़ता जा रहा है। पृथ्वीराज रासो–दिल्ली के एक कवि का काव्य–पढ़ रहा हूँ। जयचंद ने चंदबरदायी से पूछा 'क्यों दूबरो बरद्द!' बरद्द पर श्लेष था। एक अर्थ वही होता है जो किसी समय कलकत्ते के नं. 55 का होता था दूसरा अर्थ कवि है। कान्यकुब्ज के राजा ने दिल्ली के कवि से यही पूछा था। कारण बताते समय चंदबरदायी ने कहा था कि 'प्रथिराज बल न बद्धौ सुखर यो दुब्बरो बलद्दिया।' और पृथ्वीराज ने खल (खलिहान और दुष्ट) के सब तृण खा लिया है 'बरध' दुबला न हो तो क्या हो! अर्थात् दिल्ली में खर चर जाने की प्रथा पुरानी है! जब वहाँ के राजा से कवि तक सब साग ही पर भिड़ जायँ तो अनर्थ तो होगा ही। आपका पत्र पढ़कर रासो की घटना याद आ गई।

आशा है, मेरे पहुँचते पहुँचते साग की अपेक्षा चाय अधिक अच्छा बनाने लगेंगे। आप मेरी चिन्ता न करें। आपके लिये भी निमंत्रण जुटाता आऊँगा।

आपका

हजारी प्रसाद

IV/A-2099

संख्या- 104

काशी हिंदू विश्वविद्यालय
17.2.1953

आदरणीय पंडित जी,

प्रणाम!

आपके पत्र से बहुत उत्फुल्ल हुआ हूँ। आपने आरंभ बिल्कुल उचित ढंग से किया है। मैं **"दिल्ली में हिंदी भवन" नाम का एक लेख हिंदुस्तान के लिये लिख रहा हूँ।**

सचमुच ही मेरी इच्छा होती है कि जब तक आप दिल्ली में हैं तब तक मैं भी वहाँ रहूँ। आपके मन का कुछ कर सकता तो कितना अच्छा होता।

ऐसा लगता है कि आपके यहाँ जो मैं नहीं ठहरा उससे आपको कुछ क्लेश हुआ है। मैं ठहरना आप ही के यहाँ चाहता था पर मेरे साथ कुछ और लोग थे और सबको लेकर आपके घर जाना ठीक नहीं जान पड़ा। पर निश्चित मानिए कि मैं मन से सदा आपके ही यहाँ बना रहा। आपको आर्थिक परेशानी में देखता हूँ तो बड़ा कष्ट होता है। मैं जानता हूँ कि आपको कोई चिन्ता नहीं होती पर फिर भी परेशानी तो है ही। अब इस वृद्धावस्था (!) में आप से यह आशा तो की नहीं जा सकती कि जन्म भर की फक्कड़ाना मस्ती को तलाक दे दें (तलाक शब्द का व्यवहार केवल मुहावरे के कारण हो गया, कहीं कौंसिल में मेरे इस वाक्य को लेकर आप यह न घोषणा कर दें कि काशी के पंडित तलाक देने की आशा किसी किसी से रखते हैं!

एक गुरुदेव की कविता है। बहुत पहले आपको सुनाई थी और आपने पसंद की थी। उसका एक हिंदी अनुवाद 'दम तोड़ छंद' में किया है। भेज रहा हूँ। अच्छा लगे तो हिंदुस्तान (साप्ताहिक) वालों को दे दें। या अपने ही पास रखें। जैसा भी चाहें। कविता आपको समर्पित है।

शेष कुशल है।

आपका

हजारी प्रसाद द्विवेदी

IV A-2100

संख्या- 105

काशी
5.6.53

श्रद्धेय पंडित जी,

प्रणाम!

दिल्ली से लौटे एक पखवारा हो गया पर आपके प्रश्नों का उत्तर अभी तक नहीं दे सका। कल की डाक से हिंदी परिषद् में दिए हुए अपने भाषण की एक प्रति रजिस्टर्ड बुकपोस्ट से भेजी है। मेरे विचार उसमें आ गए हैं। कृपया उसे पढ़कर—पूरा पढ़कर—उसका यथेच्छ उपयोग करें। हिंदुस्तान वाले छापना चाहें तो उन्हें दे भी दें। शायद आपके कुछ प्रश्नों का समाधान इससे हो जाएगा।

दिल्ली के साहित्यिक केंद्र बनने के संबंध में आपके प्रश्न पर मैंने बहुत विचार किया है और जितना ही सोचा है उतना ही लगता है कि दिल्ली साहित्य के वितरण और प्रकाशन का बड़ा केंद्र तो हो सकती है पर साहित्य के उत्पादन के लिए जो बात आवश्यक है, वह अभी वहाँ नहीं है। अच्छे साहित्य के लिये आडम्बर पूर्ण सरल जीवन, त्याग की प्रवृत्ति और उच्चकोटि का साधनात्मक जीवन आवश्यक है। अभी दिल्ली जिस रूप में बढ़ रही है वह दूसरे प्रकार का है। वह और सब कार्यों के लिये चाहे जितनी भी उपयोगी हो अच्छे साहित्य के उत्पादन के लिये उपयोगी नहीं, मालूम हो रहा है। मुझे ऐसा लगा कि वहाँ साहित्य का साधक—यदि वह औसत श्रेणी का साधक है—अपने को छोटा और उपेक्षित समझने लगता है। बाहरी तड़कभड़क दिल्ली में अधिक सम्मानित होने का गौरव पाती है। मेरा यह मतलब कदापि नहीं है कि दिल्ली में साहित्य साधक नहीं हैं। मैं सिर्फ यह कहना चाहता हूँ कि इस समय दिल्ली जिस रास्ते जा रही है वह बाह्य आडंबर और चमक दमक की पूजा का रास्ता है, अन्तर में वर्तमान मनुष्य के हृदय में सुप्त और नैवेद्य दान से उपेक्षित सामान्य मनुष्यता का तेज वहाँ धूमिल होता जा रहा है। दिल्ली ही क्यों सभी बड़े नगरों का यही हाल है। साहित्यिक साधना के लिये बहुत बड़ा उद्देश्य सामने होना चाहिए। मैं समझता हूँ देश के कोने कोने में दृढ़व्रती लोग यदि छोटे छोटे आश्रमों की स्थापना करें तो साहित्य महान भी होगा और प्रभावशाली भी होगा। इन दिनों नगरों के वातावरण में जो साहित्य लिखा जा रहा है उससे कोई प्रेरणा नहीं मिल पाती। कम लेखक पुस्तकीय विद्या के अनपचे भावों को उगलने की बीमारी से बच पाते हैं। केवल जानकारियों का बंडल तैयार होता जा रहा है, प्राणवस्तु क्रमशः हीन और शिथिल चेष्ट होती जा रही है।

पर दिल्ली साहित्य के उत्पादन का तो नहीं पर वितरण और प्रसारण का अच्छा केन्द्र बन सकता है। मेरा सुझाव है कि दिल्ली का हिन्दी भवन प्रधान रूप से इसी उद्देश्य से चलाया

जाय। वितरण को सिर्फ व्यावसायिक अर्थ में नहीं ले रहा हूँ। देश के कोने-कोने में जो नया और पुराना प्राणप्रद साहित्य बन रहा है और बन चुका है और विदेशों में जो भी बना है और बन चुका है उनसे सार संकलन करके दिल्ली से हम वितरित कर सकते हैं। दिल्ली को रेडियो स्टेशन की भाँति ब्रॉडकास्ट करने का केन्द्र बनाइये। साहित्य निर्माण का कार्य तो शान्तिनिकेतन और काशी विद्यापीठ जैसी जगहों में ही संभव है। या फिर हो सकता है कि चिरगाँव में, सेवाग्राम में या स्वाधीन मनस्वी लेखकों की झोपड़ियों में। आशा है सानंद होंगे। मैं प्रसन्न हूँ।

आपका

हजारी प्रसाद

पुनश्च : चिट्ठी लिख लेने के बाद सोचता हूँ कि कुछ गड़बड़ तो नहीं लिख गया। दिल्ली में इतने बड़े-बड़े साहित्यिक हैं कि यह कहना अनुचित ही लगता है कि वहाँ साहित्य-निर्माण नहीं हो सकता। पर मैं आप या दिनकर जी या पं. बालकृष्ण शर्मा जी जैसे चिर युवा महाप्राण तथा दद्दा जैसे 'चिरगाँव मनीषियों' को औसत से ऊपर का मानता हूँ। और सही बात तो यह है कि देखना है कि आप लोग भी कब तक डटते हैं।

इस पत्र में शायद ऐसी कुछ बात तो नहीं है जो किसी को बहुत बुरा लगे पर थोड़ा भी बुरा लगे तो मैं इसमें हिंसा का ही आभास पाऊँगा। वस्तुतः इसमें जोर जोर से बोलता हुआ सोच रहा हूँ। इसे इसी रूप में ग्रहण करें।

ह. द्विवेदी

IV/A-2102

संख्या-106

काशी हिंदू विश्वविद्यालय,
काशी
25.8.53

श्रद्धेय पंडित जी,

सादर प्रणाम!

बहुत दिनों से आपका कोई पत्र नहीं मिला। हिंदुस्तान में भी इधर आपका कुछ लेख नहीं देखने को मिला। क्या अस्वस्थ हैं या दिल्ली से बाहर हैं?

श्री डा. पीतांबर दत्त जी बड़थ्वाल हिंदी के बहुत ही प्रतिभाशाली साहित्यकार थे। वे हिंदी के प्रथम डाक्टर थे और सचमुच जो दो चार व्यक्ति इस उपाधि के सच्चे अधिकारी हैं उनमें अन्यतम थे। उनका निर्गुण पंथ संबंधी निबंध अब भी बहुत महत्वपूर्ण माना जाता है। सम्मेलन ने उनके द्वारा संपादित गोरखनाथ की वाणियों का संकलन छापा है। यह पुस्तक बहुत ही महत्वपूर्ण है पर साथ के आवेदन से आपको मालूम होगा कि उनका परिवार इस समय बड़े कष्ट में है। आप उनका किसी पुस्तक पर सेन्ट्रल गवर्नमेंट से पुरस्कार दिलवाने का वातावरण प्रस्तुत कर दें तो बड़ा अच्छा हो। उनके जामाता दिल्ली में रहते हैं उनसे सब बातें पूछ ले सकते हैं। वे भी कोई स्थान पा जाते तो इस परिवार का बेड़ा पार लगता।

शेष कुशल है। आशा है, प्रसन्न हैं।

आपका

हजारी प्रसाद द्विवेदी

पुनश्च :

श्रद्धेय पंडित जी,

प्रणाम! यह पत्र बहुत पहले लिखा था। पड़ा रह गया था। अब भेज रहा हूँ। देर आयद तो ठीक पर दुरुस्त आयद कि नहीं, पता नहीं। मैं 14, 13 तक दिल्ली आ सकता हूँ।

शेष कुशल है।

आपका

हजारी प्रसाद

IV/A-2104

संख्या-107

12.9.53

श्रद्धेय पंडित जी,

प्रणाम!

कल आपका पत्र आया। शान्तिनिकेतन के श्री मोहनलाल वाजपेयी जी ने एजुकेशन-विभाग के हिंदी-एडवाइजर के लिये प्रार्थना-पत्र भेजा है। मेरा अनुमान है कि यही वह पद है जिसकी चर्चा आपने अपने पत्र में की है। यदि वाजपेयी जी वहाँ जायँ तो सब तरह से अच्छा होगा। वे अत्यन्त शान्त, सुशील और संस्कृत व्यक्ति हैं। नाराज़ किसी को नहीं करते और अपने निश्चय से भी नहीं हटते। उन्हें उक्त पद के लिये आप बुलवा सकें तो अच्छा होगा। मुझे लगता है वहाँ जैसा आदमी चाहिए वैसे ही मोहनलाल वाजपेयी हैं। उनका नाम यद्यपि बहुत अधिक नहीं हो पाया है, क्योंकि वे चुप बहुत रहते हैं पर हैं वे बहुत योग्य। उनके वहाँ पहुँच सकने पर आपके स्वप्न सफल होंगे और एक शान्त शिष्ट हिन्दी प्रतिनिधि सरकार को मिल जाएगा। शेष कुशल है। आशा है प्रसन्न हैं।

हजारी प्रसाद

IV A-2105

संख्या-108

काशी
29.10.53

आदरणीय पंडित जी,

प्रणाम!

इस बार दिल्ली यात्रा में व्यस्तता ही रही और आपके साथ यथेच्छ बात करने और प्रेरणा लेने का अवसर नहीं मिला। आगामी यात्रा में अधिक साथ रहने का प्रयत्न करूँगा। दिल्ली से लौटने के बाद हम लोग यह अनुभव कर रहे हैं **कि हिंदी के हितचिंतकों का एक सम्मेलन यथाशीघ्र होना चाहिए। यह कार्य दिल्ली में ही हो तो अच्छा हो। क्या दिल्ली में एक सम्मेलन बुलाना संभव है? इस समय हिंदी की स्थिति का सिंहावलोकन आवश्यक हो गया है। ऐसा तो लग रहा है कि लोग हिंदी का महत्व समझने लगे हैं** पर यह नहीं मालूम होता कि खुलकर उसे अपनाने का प्रयत्न हो रहा हो।

आप कब तक दिल्ली लौट आएँगे? आज मैं डा. धीरेन्द्र वर्मा जी को भी पत्र लिख रहा हूँ।

शेष कुशल है। आशा है, सानंद हैं।

आपका

हजारी प्रसाद

IV/A-2106

संख्या- 109

नागरीप्रचारिणी सभा, काशी

पत्र संख्या : ही 211/61 5.2.54

श्रद्धेय पंडित जी,

प्रणाम!

6 और 7, 8 मार्च को चाहे यही साबित हो जाय कि भारतवर्ष की सबसे महत्वपूर्ण संस्था कौंसिल ऑफ स्टेट है और उसके सदस्यों से अधिक कामकाजी जगत् में नहीं हैं तथापि आपको काशी में आना ही पड़ेगा। उस दिन आपका आना बहुत आवश्यक है। तगादा करने के लिये हम—मैं और पांडे जी[1] शीघ्र ही दिल्ली आएँगे।

आशा है प्रसन्न हैं।

आपका

हजारी प्रसाद

1. डा. गजबली पांडे

IV A-2107

संख्या-110

20.7.54

श्रद्धेय पंडित जी,

प्रणाम!

आपके तीन पत्र मिले। अच्छा हुआ कि आप 'आलोचना' के संपादकीय लेख के बारे में मेरी राय जानने की बात भूल गए।

आपको 'शिखण्डी' बनने के सुअवसर पर बधाई! 'सेकेंड' शब्द के ध्वनि साम्य पर मैंने संस्कृत का 'शिखण्ड' शब्द बनाया है। सेकेंड क्लास के टिकट पाने वाले को इसीलिए 'शिखण्डी' कहना ठीक है। घबड़ाइए नहीं, महाभारत के 'शिखण्डी' (जो व्यर्थ ही बदनाम है) से इसका कोई संबंध नहीं है। शिखण्ड मोर की शिखा को कहते हैं। शिखण्डी मोर को। एम.पी. लोग शिखण्डी अर्थात् मोर हैं—सांप खाते हैं, रंग दिखाते हैं और··· । आपसे बहुत ढीठ हो गया हूँ इसलिए कह देता हूँ। कहना नहीं चाहिए पर मोर की तरह एम.पी. लोगों को भी सिर की अपेक्षा पूँछ पर ही अधिक गर्व होता है। किसी दूसरे एम.पी. से न कहिएगा नहीं तो दिल्ली में कठिनाई हो सकती है।

अब काम की बात। आप हमारे विद्यार्थियों को एक बार अवश्य अपनी बात सुनाएँ। स्केच राइटिंग या कोई भी विषय। अपनी सुविधा के अनुसार आ जाएँ। शुभस्य शीघ्रम्। अवश्य आइए। काशी में कम से कम पाँच दिन रहिए। अवश्य आइए। एक भाषण प्रवासी भारतीयों के संबंध में भी दें।

आशा है, प्रसन्न हैं।

आपका

हजारी प्रसाद द्विवेदी

IV/A-2108

संख्या-111

8.8.54

आदरणीय पंडित जी,

प्रणाम!

आपका कृपापत्र कल उस समय मिला जब मैं आगरे के लिये रवाना हो रहा था। पत्र गाड़ी में से ही लिख रहा हूँ। इतिहास की रूपरेखा तो बनारस लौटने के बाद ही भिजवाऊँगा इतना निवेदन कर दूँ कि सभा ने इस रूपरेखा को स्वीकार किया है पर यह मेरा नहीं है। मैंने एक रूपरेखा तैयार की थी पर वह शायद सभा को छोटी जान पड़ी और स्वीकृत नहीं हुई। इस योजना में मेरा नाम अवश्य है पर मैं पूर्ण रूप से उत्तरदायी नहीं हूँ। मेरे कहने का मतलब यह है कि आपको भी लिखेंगे वह। 'द्विवेदी-चतुर्वेदी संघर्ष' नहीं होगा। अस्वस्थ रहने के कारण मैं इतिहास वाली बैठकों में से किसी एक में भी शामिल नहीं हो सका। वैसे, जब तक, सभा में हूँ तब तक उसके प्रत्येक कार्य का उत्तरदायित्व तो मेरे ऊपर आंशिक रूप से है ही। आपसे कटुता की आशा कैसे की जा सकती है। यों भी आप कभी कटु नहीं होते और अभी तो कम से कम कुछ दिनों तक ऐसे आदमी को नाराज़ करना ही नहीं चाहिए जो ज्योतिषी और पुरोहित दोनों का काम जानता हो। नीति भी तो कुछ चीज़ है। मैं 27 अगस्त को दर्शन करूँगा, ऐसी आशा है।

शेष कुशल है।

आपका

हजारी प्रसाद

पुनश्च : लिखिए अवश्य। आपके लिखने से मुझे लाभ ही होगा। सभा भी जितनी दूर तक संभव है अपनी योजना को सुधार सकेगी।

ह. द्विवेदी

IV/A-2109

संख्या-112

काशी
22.9.54

आदरणीय पंडित जी,

प्रणाम!

आपका पत्र मिला है। मैं दिल्ली आ रहा हूँ। इस बार आपके यहाँ या बहन सत्यवती जी के यहाँ ठहर जाऊँगा। दिल्ली इस बार गया लेकिन आपके साथ जमके नहीं बैठ सका। यात्रा असफल जान पड़ी।

जो लेख मेरे पास सम्मत्यर्थ आपने भेजे हैं, उन्हें देख गया हूँ। ये क्या बच्चों के लिये लिखे गए हैं? इनकी भाषा और विचार सरिता से यही मालूम होता है कि ये 14, 15 वर्ष के अल्पविकसित मस्तिष्क वाले बालकों के लिये लिखा गया है। आपने यह नहीं बताया कि ये किन पाठकों को लक्ष्य करके लिखे गए हैं। खैर।

1. श्रीकृष्ण संबंधी लेख बहुत ही हल्का है। इसमें श्रीकृष्ण के उस रूप का एकदम परिचय नहीं दिया गया जो मध्यकाल में समूचे भारत के कवियों और कलाकारों में प्रिय था। संभवत: बालक पाठकों को ध्यान में रखकर ही ऐसा किया गया हो। परन्तु श्रीकृष्ण रूप अधूरा ही है जिसमें उनके प्रेमी रूप का उल्लेख ही न हो। 'कुरू' 'संकट' आदि शब्द तो शायद टाइप की गलतियाँ हैं, पर कई बार आए हैं और उनको सावधानी से सुधार देना चाहिए। गीता का जो सार मर्म अन्त में दिया गया है वह बहुत ही उथला लगा। गीता की उस मूल फिलासफी का इसमें कोई उल्लेख ही नहीं है जिसमें अफलाकांक्षी होकर कर्म करने का उपदेश है और उनके भक्ति, वैराग्य और ज्ञान संबंधी बातों को तो शायद यह समझ कर छोड़ दिया गया है कि वे बालकों के योग्य नहीं होते। मुझे यह लेख नहीं रूचा। भारतवर्ष के सर्वाधिक लोकपूजित व्यक्ति की यह जीवनी बहुत ही उथली है।

2. "दीवाली" भी बहुत ऊपरी बातों से भरी है। ऐसा लगता है कि यह किसी विदेशी बालक को लक्ष्य करके लिखा गया है, जिसे दीवाली के बारे में कुछ भी पता नहीं और सिर्फ उसको इतनी जानकारी अवश्य है कि उस दिन कैसे दिया जलाया जाता है और बाजार में कैसी धूम होती है। दीवाली का इतिहास काल्पनिक दिया गया है। हमारे देश के हजारों वर्ष पुराने इतिहास में इसका क्या रूप है, विभिन्न प्रदेशों में इसका क्या रूप है, क्यों इस दिन कहीं लक्ष्मी-पूजा होती है और कहीं काली-पूजा, इत्यादि बातों को छुआ भी नहीं गया है।

3. कालिदास वाला लेख इन दोनों से कुछ अच्छा है पर कालिदास के रहस्य का इससे कुछ भी पता नहीं चलता। उनकी उपमाओं की प्रशंसा की गई है पर जो उदाहरण दिया गया है वह उपमा की नहीं है। पुराने पंडित उसे निदर्शना कहते आए हैं। फिर भी यह लेख

पहले दो से कुछ अच्छा है।

अगर ये लेख विश्वकोष के हैं तो बड़े ही कमजोर हैं। इससे अधिक मुलायम भाषा में इसकी आलोचना नहीं हो सकती। यदि ये बालकों के लिये लिखे गए हैं तो भी बहुत अच्छे नहीं हैं। पता नहीं मेरी सम्मति किसके विरुद्ध जा रही है। पर मैंने अपने मनोभाव आपको साफ़ साफ़ बता दिए हैं।

आशा है, प्रसन्न हैं।

मैं 22 को प्रातःकाल आ सकता हूँ।

शेष कुशल है।

आपका

हजारी प्रसाद

पुनश्च : आप क्या 5-25 अक्टूबर तक हम लोगों के साथ दक्षिण चल सकते हैं। सब लोगों का आग्रह है। पर आपका स्वास्थ्य जैसा देख आया उससे आप पर दबाव डालने का साहस नहीं होता। चल सकते तो अच्छा होता।

'आज' ने शिष्टमंडल पर एक सम्पादकीय लिखा है। बहुत अच्छी बातें कहने के बाद उस पत्र की शिकायत है कि इसमें कोई पत्रकार नहीं हैं।

आपके शिष्य होने के कारण मैं पत्रकार होने का दावा कर सकता हूँ या नहीं?

खैर आप चलें तो आपकी शिकायत भी दूर हो जाये। चलने से प्रसन्नता ही होगी।

हजारी प्रसाद

IV/A-2110

संख्या- 113

काशी
18.12.54

श्रद्धेय पंडित जी,

प्रणाम!

कृपापत्र मिला है। स्व. पंडित महावीर प्रसाद द्विवेदी पर एक निबंध डा. उदयभान सिंह जी ने लिखा था। निबंध छप गया है। डा. उदयभान जी दिल्ली विश्वविद्यालय में अध्यापक हैं। उन्हें पत्र लिख रहा हूँ। आशा है वे पुस्तक के साथ आपसे मिलेंगे। वे द्विवेदी जी के संपादन पर भी लिख सकते हैं।

आपका

हजारी प्रसाद

IV A-2111

संख्या-114

काशी
18.12.54

श्रद्धेय पंडित जी,

प्रणाम!

पं. चंद्रशेखर शास्त्री जी की पुस्तक के बारे में खोज करवा रहा हूँ। यदि सभा उसे न छापे तो अवश्य लौटा देना ही ठीक होगा। आशा है, प्रसन्न हैं। मैं इस बार न आ सका। कन्वोकेशन था।

आपका

हजारी प्रसाद

IV A-2112

संख्या- 115

1.3.55

आदरणीय पंडित जी,

प्रणाम!

पिछली बार मैं दिल्ली नहीं आ सका। अस्वस्थ हो गया उस पर कृपालानी जी ने कहा था कि आप और मैं दोनों यदि मौलाना के पास एक पत्र लिख दें तो शान्तिप्रिय जी की व्यवस्था वे करा देंगे। कृपया एक पत्र लिखकर मेरे पास भेज दें ताकि मैं भी हस्ताक्षर कर दूँ। शान्तिप्रिय जी की कुछ व्यवस्था होनी चाहिए।

शेष कुशल है। प्रसन्न हैं।

आपका

हजारी प्रसाद

IV/A-2143

संख्या-116

काशी हिन्दू विश्वविद्यालय

श्रद्धेय पंडित जी,

प्रणाम!

आपका कृपापत्र रीवां से लौटने के बाद मिला। मैं तो आशा करके गया था कि रीवां में आपके दर्शन होंगे। पर वहाँ आप मिले नहीं। बुद्धि प्रकाश जी भी नहीं थे। रीवां आधा ही मिला। मेरे साथ पिताजी भी गए थे, विनोद जी भी और मेरे एक विद्यार्थी नामवर सिंह भी। हम लोग 'मानवजी' के अतिथि थे। 'मानव' जी सचमुच मानव हैं। उनका सौजन्य और शील अगाध है। हम लोगों के लिये उन्होंने बहुत कष्ट उठाया। मुझे बड़ी प्रसन्नता हुई कि रीवां आकर ऐसे सज्जन का सत्संग प्राप्त हुआ। प्रधानमंत्री शुक्ल जी भी बड़े सहृदय पुरुष हैं। रीवां में अन्य अनेक सज्जन पुरुषों का सत्संग प्राप्त हुआ। आखिरी दिन को हम लोगों की दौड़ तो साहसिक अभियान ही कही जा सकती है। मानव जी सब समय हमारे साथ थे। रीवां से हम लोग ग्यारह बजे दिन को रवाना हुए। रीवां से पन्ना, पन्ना से खजुराहो, खजुराहो से छतरपुर, छतरपुर से फिर सतना और सतना से बनारस। 11 बजे घर पहुँच गया। 24 घंटा केवल चरैवेति चरैवेति। कहीं विश्राम नहीं। चचाई प्रपात भी देखा। छक के स्नान किया। केवल यही सोचता रहा कि आप भी होते तो यह आनंद चौगुना हो गया होता। खजुराहो तो विंध्य प्रदेश का ही नहीं समूचे भारतवर्ष का गौरव है। पत्थरों को काटकर शिल्पियों ने ऐसा प्राण ढाल दिया है कि बस देखते ही बनता है। नारी मूर्ति का ऐसा समृद्ध उट्टंकन शायद ही संसार में कहीं मिले। एक भी मूर्ति सीधी नहीं है। सबमें वक्रिमा, सबमें भंगिमा, सबमें गति। कुछ घासलेटी मूर्तियाँ भी हैं पर उतना तो चाय में भी विष है! खजुराहो में ही छतरपुर के राजा साहब मिल गए। बता रहे थे कि यहाँ किंवदन्ती है कि विश्वकर्मा ने इन मन्दिरों का निर्माण किया था। उन शिल्पियों को विश्वकर्मा ही कहना चाहिए। इस बार विंध्यप्रदेश का अच्छा दर्शन हुआ। पहाड़ों और झरनों का यह प्रदेश सौंदर्य में उत्पन्न प्रतिद्वंद्वी नहीं जानता।

विंध्यप्रदेश से लौटकर सबसे पहला काम यह किया कि बीमार पड़ गया। यह पत्र भी ज्वर की अवस्था में ही लिख रहा हूँ। यद्यपि अब अच्छा हो आया हूँ परन्तु कमजोरी भी है और थोड़ी हरारत भी। देश सेवा से पिंड नहीं छूट रहा है। ज्वर की अवस्था में ही कल नागरी प्र. की पंचायत में बैठा रहा। उम्मीद है कि अब झगड़ा सुलझ जाएगा। आज भी एक सभा में जाना है। गुरुदेव के साहित्य के प्रचार के लिये यहाँ हम लोगों ने रवीन्द्र भारती नाम की एक संस्था खोली है। मैं सभापति हूँ। आज उसका औपचारिक उद्घाटन है। लाट साहब आने वाले थे, नहीं आए। अब मुझे ही उनका काम भी करना होगा! आपके मन में

इससे कुछ गौरव का भाव संचारित नहीं होगा यह मुझे मालूम है। पर है गौरव की बात। आप इसका गौरव अनुभव करते तो अब तक लाट साहब बन गए होते। 'जानत तुमहि तुमहि होइ जाई!' खैर, मैंने इसीलिये लिख दिया कि आप महसूस कर सकें कि बुखार में भी क्यों देश सेवा की जाती है! एक बात मैं आपसे पूछ लेना चाहता हूँ। अराजकवादियों के राज (?) में देश 'सेवा' नामक पुण्य कार्य रहेगा या नहीं?

आपके पत्र में भी देश सेवा की आज्ञा है। स्पष्ट ही आपने अराजकवाद में विश्वास खोना शुरू कर दिया है।

आचार्य जी से मैंने आपकी बात कही। बोले कि यह अच्छा चौबे जी ने सबको लिख दिया कि मैं उनको सीरियस आदमी ही नहीं समझता। मैं उनका मूल्य जानता हूँ पर उनको देख के हँसी की अपने आप सूझ जाती है! खैर।

मौलाना साहब के साथ आपकी जो बातचीत हुई है उसके बारे में क्या कहूँ। मौलाना साहब के प्रति श्रद्धा की मात्रा में कोई कमी थोड़े ही हुई है। परन्तु इतना सच है कि लगभग 4 वर्ष बीत गए हिंदी को राष्ट्रभाषा बनाने का कार्य कुछ भी नहीं हुआ। क्रान्ति की भावना के जो पुरस्कर्ता थे वे आज इतना फूंक-फूंककर कदम रखते हैं कि देखने वाले को आश्चर्य होता है। मौलाना साहब तो हम लोगों के पिता तुल्य हैं। वे पंडित हैं, साहित्यिक हैं, मनस्वी हैं। वे निस्संदेह देश को नई प्राणशक्ति से उज्जीवित कर सकने की क्षमता रखते हैं। हम लोगों को कष्ट तब होता है जब हम अपने मनस्वी नेता की तेजोद्दिप्त वाणी नहीं सुनते। सच मानिए उनके एक इशारे पर आज भी देश के युवक असाध्य साधन कर सकते हैं। क्यों नहीं वे ललकार कहते कि नौजवानो, आज भी देश की छाती पर विदेशी भाषा चढ़ी हुई है, उठो, अपनी भाषा को ऐसी शक्तिशालिनी बना दो कि वह इस भाषा को हटाकर अपना उचित स्थान अधिकार कर सके। मौलाना साहब ही यह कार्य कर सकते थे। वे ही दूसरे मिनिस्टरों के आदर्श बन सकते थे। जब वहाँ से निराशा होती है तो लोग झुंझला उठते हैं। बस बात इतनी सी ही है।

सरकारी नौकरी से कुछ हो सकेगा, ऐसी आशा मुझे नहीं है। वहाँ का वातावरण जब मौलाना साहब को ही पंगु बना देता है तो हम लोग किस खेत की मूली हैं। आप कहते हैं कि मैं वहाँ उनकी मदद के लिये जाऊँ, मैं कहता हूँ कि उनसे प्रार्थना कीजिए कि वे उस वातावरण से निकल कर साहित्यिक जगत् के युवकों के बीच में आएँ और उन्हें आशा और विश्वास का संदेश दें। उनके एक इंगित पर दस कोष और सौ व्याकरण लिखे जा सकते हैं। मैं सत्य कहता हूँ। पैसे के बल पर यह काम नहीं होगा। यदि कभी अवसर मिले तो मौलाना साहब से यह नम्रतापूर्वक निवेदन कर दें कि हमें नेतृत्व चाहिए। अविश्वासियों से कोई काम नहीं होता और मौलाना साहब जिन लोगों से घिरे हैं उनमें से अधिकांश सोच ही नहीं सकते कि अंग्रेजी के बिना कैसे काम चलेगा। अंग्रेजी इस देश की छाती पर अधिक दिन तक चढ़ी नहीं रह सकती। उसे हटना है और हट कर रहेगी। बात देर-सवेर की है। दिल्ली का वातावरण देशी भाषा के अनुकूल नहीं जान पड़ता, परंतु वह अनुकूल हो या प्रतिकूल, विदेशी भाषा अब अधिक दिन नहीं चल सकती। वह आकाश बेल की भाँति है—सुनहरी, समृद्ध, चिकनी पर समूचे पेड़ को खा जाने वाली! उसकी जड़ ज़मीन में नहीं है, पर ज़मीन में जड़ फैला सकने वालों का सारा प्राणरस वह खींच लेती है। अगर आप चाहते हैं कि इस देश

की भाषाएँ पनपें तो इसे तो समाप्त कर ही देना होगा। मेरा मतलब इसके आधिपत्य की समाप्ति से है।

विनोद जी का मामला ज़रा उलझन में पड़ गया है। क्या जनपद को दिल्ली में ले जाया जा सकता है? वहाँ शायद यह अधिक अच्छी तरह निकल सकता।

शेष कुशल है। आशा है, सानंद हैं।

प्रिय गुपली को हमारा स्नेह और आशीर्वाद कहें।

आपका

हजारी प्रसाद द्विवेदी

पुनश्च : अगर 13 को आप दिल्ली में रहें तो मैं एक दिन के लिये आ जाऊँ। **13 मई को।** पत्र दें।

हजारी प्रसाद द्विवेदी

IV A-2113

संख्या-117

बनारस हिन्दू यूनिवर्सिटी
बनारस-5
4.5.55

आदरणीय पंडित जी,

प्रणाम!

श्री शांतिप्रिय जी के संबंध में हम लोग एक पत्र मौलाना साहब को कृपलानी जी के जरिये लिखने वाले थे। उसमें देर हो गई। मैंने एक पत्र टाइप कराके आपके हस्ताक्षर के लिए स्थान छोड़ कर अपना हस्ताक्षर कर दिया है। इस पर हस्ताक्षर कराके श्री कृष्ण कृपलानी जी को भेज दें। वे मौलाना साहब को दे देंगे। श्री शांतिप्रिय जी को कुछ सहायता मिल जानी चाहिए।

एक खतरा भी है, नोट कर लीजिए अवसर आने पर आपके प्रतिद्वंद्वी भी होंगे और निश्चित रूप से सत्रह वर्ष की उमर का इंतजार नहीं करेंगे।

शेष कुशल है। नागरी प्रचारिणी की पुस्तकें भिजवाने की व्यवस्था करा दी है। आपके नये मकान का पता 99 नोट कर लिया है। यह अच्छा हुआ कि आप निन्यानवे के फेर में पड़ गए। देर आये दुरुस्त आये।

आशा है प्रसन्न हैं।

आपका

हजारी प्रसाद द्विवेदी

IV A-2101

संख्या-118

काशी
दिनांक : 15.7.55

श्रद्धेय पंडित जी,

प्रणाम! जिस समय आपका पत्र यहां आया उस समय मैं पुरी में था। भगवान जगन्नाथ के दर्शन तो नहीं हुए क्योंकि एकादशी के दिन अत्यधिक स्नान कर लेने के कारण उन्हें हर साल बुखार आ जाता है। और 15-16 दिन बंद रहते हैं। भुवनेश्वर और खण्डगिरी तथा उदयगिरी और पुरी के गरजते हुए समुद्र को देख आया हूँ। प्रकृति और मनुष्य दोनों ने अपने-अपने ढंग से सौंदर्य का निर्माण किया है। रह-रह के आपकी याद आ जाती थी। नई दिल्ली की नीरस योजना पर आधारित मुखरा नगरी। हाय, भुवनेश्वर के निर्माताओं के वंशजों में क्या कहीं भी प्राणशक्ति नहीं बच रही है। मैं हैरान होके सोचता हूँ कि क्या भुवनेश्वर की अद्भुत वास्तुकला का सस्ता अनुकरण भी नई दिल्ली में नहीं मिल सकना क्या सूचित करता है। विदेशी शासन ने हमारा सौंदर्यबोध समाप्त कर दिया है। खैर। अभी तो टेलीफोन काम नहीं आया। अभी विज्ञान को थोड़ा आगे बढ़ जाने दीजिए।

आशा है प्रसन्न हैं। अगस्त में पहुँचने का बहाना खोज रहा हूँ।

आपका

हजारी प्रसाद द्विवेदी

IV A-2114

संख्या-119

काशी हिन्दू विश्वविद्यालय
27.8.1955

श्रद्धेय पंडित जी,

आपका ज्ञापन मिला। इसमें आपने एक ही साथ अनेक शुभ समाचार दिये हैं। रामानंद स्मृति ग्रंथ, गणेश शंकर स्मृति ग्रंथ और हरिहरनाथ शास्त्री स्मृति ग्रंथ के लिए उद्योग हो रहा है और प्राप्ति भी हो रही है। यह बहुत ही उत्साहवर्धक समाचार है और और भी (हम लोगों के लिए) उल्लासजनक खबर यह है कि स्व. पद्म सिंह जी के पत्रों का संग्रह प्रेस में चला गया है। इस पत्र में आपने इतने समाचार दिये हैं कि बधाई न देना अनुचित होगा। नहीं तो आपको बधाई देना आवश्यक नहीं है क्योंकि ये ... तो आपके स्वभाव के अंग बन गये हैं—'लत' कहिए। आप इन कार्यों के बिना रह नहीं सकते। भगवान आपको दीर्घ और स्वस्थ आयु प्रदान करेंगे क्योंकि ये कार्य तो उन्हें भी इष्ट हैं।

'दोहा' आपने अच्छा बनाया है, (यह और बात है कि छंदशास्त्र के अनुसार यह दोहा नहीं है!) परंतु मैं आपको गुरुदेव की एक कविता की कुछ पंक्तियाँ (अनुवाद मेरा ही है) भेंट करना चाहूँगा। आपको देखकर मुझे यह कविता याद आती है। विराट नदी को संबोधन करके कविता लिखी गई है—इसलिए स्त्रीलिंग की क्रियाएँ हैं तदर्थ क्षमा करेंगे। कविता की कुछ पंक्तियाँ भेज रहा हूँ—

"...हे भैरवी, हे वैरागिणी तुम जो चली उद्देश्यहीन,
यह गति ही तुम्हारी रागिणी निःशब्द मोहन गान के...
केवल दौड़ती हो, दौड़ती हो दौड़ती उद्दाम उद्धत वाम गति से।
ताकती भी नहीं फिर कर; लुटाती जा रही सर्वस्व अपना,
खींच खींच कर उलीच कर शून्य करती हो निज भाण्डार।
कुछ भी नहीं संचती सजोती हो या कि रख लेती बटोर बटोर।
मन में कहीं शोक न मोह, तुम निर्मम तुम निर्द्वंद्व,
—इस आनंद के पथ में लुटाती जा रही पाथेय।
जिस क्षण पूर्ण हो जाता उसी क्षण कुछ नहीं रहता तुम्हारा।
सभी बन जाता निखिल का।
यह स्वयं को लुटा देने का नशा सुविचित्र।
इसी से तुम सदैव पवित्र।"

लम्बी कविता की ये कुछ पंक्तियाँ भेज रहा हूँ। इस 'विशद नदी' को यदि मनुष्य अपना आदर्श बना सकता! आपने बना लिया है। आशा करता हूँ प्रसन्न हैं। चि. गुफली को शुभाशीर्वाद।

हजारी प्रसाद द्विवेदी

IV A-2116

संख्या - 120

काशी
6.7.56

श्रद्धेय पंडित जी,

प्रणाम! कृपापत्र मिला। विदिशा के बारे में आपको कैसी सामग्री चाहिए। क्या मैं कुछ पुस्तकों के नाम बता दूँ या कुछ निश्चित विषयों पर आपको लिखकर भेज दूँ।

विदिशा और दशारर्ण देश का वर्णन आपको अच्छा लगा। इससे मुझे संतोष हुआ। आगे उज्जयिनी की चर्चा है। उसे भी देखें।

मैं आपकी आज्ञा के अनुसार प्रातःकाल टहलने का नियम करने जा रहा हूँ। सायंकाल तो निकलता ही हूँ।

शेष कुशल है। आशा है प्रसन्न हैं।

आपका

हजारी प्रसाद

IV/A-2117

संख्या-121

दिनांक : 30.11.1956

श्रद्धेय पंडित जी,

प्रणाम!

बृहत् इतिहास की योजना भेज रहा हूँ। आपने अपना नाम मथुरादास रखने का संकल्प किया है इसमें चिंतित हूँ। प्राचीन युग में एक सज्जन थे जो गंगा जी के पास जाते थे तो गंगादास नाम रख लेते थे और जमुना जी के पास जाकर जमुनादास! मगर हिंदी कहावतों में उन्हें अपयश मिला है, कदाचित् यह हिंदीवालों की ना-कद्रदानी हो। इसीलिए आपसे संकल्पबद्ध लेने की सिफारिश (संस्तुति?) कर रहा हूँ।

आपके पत्र से ऐसा जान पड़ता है कि विकेंद्रीकरण का जो अर्थ आपने लगाया है हम लोग उसके विरुद्ध जा रहे हैं। मैं ऐसा नहीं मानता। आकुंचन में ही करण की प्रवृत्ति है। प्रसारण विकेंद्रीकरण की। दोनों समान रूप से प्राण-धर्म हैं। केवल प्रसारण, केवल विकिरण कोई आदर्श नहीं हो सकता। 'दानाय संभृतार्थानाम्'। कालिदास का यही सुझाव है। अर्थ-संग्रह दान के लिए होना चाहिए। परंतु संग्रह दान का पूर्ण रूप है। विकेंद्रीकरण जीवन के दान पक्ष को अधिक महत्त्व देने का आन्दोलन है, केंद्रीकरण संचय पक्ष को। मैं जब केंद्रीकरण की बात सोचता हूँ तो उसके साधन रूप को मानकर ऐसा करता हूँ। आकुंचन के बिना प्रसारण, संग्रह के बिना दान, केंद्रीकरण के बिना विकेंद्रीकरण मेरी समझ में नहीं आता। गलती कर सकता हूँ इसलिए आपकी सेवा में निवेदित कर दिया है ताकि आप सुधार लेंगे। मैं यह कहता हूँ कि संग्रह साधन है, दान लक्ष्य है। केंद्रीकरण साधन है, विकेंद्रीकरण लक्ष्य। शेष कुशल है।

चि. रामगोपाल जी का काम कर दिया था। यहाँ आके पत्र भी लिख दिया था। उनसे कह दें।

आपका

हजारी प्रसाद द्विवेदी

IV A-2119

संख्या-122

काशी
3.7.58

श्रद्धेय पंडित जी,

प्रणाम!

लेख मिला, पत्र भी। धन्यवाद।

लेख पढ़ लिया। सर्वत्र आपका व्यक्तित्व स्पष्ट हुआ है। पिछले छियालीस वर्षों का आपका अनुभव बड़ा ही मनोरंजक है। 46 वर्ष कम नहीं होते। ज़माना तेज़ भागता गया है, आप अपनी जगह डटे हैं। इतने दिनों में तो बनारसी भी दिल्ली वाला बन सकता था। लेकिन खैर।

मैं इतने दिनों से साहित्य को अपनी आँखों नहीं देख रहा हूँ। मेरा हिंदी साहित्य से कुछ घनिष्ठ संबंध सन् 31-32 से हुआ है। उस समय हिंदी अपने पैरों पर खड़ी हो चुकी थी। हिंदी को राष्ट्रभाषा स्वीकार कराने के लिये तब भी थोड़ा-बहुत प्रमाणपत्र संग्रह करने की प्रवृत्ति थी, लेखकों में तब भी कुछ हीनता ग्रन्थि बची हुई थी। (अब भी क्या समाप्त हो सकी है?) परन्तु नवीन प्राणों का स्पन्दन, नवीन आलोक की स्फूर्ति और नवीन वैभव की रंगीनी उसमें प्रकट हो चुकी थी। पहले हिंदी वाला सबकुछ होता था। जो पत्रकार था वह कवि भी था, आलोचक भी था, अनुवादक भी था, कहानी लेखक भी था और भी बहुत-कुछ था। धीरे-धीरे हिंदी का क्षेत्र व्यापक होता गया। आपने तीव्र महारथियों के निधन की बात लिखी है, द्विवेदी जी, गणेश शंकर जी और पद्मसिंह शर्मा जी। पर कई को भूल गए हैं, सदा भूलते रहे हैं। प्रेमचंद, रामचंद्र शुक्ल, प्रसाद, श्याम सुंदरदास, गौरीशंकर, हीराचंद ओझा, काशीप्रसाद जायसवाल अपने-अपने क्षेत्रों में दिग्गज थे। ये वे लोग हैं जिन्होंने हिंदी-लेखक के चित्त से हीनता ग्रंथि पर हथौड़े मारे हैं। पहले के लेखकों के क्षेत्र सीमित थे। बाद में वह व्यापक होता गया। विश्वविद्यालयों में, सरकार में, कांग्रेस में, हिंदी के प्रयोग का प्रश्न अधिक ज्वलंत होकर प्रकट हुआ। ग्रंथ संपादन, अध्यापन, शोध आदि की नई दिशाएँ दिखाई पड़ीं। धीरे-धीरे सारी समृद्ध भाषाओं की भाँति विशेषज्ञता की माँग बढ़ती गई। अभी और बढ़ेगी। अब सभी विषयों में, विज्ञान और यंत्र-कौशल में भी, कूटनीति और सैन्य संचालन में, बैंकिंग और करेंसी में भी, कानून और प्रशासन में भी, हिंदी हाथ पैर पसार रही है और बड़ी दृढ़ता और आत्मविश्वास के साथ। देश की अन्य भाषाओं से और संसार की समृद्ध भाषाओं से वह खूब ले रही है, लेने की इच्छा भी बड़ी तीव्र है। मैं इससे आनंदित होता हूँ। पिछले दस वर्षों में जो हुआ है केवल हिंदी की भूख का प्रमाण है। उसकी पाचन-शक्ति की परीक्षा हो रही है। विश्वास मानिए, हिंदी लेखक शक्ति संचय कर रहा

है। इस विस्तार पर आपको अधिक लिखना चाहिए था।

बड़ी संस्थाओं से मैं भी बहुत आशा नहीं रखता। केंद्रीकरण और विकेंद्रीकरण बड़े-बड़े शब्द हैं। न यह अच्छा है, न वह बुरा। प्रश्न आदर्श का है। मनुष्य किस बात को जीवन का चरम मूल्य मानता है—पैसे को, आराम को, त्याग को, संचय को, प्रपंच को, मुक्ति को? पिछले दस वर्षों में राजनीति ने धर्मनीति को धर दबोचा है, तिकड़म और कृतविद्यता में संघर्ष चल रहा है, ईमानदारी और लोकनीति एक दूसरे से भिड़ गई हैं। यदि केंद्रीकरण हो तो 'त्यागाय संभृतार्थानाम्' का आदर्श भी होना चाहिए। त्याग को यदि जीवन की चरितार्थता माना जाय तो पैसा संग्रह करना भी दोष नहीं है, माँग को माना जाय तो विकेंद्रीकरण भी खतरा पैदा कर देगा। बहरहाल, मेरा भी धीरे धीरे विश्वास होता जा रहा है कि बड़ी संस्थाओं से और कुछ भले ही हो, साहित्य, संस्कृति और विद्या का कारोबार नहीं चल सकता। जहाँ कानून मुख्य हो जाता है, वहाँ से मनुष्य धीरे धीरे हट जाता है। देश की बड़ी बड़ी संस्थाओं में यही हो रहा है। कानून से ही सब कुछ सुधार लेने की होड़-सी लगी है। कीचड़ से कीचड़ को पोंछ देने की रगड़ौवल चल रही है। मनुष्यता भौचक्की है। आप बहुत बड़े क्षेत्र में रहते हैं। आपका अनुभव भी बड़ा है। मेरी अल्प बुद्धि में तो यही आता है कि साहित्य और विद्या के लिये कानून का प्रभुत्व घातक है। संस्थाओं में जो दोष हैं वे इसी कारण हैं। मैं उम्मीद करता हूँ कि आप इस पर और अधिक विचार करेंगे। टेक्स्टबुक सेलेक्शन कमिटी आदि सब लक्षण हैं, खुद बीमारी नहीं हैं। पठन होगा तो पाठ्यक्रम कैसे नहीं होगा? रोग गहराई में है। बुखार की गर्मी जमना जी में स्नान करके नहीं उतारी जा सकती।

ये दो बातें हैं जिन पर आपको और लिखना चाहिए था, ऐसा मुझे लगा है। कुछ अनुचित कह गया होऊँ तो क्षमा करेंगे। आशा है, प्रसन्न हैं।

आपका

हजारी प्रसाद द्विवेदी

पुनश्च : यह जानकर प्रसन्नता हुई कि आयुष्मान् गुपलेश अच्छा डाक्टर हो गया है। रोग की जड़ तक पहुँचने में उसने सचमुच कमाल की होशियारी दिखाई है। वर्धन्ताम्।

हजारी प्रसाद द्विवेदी

IV A-2120

संख्या-123

काशी
दिनांक : 5.7.59

श्रद्धेय पंडित जी,

प्रणाम!

पूरे एक मास से नित्य पत्र लिखने की सोच रहा हूँ पर आँखों के कष्ट के कारण लिख नहीं पा रहा हूँ। अब कुछ ठीक हुई हैं पर अभी भी लिखने-पढ़ने में कष्ट हो रहा है। काम भी इधर बढ़ गया है और सही अर्थों में 'आँख मूँद के' किए जा रहा हूँ। आपसे यही निवेदन करना है कि मुझे अपने यहाँ बुला लीजिए। यहाँ के दमघोंटू वातावरण से तंग आ गया हूँ। प्रतिदिन यही विचार ज़ोर पकड़ रहा है कि ''अब लौं नसानी अब ना नसैहौं।'' इस बीच एक घर बना लिया है। विश्वविद्यालय कैम्पस से हटकर चला आया हूँ। मन बिल्कुल नहीं लग रहा है। आगे-पीछे, नीचे-ऊपर सर्वत्र एक ऐसा जाल बिछा है कि बुद्धि व्याकुल हो जा रही है। अब तक जिन बातों को अच्छा समझता था उन पर आस्था बनाए रखने में कठिन परीक्षा का सामना करना पड़ रहा है। कबीरदास ने जो कहा था—

दौ की जाली में जलूँ, प्यासी जलहरि जाउँ
हौं देख्या जलहरि जलै, मन्तो कहाँ समाउँ।

सो प्रत्यक्ष हो गया है। प्यास का मारा जलाशय को गया तो देखा जलाशय ही जल रहा है।

बस यही लिखना था, दूसरे से यह बात लिखाना संभव नहीं था। इसलिये देर हो गई। उत्तर की प्रतीक्षा करूँगा—साहस और शक्ति पाने के लिये। आशा है, स्वस्थ और प्रसन्न हैं। आँखें ज़रा और ठीक हो जायें तो दिल्ली भी दूर नहीं है।

आपका

हजारी प्रसाद द्विवेदी

IV A-2121

संख्या-124

काशी हिन्दू विश्वविद्यालय
वाराणासी
26.1.60

आदरणीय पंडित जी,

प्रणाम!

बाबू श्याम सुंदरदास जी की आत्मकथा वाला लेख पढ़ गया हूँ। बहुत अच्छा लगा। आपने सचमुच उसे सहानुभूति के साथ पढ़ा है। उसमें कुछ पारस्परिक विवाद की जो बातें हैं वे कहीं कहीं मुझे भी कुछ अनुचित-सी लगती हैं। पर बाबूजी बड़े खरे और कठोर प्रकृति के थे। उन्हें जो अनुभव हुआ उसमें उन्होंने यह सोचने की ज़रूरत नहीं समझी कि इसका दूसरा पक्ष भी हो सकता है। आपने तो अपने विचार स्पष्ट और मृदु भाषा में व्यक्त किया है। मालवीय जी का जो प्रसंग है उस संबंध में मुझे लिखना होता तो इतना और जोड़ देता कि उनकी उत्कट हिंदी भक्ति और हिंदी को जल्दी से जल्दी उच्चतर आसन पर बैठाने की विकलता ने ही उन्हें ऐसा लिखने को बाध्य किया। ये मालवीय जी से बहुत अधिक आशा रखते थे और मालवीय जी अन्य सैकड़ों बंधनों से बंधे थे। इस आशा और नैराश्य के संघर्ष से ही वह मानसिक झुंझलाहट पैदा हुई जिन्होंने बाबू साहब को ऐसा लिखने को विवश कर दिया। यद्यपि इस प्रकार का लिखना ठीक नहीं हुआ पर बाबू साहब की हिंदी-भक्ति और तज्जन्य व्यग्रता को तो, वह स्पष्ट कर ही देता है ... इत्यादि।

परन्तु यह मेरी ही व्याख्या है। आपने लेख को बहुत सन्तुलित करके लिखा है। प्रसन्नता है।

आपका

हजारी प्रसाद द्विवेदी

IV A-2122

संख्या-125

चण्डीगढ़
18.5.61

आदरणीय पंडित जी,

प्रणाम!

8.5.61 का कृपापत्र मिला। मैं 8 मई को आपके निवास स्थान पर गया था। आप नहीं थे, सो लौट आया। गाडगिल साहब से आपकी बातचीत हुई सो ठीक ही है। स्थानीय लोगों से बातचीत करके इस नतीजे पर पहुँचा कि हर आदमी की अपनी संस्था है और हर आदमी उसी की फिकर में है। पर फिर भी कुछ लोग जरूर रुचि लेंगे। एक वार कभी आप इधर आ जाते तो अधिक काम हो सकता। मैं इधर जल्दी ही दिल्ली आ रहा हूँ। मिलकर बात करूँगा।

आशा है, सानंद हैं।

आपका

हजारी प्रसाद

IV A-2123

संख्या-126

चण्डीगढ़
17.8.61

आदरणीय पंडित जी,

प्रणाम!

कृपा पत्र मिला। कल चेलीशोव साहब आए। आज विश्वविद्यालय में उनका भाषण भी हुआ। लोग बहुत प्रसन्न थे। बड़े विद्वान और स्नेही लगे।

गुरुदेव ने बच्चों के लिए जितना लिखा है उतना शायद ही किसी बड़े साहित्यकार ने लिखा हो। उन्होंने बच्चों के लिए प्राईमर से लेकर सरस काव्य तक अनेक पुस्तकें लिखी हैं। यहाँ तक कि उनकी हैंड राईटिंग ठीक करने के लिए भी पुस्तकें लिखी हैं। अक्षरों का परिचय भी उन्हें काव्य की सहज ग्राह्य विधि से कराया है और लिखना उत्तम बनाने के लिए भी जो छोटे-छोटे काव्य लिखे हैं वे कवित्व की कसौटी पर खरे उतरते हैं। उन्होंने संस्कृत सिखाने के लिए, अंग्रेजी सिखाने के लिए छोटी-छोटी किन्तु महत्वपूर्ण पुस्तकें लिखी हैं। 'श्रुतिशिक्षा' डाइरेक्ट मेथड से अंग्रेजी सिखाने की पुस्तक है। 'शिशु' की कविताएं तो प्रसिद्ध ही हैं। बंगाल का हर बालक इन कविताओं के लय ताल छंद का आस्वादन करता है। उन्होंने 'आपन ख़ामछाड़ा' नामक एक सुन्दर बाल काव्य लिखा है जो नाम से विषय को स्पष्ट करता है। आबोल-ताबोल अर्थात्...। इसके अद्भुत छंदों में विचित्र प्रकार के चरित्र स्फुट हुए हैं। यह उनकी वृद्धावस्था की कृति है। आखिरी उमर में उन्होंने 'से' (वह) नामक एक अयुत चरित्र की सृष्टि की है जो सब प्रकार से विचित्र है और बच्चों को विचित्र मायालोक में उपस्थित कर देता है। किसी समय उन्होंने वाल्मीकि रामायण को बच्चों को संस्कृत सिखाने के लिए संक्षेप किया था और बंगला में 'कुरुपांडव' नाम से महाभारत की पूरी कथा लिखी थी। अनेक गान बच्चों के लिए लिखे। कौन बड़ा आदमी है जो बच्चों की इतनी चिंता करता है। बच्चों के लिए लिखे हुए प्राइमरों की जो कविताएँ हैं वे साधारण तौर पर बच्चों को फुसलाने का प्रयत्न करने वाले कवियों की रचनाओं से भिन्न हैं। न उसमें उपदेश की मार है न भोंडा वाक् विलास। ये कविताएँ पूरा चित्र उरेहती हैं। छंद, लय, ताल उनमें मुख्य होते हैं। बच्चे उसमें सच्ची कविता का आभास पाते हैं। आपको यह जानकर आश्चर्य होगा कि उन्होंने व्याकरण को भी नहीं छोड़ा और विज्ञान के अत्यन्त गहन विषय को भी सरल बनाया है। उनके 'विश्व परिचय' से तो आप परिचित ही हैं। 'मेरा बचपन' में उन्होंने अपने बचपन का बालोपयोग्य चित्र दिया है। मेरी जानी हुई दुनिया में बच्चों का

ऐसा मित्र दूसरा नहीं हुआ।

रही बात 5 फीसदी की। सो वह सबसे 'बड़े बच्चे' को अर्थात् बमभोलानाथ जी को समर्पित हो। आज से 60-70 वर्ष पहले ऐसे बमभोलानाथ को प्यार से माता-पिता बनारसीदास कहा करते थे।

शेष कुशल है। दिल्ली गया पर मिल नहीं सका। बुरी तरह थका था और आपके पदचिह्नों पर ईमानदारी से चलने के प्रयत्न में दिन भर सोता रहा। क्षमा करेंगे।

आशा है, सानन्द हैं।

आपका

हजारी प्रसाद द्विवेदी

IV A-2124

संख्या-127

DR. HAZARI PRASAD DWIVEDI, D. LITT.
Prof. and Head of the Deptt. of Hindi,
Dean of University Instruction
Hon. Director, Gandhi Bhawan

Punjab University,
Chandigarh
27.9.63

आदरणीय पंडित जी,

प्रणाम!

आपका कृपापत्र मिला है। 'साहित्यिक और राजनीति-विषयक' आपका लेख पढ़ने को उत्सुक हूँ। सुना है, इधर दिल्ली के बूढ़े साहित्यकार अब अन्तर्जातीय विवाहों का पौरोहित्य करने लगे हैं। बुढ़ापे का यह लक्षण आप पर भी असर कर गया है, यह जानकर तसल्ली हुई। तसल्ली, इसलिये कि इससे भविष्य में आशंकित घटनाओं के लगभग घट जाने के खतरे से राहत मिली है। बहरहाल, कालिदास का श्लोक याद आ गया है और औत्सुक्य बढ़ गया है। पार्वती शिव को वर रूप में प्राप्त करने का प्रयत्न कर रही थी (जैसा कि राजनीति सदा साहित्यिकों को वर रूप में प्राप्त करने का प्रयत्न किया करती है और कभी कभी पा भी लेती है)। शिवजी ब्रह्मचारी का भेष बनाकर परीक्षा लेने गए। जब उन्होंने सुना कि पार्वती सचमुच ही बंम भोलानाथ को वरना चाहती है तो ठठाकर हँस पड़े। बोले, मज़ा आ जाएगा उस दिन जिस दिन सचमुच ऐसी मजेदार घटना घट जाएगी। कहीं सचमुच ऐसा सुयोग घट जाय जब कि वधू की कलहंस कढ़ी चादर का वर के टपकते-खून-वाले हाथी-के-चमड़े की चादर से गठबंधन हो जाय तो क्या कहना।

....कदाचिदेते यदि योगमर्हतः

वधुदुकूलं कलहंसलांछितं गजाजिनं शोणित बिंदुवर्षिच।

सो, आप भी यही करने जा रहे हैं। मगर पार्वती और शिव का गठबंधन हो के रहा। कालिदास गवाह हैं कि उससे संसार का भला ही हुआ।

आपका पौरोहित्य सफल हो।

चकितोत्सुक

हजारी प्रसाद

IV A-2125

संख्या-128

DR. HAZARI PRASAD DWIVEDI, D. LITT.
PROF. AND HEAD OF THE DEPTT. OF HINDI,
DEAN OF UNIVERSITY INSTRUCTION
HON. DIRECTOR, GANDHI BHAWAN

Punjab University
Chandigarh-3
2.10.63

आदरणीय पंडित जी,

प्रणाम!

आपका लेख "साहित्यिक और राजनीति" पढ़ गया। आप दोनों क्षेत्रों के जानकार हैं। आप अधिकारपूर्वक इन बातों को लिख सकते हैं। आपने इस विषय में मेरे विचार जानने चाहे हैं, यह आपकी सहज उदारता है। राजनीति इन दिनों सर्वग्रासी होती जा रही है। उसने घर के निभृत कोने में भी अधिकार जमाया है। उससे बच सकना आसान नहीं है। आप चाहें या न चाहें वह आपको अपने शक्तिशाली पंजों में कस लेगी। जो आदमी उसकी महिमा स्वीकार नहीं करता उसे वह चैन से नहीं रहने देती। यह अजीब बात है कि साहित्यकार राजनीति से बुरी तरह प्रभावित होता जा रहा है पर राजनीतिज्ञ साहित्य से बहुत कम प्रभावित होता है। इस देश की तो यही स्थिति है, और देशों का परमात्मा जानें।

यह द्वंद्व बहुत पुराना है। 'राजा बनाम विद्वान' पुराना विषय है। पहले के पंडित 'स्वदेशे पूज्यते राजा विद्वान् सर्वत्र पूज्यते' कहकर मन की खीझ मिटा लिया करते थे, या फिर, 'कालो ह्ययं निरवधिर्विपुला च पृथ्वी' कहकर सन्तोष कर लिया करते थे। राजतंत्र के स्थान पर लोकतंत्र की जब स्थापना हुई तो आशा की गई थी कि स्थिति सुधरेगी पर सुधार बहुत अधिक नहीं हुआ। राजनीति अधिक व्यापक बन गई, बाकी चीज़ों का महत्व घटता गया। ऐसा तो कोई समय नहीं था जब कवि, चित्रकार, मूर्तिकार और शास्त्रज्ञ राजाश्रय की तलाश में न घूमते हों। पर मशीन की सभ्यता के विजयी होने के बाद स्थिति अधिक दयनीय हो गई है। शासन-यंत्र भी एक अदृश्य किन्तु भीमकाय मशीन बनता जा रहा है। उसका शिकंजा दिन-प्रतिदिन कठोर से कठोरतर होता जा रहा है। साहित्यिक ही क्यों, मनुष्यता ही त्राहि-त्राहि कर रही है। अभी तो उससे निकलने का कोई रास्ता नहीं दिखाई देता। निराशावादी मैं नहीं हूँ, यह बात निराश होकर भी नहीं कह रहा हूँ। केवल यथार्थ की ओर आपका ध्यान आकृष्ट कर रहा हूँ। यह स्थिति अभी चलती रहेगी। शासन-यंत्र और भी मजबूत मशीन बनने जा रहा है। बड़े-बड़े कानूनदाँ यह कहने में गर्व

अनुभव करते हैं कि कानून की व्यवस्था अन्धी होती है। अभी यह तो नहीं कहा जा रहा है कि वह निष्प्राण भी होती है, पर अन्धी लाक्षणिक शब्द है और उसका अर्थ 'हृदयहीन' तो अवश्य है। उधर साहित्यकार अब भी अपने को 'सहृदय' मानता जा रहा है। इन दो स्थितियों का मिलन-बिंदु कहाँ है, समझ में नहीं आता।

परन्तु फिर भी मुझे निराशा नहीं होती, इसका कारण बता रहा हूँ। राजनीति के दो रूप हैं। एक तो वह जिसका दयनीय रूप पद प्राप्ति के उखाड़-पछाड़ में प्रकट होता है और आपने जिसका ठीक-ठाक चित्रण किया है। आप एक बात अवश्य भूल गए हैं। यह कुत्सित रूप शास्त्रों के जानकारों और साहित्य-मनीषियों में भी मिल जाता है। कहीं आप उस अशोभन दृश्य को जानते जो सम्मेलनों के पदों की छीना-झपटी में और छोटी-छोटी कुर्सियों को हथियाने की प्रतिद्वंदिता में प्रकट हुआ करता है। दूसरे पर कीचड़ उछालने और अचानक धकिया कर आगे बढ़ने की होड़ में साहित्यिक पेशे के लोग किसी से पीछे नहीं हैं। सो, राजनीति का यह रूप व्यापक है। वैरागियों में भी आ गया है, साहित्यिक तो फिर भी गृहस्थ हैं और स्वार्थत्याग का स्वाँग नहीं रचते फिरते। परन्तु राजनीति ऊँचे धरातल पर जीवन-दर्शन बनती जा रही है। यही आशा की किरण है। घटिया-से-घटिया राजनेता अपने को विशिष्ट जीवन-दर्शन का अनुयायी मानता है, लोकहित की कसम खाता है, गांधीजी के नाम की माला जपता है। भारवान् पत्थर के नीचे नीचे उदार जीवन-दर्शन की स्रोतस्विनी बह रही है। नया अंकुर जब धरती के ऊपर सिर उठाता है तो उसके छिल्के सिर पर सवार हो जाते हैं— 'गंदे, सड़े, प्राणहीन' छिल्के। उसमें प्राणशक्ति जब प्रबल होती है तो वह उन छिल्कों को फेंक देता है और शिशु वनस्पति उन्मुक्त वायु और प्राणप्रद प्रकाश में उल्लसित होकर आगे बढ़ता है। हमारी आजादी के अंकुर के सिर पर जातिवाद, संप्रदायवाद, पदलिप्सा के प्राणहीन छिलके छा गए हैं। कोई चिन्ता नहीं, अगर प्राणशक्ति है तो एक दिन ये छिलके झड़ जाएँगे। शहीदों के खून से सींचा हुआ बिरवा लहराएगा, अवश्य लहराएगा। समय आएगा जब वह वर्ण में, गंध में, रस में, रूप में बहुविचित्र आनन्द का उद्घोष करेगा। अभी का यथार्थ भविष्य के सुन्दर यथार्थ को जन्म देने के लिये ही इतना अच्छा दिखाई दे रहा है।

इसीलिये मैं आशावादी हूँ।

आपके लेख में कुछ सुझा सकूँ, यह धोखा मुझे नहीं। खैर, केवल कुछ विचार आपके सामने रखना उचित समझा।

आशा है, स्वस्थ और प्रसन्न हैं।

आपका

हजारी प्रसाद

पुनश्च : लेख रख लिया है। लौटाने की जरूरत नहीं समझा। टंकित प्रति है, आपके पास होगी ही। डाक के कुछ पैसे भी बच जाएँगे, यह अधिकन्तु होगा।

हजारी प्रसाद द्विवेदी

IV/A-2126

संख्या-129

Dr. Hazari Prasad Dwivedi,
Tagore Professor of Indian Literature &
Head of Hindi Department

Punjab University
Chandigarh
10.7.65

आदरणीय पंडित जी,

प्रणाम!

आपका कृपापत्र यहाँ से लौटकर बनारस गया और वहाँ से फिर यहाँ आया। मुझे बनारस में ही पता लग गया था कि आप नैनीताल गए हुए हैं। मेरी इच्छा थी कि फीरोजाबाद उतरकर दर्शन कर लूँ पर आप थे ही नहीं तो उतरने का कोई मतलब नहीं था। सो, मैं 30 जून को यहाँ पहुँच गया। देखें, अब कब अवसर मिलता है। आशा करता हूँ कि अब आप फीरोजाबाद लौट आए होंगे। लिखिए कि जुलाई में क्या प्रोग्राम है ताकि मौका मिलने पर फीरोजाबाद पहुँच सकूँ। हो सकता है कि 24 जुलाई को मुझे आगरा जाना पड़े।

शेष कुशल है।

आपको 'मृत्युंजय रवीन्द्र' अच्छा लगा यह जानकर प्रसन्नता हुई। वस्तुतः यह पुस्तक पुराने लेखों का संग्रह ही है। बहुत-से लेख विशाल भारत में छप चुके थे। कुछ कविताओं को पद्यात्मक रूप मैंने स्वयं दे दिया है। प्रयत्न किया है कि गुरुदेव के शब्द यथासंभव हिंदी में भी आ जायँ।

आज बाबा पृथ्वीसिंह जी आज़ाद[1] मिले थे। आपने उन्हें उनकी पुस्तक के बारे में लिखा है इससे बहुत प्रसन्न थे।

आशा है, सानंद हैं।

आपका

हजारी प्रसाद द्विवेदी

---

1. प्रसिद्ध स्वतंत्रता-सेनानी

IV/A-2127

संख्या-129

पंजाब विश्वविद्यालय
चण्डीगढ़
10.5.67

आदरणीय पंडित जी,

5.5.67 का कृपापत्र मिला। यह जानकर प्रसन्नता हुई कि मेरे सुझावों से कुछ बात बन जाने की संभावना है। यह जानकर थोड़ी चिन्ता भी हुई कि आपकी प्रोस्ट्रेट ग्रंथियों की तकलीफ बढ़ गई है। इसका तो आपरेशन ही कराना चाहिये—लेकिन अस्पताल अच्छा होना चाहिये। अभी आपको कहीं अन्यत्र जाने की टिकट कटाने की अनुमति नहीं दी जायेगी। टिकट देने का पूरा हक दो वेद पढ़ने वालों ने रीज़र्व कर रखा है। इस विषय में चार वेद वालों को कुछ भी बोलने का अधिकार नहीं है— यह याद रखिये। आशा है इस पत्र के पाने तक आपके स्वास्थ्य में अवश्य सुधार हो जायेगा।

आपका

हजारी प्रसाद द्विवेदी

पुनश्च :

कभी दर्शन करने फीरोज़ाबाद आऊंगा। उस समय आपको पूर्ण स्वस्थ देखने की इच्छा है।

IV/A-2128

संख्या-131

रवीन्द्रपुरी
वाराणसी
22.9.67

आदरणीय पंडित जी,

प्रणाम!

चार-पाँच दिनों के लिये बनारस आया हूँ। दिनकर जी का एक पत्र आया है जिसमें उन्होंने पूछा है कि गुजरात में कभी गुरुदेव ने हिंदी में भाषण दिया था उसका पूरा विवरण जानना चाहते हैं। क्या आपको इसके बारे में कुछ पता है। मैं समझता हूँ भरतपुर के सम्मेलन में गुरुदेव ने हिंदी में भाषण दिया था। आप उसके बारे में कुछ लिख चुके थे। इस संबंध में आप जानते हों तो लिख दें। मैंने उन्हें आपका हवाला दिया है। दिनकर जी का पता है--

5, सफदरजंग लेन
नई दिल्ली

बहुत दिनों बाद आपकी साहित्य विषयक टिप्पणी 'आलोचना' में देखने को मिली। बहुत अच्छी लगी। आप कुछ-कुछ साहित्य पर लिखते रहें। जरूरत है।

आपका

हजारी प्रसाद द्विवेदी

IV/A-2129

संख्या-132

रवीन्द्रपुरी
वाराणसी
9.2.68

आदरणीय पंडित जी,

प्रणाम!

आपका कृपापत्र चण्डीगढ़ से घूमकर आया है। मैं बनारस आ गया हूँ। आपको यह जानकर कदाचित् आश्चर्य ही होगा। काशी विश्वविद्यालय की एकजीक्यूटिव कौंसिल ने सर्वसम्मति से मुझे यहाँ बुलाने का निश्चय किया और पुराने प्रस्ताव को रद्द कर दिया। थोड़ा आगा-पीछा करके अब आ गया हूँ और शक्ति भर सेवा करने का प्रयत्न कर रहा हूँ। इतना ही आदमी कर सकता है, बाकी परमात्मा पर छोड़ देना ही ठीक लगता है।

आपने मेरे और अपने पुराने विचारों को फिर से खोज निकाला है। पढ़कर लगा कि हम लोग ठीक ही सोच रहे थे। हिंदी प्रदेशों में ही हिंदी को वास्तविक प्रतिष्ठा मिलनी चाहिए। राष्ट्रभाषा तो वह स्वयमेव बनेगी या बनी है। अपने घर में उसे पूरी शक्ति और समृद्धि मिलनी चाहिए। यह भी ठीक है कि केंद्रीय सरकार ने बहुत समय नष्ट किया है पर हिंदी राज्यों की सरकारों ने भी कम समय नहीं नष्ट किया है। इस समय नई पीढ़ी में बेचैनी है। ठीक ही है। पर इस समय धीरज और साहस की आवश्यकता है। हमें सावधानी से इस शक्ति को रचनात्मक कार्य में लगाना चाहिए। मैं अपनी शक्ति भर करूँगा। बात करने का, बहस करने का समय अब नहीं है। काम करने का समय है। हमारी पीढ़ी के लोग कभी-कभी पुराने ढंग के बहस-मुबाहिसे के चक्कर में पड़ जाते हैं और कम महत्वपूर्ण बातों को अधिक महत्व देने लगते हैं। जिन विद्यार्थियों को साधारणतः विद्रोही समझा जाता है उनमें काम करने की लगन बहुत है। मुझे यह देखकर प्रसन्नता हुई है कि नई पीढ़ी की बेचैनी निश्चित रूप से काम करने की ओर है। उनका सदुपयोग होना चाहिए। लड़के यह देखकर विक्षुब्ध हैं कि हम लोग बेकार बातों में उलझे हुए हैं। अगर उनकी शक्ति ठीक दिशा में नहीं जाएगी तो हानि तो होगी ही। इसलिये हमें उनकी आशा-आकांक्षाओं को ठीक से समझकर उनसे काम लेना चाहिए। अगर नई पीढ़ी में शुभ बुद्धि रहेगी तो देश का भला होगा। वह है, इसमें सन्देह नहीं। उसका ठीक उपयोग नहीं हुआ तो देश का दुर्भाग्य होगा। काम करने के लिये प्रेरणा दीजिए—उचित, गंभीर, कल्याणकारी काम।

आप अवश्य प्रेरणा दे सकते हैं।

शेष कुशल है। आशा है, स्वस्थ और प्रसन्न हैं।

आपका

हजारी प्रसाद द्विवेदी

IV/A-2130

संख्या-133

रेक्टर लाज
काशी हिंदू विश्वविद्यालय
वाराणसी-5
25.4.68

आदरणीय पंडित जी,

प्रणाम!

आपका कृपापत्र मिला है। पहले पत्र का उत्तर तो भेज दिया था, पता नहीं किस गड़बड़ी से आपको नहीं मिला। आपके स्वास्थ्य के समाचार के लिए हमेशा चिन्तित रहता हूँ। आशा करता हूँ कि आप शीघ्र ही स्वस्थ हो जाएँगे। श्री संपूर्णानन्द जी से अभी नहीं मिल पाया हूँ। मिलने पर आपको समाचार दूँगा।

आशा है, आप स्वस्थ हैं।

आपका

हजारी प्रसाद द्विवेदी

IV A-2131

संख्या-134

काशी हिन्दू विश्वविद्यालय
वाराणसी-5
1.6.68

डॉ. हजारीप्रसाद द्विवेदी
रेक्टर

मान्यवर पंडित जी,

सादर प्रणाम!

आपका 22 मई का कृपापत्र मिल गया है। विश्वविद्यालय के प्रस्तावित पत्रकार विभाग की प्रगति धीमी गति से हो रही है। आवश्यक साधन जुट जाने पर इस विभाग का काम चल पड़ेगा परन्तु अभी तक साधन की समस्या हल नहीं हुई है। मुझे विश्वास है कि साधन की समस्या पूरी होते ही यह विभाग प्रारंभ हो जाएगा।

आपका स्वास्थ्य ठीक नहीं चल रहा है यह जानकर चिन्ता हुई। आशा करता हूँ कि गर्मियों के बाद आप बिल्कुल स्वस्थ हो जाएँगे। बड़ी इच्छा होती है कि आपसे मिलूँ और कुछ देर बैठकर बातें करूँ परन्तु काम-काज का भार सचमुच बढ़ गया है और निकलना मुश्किल हो रहा है। फिरोजाबाद का दर्शन तो मैं अभी तक नहीं कर सका। देखिए कब होता है।

आशा है, सानंद हैं।

आपका

हजारी प्रसाद द्विवेदी

IV A-2132

संख्या-135

वाराणसी
17 जुलाई, 69

आदरणीय पंडित जी,

आपका कृपापत्र मिला। मुझे सूचना मिली थी कि आप अस्पताल में चिकित्सा करा रहे हैं। मुझे आपके क्षीण होने से बड़ी चिन्ता हुई है। परन्तु मुझे विश्वास है कि डा. राजदान जैसे उच्च कोटि के सर्जन की देखरेख में बहुत शीघ्र ही निरोग हो जायेंगे। आपने संपूर्ण जीवन में लुटाया ही है, संग्रह कुछ नहीं किया। यह आपकी महानता है।

'रिक्तोसी यत् जलद सैव तवान्तमीश्री:

''हे बादल तुमने अपने को नि:शेष भाव से उड़ेलकर जो खुलकर दिया है वही तुम्हारी सबसे बड़ी शोभा है।''

आपके संगृहीत पत्र बहुत बड़ी संपत्ति हैं और उनका सदुपयोग अवश्य ही होना चाहिए। आपके मन में कोई योजना हो तो उसे लिखकर भेजें। हम यथाशक्ति प्रयत्न करेंगे कि आपकी इच्छा के अनुसार उनका सदुपयोग हो।

आशा करता हूँ कि आप शीघ्र ही स्वस्थ हो जायेंगे और हम लोग इस विषय पर विचार-विमर्श कर सकेंगे। इस समय तो आपके स्वास्थ्य-लाभ की चिन्ता ही अधिक है। परमात्मा आपको स्वस्थ करें हमारी उनसे निरंतर यही प्रार्थना है। हम लोग सकुशल हैं। श्रीमती द्विवेदी आपको प्रणाम कहती हैं और प्रार्थना करती हैं कि आप जल्दी ही स्वस्थ हो जायँ और एक बार उनके घर को फिर पवित्र कर जायँ!

आपका

हजारी प्रसाद द्विवेदी

IV A-2133

संख्या-136

बनारस हिन्दू विश्वविद्यालय
वाराणसी-5
1 अगस्त, 69

डॉ. हजारीप्रसाद द्विवेदी
Rector

आदरणीय पंडित जी,

आपका कृपापत्र मिला है। आशां करता हूँ कि आप पूर्ण स्वस्थ हो गए होंगे। निःसंदेह आप स्वस्थ होकर और अधिक कार्य करेंगे। इस समय तो और कुछ न लिखकर केवल परमात्मा से प्रार्थना करता हूँ कि आप शीघ्र स्वस्थ हो जायँ।

आपके पत्र की पाँच प्रतियाँ टाइप करा के इस पत्र के साथ संलग्न कर रहा हूँ।

आशा है, आप स्वस्थ और प्रसन्न हैं।

आपका

हजारी प्रसाद द्विवेदी

IV A-2134

संख्या-137

डॉ. हजारीप्रसाद द्विवेदी
रेक्टर

काशी हिन्दू विश्वविद्यालय
वाराणसी-5
4 सितम्बर, 69

आदरणीय पंडित जी,

यह जानकर बड़ी प्रसन्नता हुई कि आपका आपरेशन सफल हो गया है। भगवान जल्दी ही आपको स्वस्थ करें। आशा है इस पत्र के पहुँचते-पहुँचते आप पूर्ण रूप से स्वस्थ हो गए होंगे। हम लोगों का प्रणाम स्वीकार करें।

आशा है, आप स्वस्थ और सानंद हैं।

आपका

हजारी प्रसाद द्विवेदी

IV A-2135

संख्या-138

काशी हिन्दू विश्वविद्यालय
वाराणसी-5
17 दिसम्बर, 69

डॉ. हजारीप्रसाद द्विवेदी
रेक्टर

आदरणीय पंडित जी,

सादर प्रणाम!

मैं दिल्ली गया तो था लेकिन जल्दी-जल्दी में लौटना पड़ा, फिरोजाबाद नहीं उतर सका। और किसी अवसर पर वहाँ आने की कोशिश करूँगा। कुण्डेश्वर जाने में तो बहुत कठिनाई है लेकिन अभी 12 फरवरी की तिथि भी बहुत दूर है, हो सकता है कि उस समय तक कुछ अवकाश मिले। आशा करता हूँ कि आप स्वस्थ और सानंद हैं।

मेरी प्रणति स्वीकार करें।

आपका

हजारी प्रसाद द्विवेदी

IV A 2137

संख्या-139

डॉ. हजारीप्रसाद द्विवेदी
निदेशक

ऐतिहासिक हिंदी व्याकरण कार्यालय
संस्कृत महाविद्यालय
काशी हिंदू विश्वविद्यालय
वाराणसी
26 जून, 71

आदरणीय पंडित जी,

सादर प्रणाम!

आपका कृपापत्र मिला। आगरा जाने में कुछ थोड़ा व्यवधान है। अगर आगरे आया तो एक बड़ा लाभ यह होगा कि आपके दर्शन जल्दी-जल्दी होते रहेंगे। विद्यापीठ में आपको चाय नहीं मिली इसके लिए दुःख है। यदि मैं किसी पुरातन पुण्य के प्रभाव से आगरा आया तो आपको चाय की कमी नहीं रहेगी। 'आगरा' तो आग से ही शुरू होता है इसलिए चाय बनाने में कोई बड़ी कठिनाई नहीं होगी। आप थीसिस के लिए पकड़े गए हैं यह बड़ा उत्तम हुआ है। आपकी जो सेवायें हैं उसे इस बहाने कोई संग्रह कर ले तो बड़ा भारी काम होगा। मैं कह नहीं सकता कि जिसने यह थीसिस लिखने का संकल्प किया है वह आपके व्यक्तित्व को कितना उजागर कर सकेगा। परन्तु कुछ नहीं होने की अपेक्षा कुछ होना अच्छा ही होता है। बंगला की कहावत तो आपको याद ही होगी—

ना-मामार्चेय काना मामा भालो।

कभी आगरा आने का मौका मिला तो मैं शोध-लेखिका की सहायता करूँगा।

शेष कुशल है। आशा है स्वस्थ और सानंद हैं।

आपका

हजारी प्रसाद द्विवेदी

IV A-2141

संख्या-140

(अपूर्ण पत्र)

आपको इस तरफ की अपार महँगी का पता तो शायद होगा ही। बोलपुर में इन दिनों मोटा से मोटा चावल 30-32 रुपये बिक रहा है। मैं जो वेतन पाता हूँ उसमें से लगभग 35 रुपये मकान-भाड़ा, लड़कों की फीस, डाक्टर की फीस, प्रोविडेंट फंड आदि के मदों में कट जाता है। पहले यह वेतन 75 रु. था, अब 90 रु. है। इधर 'विश्वभारती पत्रिका' की ओर से 25 रुपये एलाउएंस भी देने लगे हैं। इस प्रकार लगभग 80 रु. मैं पा जाता हूँ। लगभग 30 रु. घर पर भेज देता हूँ। 50 रुपये में दो मन चावल भी नहीं मिल पाता। अब तक मैं कुछ लिख-लिखाकर भी पा जाता था, अब वह भी बंद है। ट्यूशन करना कानूनन निषिद्ध है। फल यह हुआ कि पिछले पाँच महीनों से केवल उधार का खर्च बढ़ रहा है। तीन सौ तक पहुँच चुका है। यहाँ वेतन ज्यादा से ज्यादा जो बढ़ना संभव था वह इन लोगों ने कर दिया है, मेरा खर्च बढ़ गया है क्योंकि अन्न-वस्त्र का दर पाँच गुना छह गुना तक चढ़ गया है और परिवार भी बढ़ गया है। मैं शान्तिनिकेतन छोड़ना नहीं चाहता पर ऐसा लगता है कि यहाँ टिकना भी असंभव है। आप जानते ही हैं कि मेरा एक प्याला चाय के अतिरिक्त और कोई भी फालतू खर्च नहीं है। पर वह भी अब नहीं चल रहा है। आपको चिन्ता में डालने के लिये यह सब नहीं सोच रहा हूँ। मैं जानता हूँ कि मुझसे भी अधिक दुखी लोग संसार में हैं इसलिये मुझे कोई मनोवेदना नहीं है। परन्तु उधार खाते की वृद्धि से मैं विचलित ज़रूर हो गया हूँ। इसलिये मैं आपको लिख रहा हूँ कि यदि कहीं मेरे योग्य कोई जगह मिले जहाँ मैं अपना खर्च भर अन्न-वस्त्र पा सकूँ और कुछ काम कर सकूँ तो आप महँगी के दिनों के लिये बातचीत कर दें। मेरा पारिवारिक खर्च और माता-पिता को 30-35 रुपये की नियमित सहायता ही आवश्यक है। उधार चुकाने के लिये मैं कोई व्यवस्था कर लूँगा। सोचता हूँ एक पुस्तक लिखकर प्रेमी जी को दे दूँगा और उससे कुछ-न-कुछ तो मिल ही जायगा। दीवाली तक वे वैसे भी कुछ रुपये रायल्टी के भेज देते हैं। इसलिये उसके लिये आपको विशेष चिन्तित होने की आवश्यकता नहीं है।

शेष कुशल है।

आपका

हजारी प्रसाद द्विवेदी